# 新时代
# 新思想

## 前沿问题研究

国防大学习近平新时代中国特色社会主义思想研究中心　编写

祁一平　刘光明　主编

人民出版社

# 目　录

第一章

# 极不平凡的伟大理论创新

　　中国共产党勇于和善于斗争、富于理论思维，是一个不断创造历史、不断创新理论的马克思主义政党。自诞生以来，党以马克思主义为指导思想，在为实现中华民族伟大复兴的艰苦卓绝奋斗中，始终致力于将马克思主义基本原理同中国具体实际相结合，同中华优秀传统文化相结合，不断实现马克思主义中国化，先后创立了毛泽东思想、邓小平理论，形成了"三个代表"重要思想、科学发展观，并将其作为党的指导思想。党的十八大以来，中国特色社会主义进入新时代，以习近平同志为主要代表的中国共产党人创立的习近平新时代中国特色社会主义思想，是马克思主义"两个相结合"的极不平凡的伟大理论创新，是当代中国马克思主义、21世纪马克思主义，是中华文化和中国精神的时代精华，实现了马克思主义中国化新的飞跃。

## 一、党的指导思想在不断成功挑战"不可能"中与时俱进，习近平新时代中国特色社会主义思想是挑战"不可能"的伟大成果

　　党的十九大关于《中国共产党章程（修正案）》的决议指出：党的

十八大以来，以习近平同志为主要代表的中国共产党人，顺应时代发展，从理论和实践结合上系统回答了新时代坚持和发展什么样的中国特色社会主义、怎样坚持和发展中国特色社会主义这个重大时代课题，创立了习近平新时代中国特色社会主义思想。党的十九届六中全会通过的《中共中央关于党的百年奋斗重大成就和历史经验的决议》指出："习近平同志对关系新时代党和国家事业发展的一系列重大理论和实践问题进行了深邃思考和科学判断，就新时代坚持和发展什么样的中国特色社会主义、怎样坚持和发展中国特色社会主义，建设什么样的社会主义现代化强国、怎样建设社会主义现代化强国，建设什么样的长期执政的马克思主义政党、怎样建设长期执政的马克思主义政党等重大时代课题，提出一系列原创性的治国理政新理念新思想新战略，是习近平新时代中国特色社会主义思想的主要创立者。"在习近平新时代中国特色社会主义思想指导下，中国共产党领导全国各族人民，统揽伟大斗争、伟大工程、伟大事业、伟大梦想，推动中国特色社会主义进入了新时代。中国特色社会主义进入新时代，意味着近代以来久经磨难的中华民族迎来了从站起来、富起来到强起来的伟大飞跃。与此相匹配，习近平新时代中国特色社会主义思想实现了马克思主义中国化新的飞跃。

对于习近平新时代中国特色社会主义思想成为党的指导思想理论应当怎样认识呢？这无疑是党的指导思想的又一次理论创新。当然，这不是一般意义上的理论创新，而是同党的十八大以来极不平凡的 10 年一样，是极不平凡的理论创新。判断一个创新理论是否极不平凡，首先要看它有无标志性的理论观点。中央电视台有一个收视率非常高的节目，叫作《挑战"不可能"》。在科学发明、体育活动等项目中挑战"不可能"，我们都为之感到惊喜和兴奋。我们党的指导思想，有无挑战"不可能"的理论呢？有的。只要挑战"不可能"成功，就意味着它是极不平凡的理论创新。

毛泽东思想挑战了"不可能"。毛泽东同志开辟的农村包围城市、武装夺取政权的中国特色革命道路就挑战了共产国际一度认为这是不可能领导中国革命取得胜利的观点。在 20 世纪 20 年代后期及 30 年代前期，党的领导层根据共产国际指示奉行城市中心论，主张依靠产业工人在城市发动武装起义。这是中央"左"倾领导犯错误的一个重要理论根源。毛泽东同志没有对共产国际指示和苏联革命经验顶礼膜拜，开辟了"农村包围城市、武装夺取政权"的中国特色革命道路，在实践中对马克思主义革命理论作了创造性发展。随后，以毛泽东同志为主要代表的中国共产党人进一步总结中国革命经验，创立了毛泽东思想。这是我们党挑战不可能的第一个成功的实践和理论，因而可以视为极不平凡的理论创新。

邓小平理论同样成功地实现了挑战"不可能"。长期以来，社会主义被认为只能实行计划经济，这仿佛是不可动摇的铁律。谁主张社会主义可以搞市场经济，那就是违背天条，搞修正主义。但邓小平同志没有被社会主义只能实行计划经济的紧箍咒束缚住，在改革开放以后的 10 多年间一直思考这个问题，前后讲了十四五次之多，最后在南方谈话中明确指出，社会主义可以搞市场经济。正是在社会主义可以搞市场经济这个理论指引下，我们国家走上经济社会发展快车道，越来越多的普通百姓开始富起来。也正是由于邓小平理论挑战了社会主义搞市场经济的"不可能"，还有其他创新理论，形成了比较完整的理论体系，党的十五大将邓小平理论定位为马克思主义同中国实际相结合的第二次历史性飞跃的理论成果，无疑是极不平凡的理论创新。

习近平新时代中国特色社会主义思想，有没有挑战新的"不可能"呢？答案是肯定的。党的十八大以来，习近平总书记提出了很多治党治国治军的新理念新思想新战略，对党和国家的发展都起了重要作用。这里有很多都是挑战"不可能"意义的，并且达到了挑战"不可能"高度的。比如，全面从严治党的卓越理论和实践部署就是如此。他提出思想建党和制度治党紧密结合，既不断强化思想理论建设，加强理想信念和党性修养教育，要求党员特别是领导干部炼就"金刚不坏之身""不忘初心，牢记使命"；又切实认真地抓党内法规制度体系建设，严明政治纪律和政治规矩，不断建立和完善对权力运行的制约和监督体制机制，让权力在阳光下运行，坚持反腐败无禁区、全覆盖、零容忍，坚定不移"打虎""拍蝇""猎狐"，从而取得反腐败斗争压倒性胜利并全面巩固。这是一场伟大的自我革命，挑战了西方发达国家盛行的和全盘西化论者鼓吹的只有两党制才能反腐败的所谓普世价值，它的意义不容低估。只有思想建党不能解决腐败问题，必须把思想建党和制度治党紧密结合，并且不断健全和完善，才能找到解决的出路。

　　这里要说说，为什么中国无须实行两党制的问题。西方国家鼓吹两党制可以理解，因为实行资本主义制度，它们的两党有各自的党派利益集团，追求各自党派利益的最大化，根本不以人民的利益为中心。奇怪的是两党制这种声音在我们国内也有一定市场。有的同志完全忘记了我们国家的执政党是共产党。她除了全心全意为人民服务的宗旨和实现共产主义的远大理想外，没有任何自己特殊的利益，从来不代表任何利益集团、任何权势团体、任何特权阶层的利益。既然如此，从理论上说，搞两个党就没有存在的理由。因此，在中国只能是中国共产党长期执政，同时还有拥护宪法和共产党领导的多党参政，共同来把国家建设好、治理好。这就是中国的具体国情，离开这个具体国情抽象地讨论什么两党制，没有任何意义。决不能用西方的政党政治理论来看待中国政治、来认识中国共产党，那是牛头不对马嘴。不错，共产党内也有腐败分子，怎么惩治腐败呢？曾经，举国上下为腐败现象的多发高发势头压不下去而忧心忡忡。但党的十八大以来，这个情况很快改变了。以习近平同志为核心的党中央拿出了什么法宝呢？那就是全面从严治党，思想建党和制度治党紧密结合。一手抓思想建党不放松，另一手抓制度治党完善化。就靠这两手，将被视为不治之症的恶性肿瘤切除了，党的肌体健康了，党的面貌实现了惊天逆转。全面从严治党的理论和实践，为解决共产党的腐败变质跳出"历史周期率"成功找到了"秘籍"，即"我们探索出一条长期执政条件下解决自身问题、跳出历史周期率的成功道路"。这就挑战了西方国家和我们的一些同志认为的"不可能"。

什么叫理论自信和制度自信？全面从严治党永远在路上，思想建党和制度治党没有休止符，中国共产党不断自我净化、自我完善、自我革新、自我提高，乃至通过自我革命来实现这"四个自我"，始终"不忘初心、牢记使命"。这就是理论自信和制度自信。我们要不断提高这样的能力，要始终充满这样的自信。如果做不到这一点，那就让人民来选择，由历史来裁判。只要中国共产党能始终保持它的先进性和纯洁性，始终坚持全心全意为人民服务，与人民群众有割不断的血肉联系，她就一定能长期执政，也一定能实现她的最终目标。

全面从严治党的理论和实践证明，共产党能够自我革命，实现自我净化、自我完善、自我革新、自我提高，浴火重生。当然，制度治党的笼子还需要越扎越紧、越扎越严实，使之天网恢恢、疏而不漏。这就是伟大的理论创新，也是伟大的实践创新和制度创新。

2018 年 1 月 5 日，习近平总书记在新进中央委员会委员、候补委员和省部级主要领导干部学习贯彻习近平新时代中国特色社会主义思想和党的十九大精神研讨班开班式上的讲话中指出，"要把新时代坚持和发展中国特色社会主义这场伟大社会革命进行好，我们党必须勇于进行自我革命，把党建设得更加坚强有力。勇于自我革命，从严管党治党，

全面从严治党新气象。图为党员干部在福建省反腐倡廉警示教育基地参加警示教育专题活动。

(宋为伟摄)

是我们党最鲜明的品格，全面从严治党永远在路上"①。在新时代，我们党必须以党的自我革命来推动党领导人民进行的伟大社会革命，把党建设成为始终走在时代前列、人民衷心拥护、勇于自我革命、经得起各种风浪考验、朝气蓬勃的马克思主义执政党。

党的十八大以来进行的全面从严治党，实际上就是一场伟大的深刻的自我革命。全面从严治党从根本上扭转党的领导弱化、党的建设缺失、从严治党不力的状况，真正体现出中国特色社会主义最本质的特征，校正了党和国家前进的航向，从而推动破解了许多长期想解决而没有解决的难题，办成了许多过去想办而没有办成的大事，解决了党和国

① 《习近平谈治国理政》第三卷，外文出版社2020年版，第71页。

家事业发展带有全局性、根本性、方向性的问题，使党焕发出新的生机活力。归根结底，这是由于形成了习近平新时代中国特色社会主义思想，实现了党的指导思想极不平凡的理论创新。说全面从严治党的理论和实践挑战了又一个不可能，这是党的十八大以来党心民意发生的巨大变化的结论。

正因为以习近平同志为核心的党中央挑战了新的"不可能"，在《中共中央关于认真学习宣传贯彻党的十九大精神的决定》中，讲到做好党的十九大精神的学习宣传有"六个聚焦"，最后两个就是要"聚焦到以习近平同志为核心的新一届中央领导集体是深受全党全国各族人民拥护和信赖的领导集体上，聚焦到习近平总书记是全党拥护、人民爱戴、当之无愧的党的领袖上"。为什么要有这样的聚焦？就是因为以习近平同志为核心的党中央挑战了"不可能"，习近平新时代中国特色社会主义思想是极不平凡的伟大创新理论。党的十九届六中全会审议通过的《中共中央关于党的百年奋斗重大成就和历史经验的决议》（以下简称"党的十九届六中全会《决议》"）提出："党确立习近平同志党中央的核心、全党的核心地位，确立习近平新时代中国特色社会主义思想的指导地位，反映了全党全军全国各族人民共同心愿，对新时代党和国家事业发展、对推进中华民族伟大复兴历史进程具有决定性意义。"这"两个确立"是对前述最后两个"聚焦"的进一步发展。

## 二、应充分认识习近平新时代中国特色社会主义思想的历史地位，科学把握党的各个指导思想关系

充分认识习近平新时代中国特色社会主义思想的历史地位，首先，要明确习近平新时代中国特色社会主义思想面临的是什么样的时代课题

和是怎样回答这个时代课题的。

党的十八大以来，习近平总书记对关系新时代党和国家事业发展的一系列重大理论和实践问题进行了深邃思考和科学判断，系统回答了新时代坚持和发展什么样的中国特色社会主义、怎样坚持和发展中国特色社会主义，建设什么样的社会主义现代化强国、怎样建设社会主义现代化强国，建设什么样的长期执政的马克思主义政党、怎样建设长期执政的马克思主义政党等重大时代课题。它的内容是什么呢？包括新时代坚持和发展中国特色社会主义的总目标、总任务、总体布局、战略布局和发展方向、发展方式、发展动力、战略步骤、外部条件、政治保证等基本问题，并且要根据新的实践对经济、政治、法治、科技、文化、教育、民生、民族、宗教、社会、生态文明、国家安全、国防和军队、"一国两制"和祖国统一、统一战线、外交、党的建设等各方面作出理论分析和政策指导，以利于更好坚持和发展中国特色社会主义。这就是讲的要回答的重大时代课题内容。这是个前所未有的世纪性课题，对它的回答还要继续，它不是完成时，只是逗号，并非句号。

围绕这些重大时代课题，我们党坚持以马克思列宁主义、毛泽东思想、邓小平理论、"三个代表"重要思想、科学发展观为指导，坚持解放思想、实事求是、与时俱进、求真务实，坚持辩证唯物主义和历史唯物主义，紧密结合新的时代条件和实践要求，以全新的视野深化对共产党执政规律、社会主义建设规律、人类社会发展规律的认识，进行艰辛理论探索，取得重大理论创新成果，创立了习近平新时代中国特色社会主义思想。这也不是完成时的句号，应当说还在继续运用马克思主义理论的立场观点方法在思考和回答这些重大时代课题。它贯穿整个新时代的历史过程。这些重大的时代课题，是多少年难得一遇的，甚至是可遇不可求的。历史机遇就是"遇"，"遇"到后，牢牢地把握住它，机不可失，时不再来。以习近平同志为核心的党中央，"遇"到了，把握住了，因而创造了奇迹，党和国家取得历史性成就、发生了历史性变革，中国特色社会主义进入了新时代。

其次，要科学把握和辩证对待习近平新时代中国特色社会主义思想的主要内容和丰富内涵的联系和区别。《中共中央关于认真学习宣传贯彻党的十九大精神的决定》讲述深刻领会习近平新时代中国特色社会主义思想的丰富内涵时，既讲了党的十九大报告中的"八个明确"，认为它概括了习近平新时代中国特色社会主义思想的主要内容；同时又讲了党的十九大报告中作为新时代坚持和发展中国特色社会主义的"十四个坚持"基本方略，认为这是属于行动纲领层面的，不在习近平新时代中国特色社会主义思想的主要内容之列。需要指出的是，党的十九届六中全会《决议》已将"八个明确"发展为"十个明确"。这就是说，习近平新时代中国特色社会主义思想作为指导思想来讲，就是以"十个明确"为主要内容。若讲它的丰富内涵，则包括"十四个坚持"基本方略。"十个明确"，既是习近平新时代中国特色社会主义思想的主要内容，也可视为习近平新时代中国特色社会主义思想的本体内容；"十四个坚持"基本方略，既然是贯彻落实习近平新时代中国特色社会主义思想的行动纲领，它就是讲如何实施部署、贯彻落实的。这是习近平新时代中国特色社会主义思想接地气不可或缺的内涵。两者的区别只在于，"十个明确"主要是从理论逻辑方面讲的，"十四个坚持"更多地是从实践逻辑方面论列的。前者多属于理论创新，后者偏重于实践创新。两者相加，构成了习近平新时代中国特色社会主义思想的丰富内涵。它回答了新形势下党和国家事业发展的一系列重大理论和现实问题，升华了我们党对中国特色社会主义的认识，体现了以习近平同志为核心的党中央在理论和实践上的创新性。

再次，应充分认识习近平新时代中国特色社会主义思想的理论地位。习近平新时代中国特色社会主义思想，涉及领域覆盖全面，科学内涵异常丰富，具有鲜明的时代性、革命性、实践性特征。就理论传脉来说，它与党以往的指导思想一脉相承。前已指出：习近平新时代中国特色社会主义思想是当代中国马克思主义、21 世纪马克思主义，是中华文化和中国精神的时代精华，实现了马克思主义中国化新的飞跃。

最后，科学把握党的各个指导思想之间的关系和习近平新时代中国特色社会主义思想的重大意义。我们党是以马克思主义理论武装起来的党，坚持辩证唯物主义和历史唯物主义来分析历史和现实，包括看待党的创新理论。正确认识党的各个指导思想之间的关系，科学把握习近平新时代中国特色社会主义思想的重大意义，最重要的有以下几点。

### （一）党的指导思想系列与各个指导思想是链环关系

中国共产党百年来在为实现中华民族伟大复兴的艰苦卓绝奋斗中，形成和发展起来的一个又一个指导思想，是党的顶层创新理论之链。它们之间是一环紧扣一环的，没有前环就没有后环。每一个指导思想之环对那一段历史发展都起到了能够起到的作用。我们不能因历史的变化，时过境迁了，就贬抑乃至否认它。历史唯物主义者应客观地摆平这些指导思想在历史上所起的作用和地位。

### （二）各个指导思想的理论分量和历史影响是不一样的

我们既要承认各个指导思想都是理论链条之环，但又不能因为都是理论链条之一环就认为它们所起的历史作用都是均等的。"物之不齐，物之情也。"从对上述指导思想的论述不难看出，尽管都是马克思主义中国化理论之果，但在党的十九大以前被评价为将马克思主义同中国实际相结合使我们党实现两次历史性飞跃理论成果的，分别是毛泽东思想和邓小平理论。党的十九届六中全会《决议》指出，毛泽东思想"是马克思主义中国化的第一次历史性飞跃"；中国特色社会主义理论体系"实现了马克思主义中国化新的飞跃";习近平新时代中国特色社会主义思想"实现了马克思主义中国化新的飞跃"。历史唯物主义者应承认这些判断是完全准确的。

**(三)应高度认识习近平新时代中国特色社会主义思想在中华民族迎来从站起来、富起来到强起来的伟大飞跃过程中所起的巨大作用**

一定要认识到位,努力高度自觉。只有认识到位了,才能充分领悟它的极不平凡的意义。这就既要回顾历史纵看,对比党的十八大前后人们的心情变化,党的面貌的变化和党心民意的向度;还要环顾世界横看,对比我国上行发展与西方发达国家下行衰退的反差,深感党的十八大以来发生的历史性变革来之不易。党的十八大开启了具有伟大飞跃意义的中国特色社会主义新时代,习近平新时代中国特色社会主义思想作为当代中国马克思主义,是指引实现民族复兴伟大征程、实现党担当新的历史使命的理论灯塔。这是就我们的党和国家发展进步而言,从实现伟大的中国梦这个维度来看它的重大意义。

同时,还要从国际维度来看习近平新时代中国特色社会主义思想的巨大影响。党的十九大报告从两个方面阐发了中国特色社会主义进入新时代的国际维度。一为新时代中国特色社会主义将进一步张扬科学社会主义的影响力。这就是:中国特色社会主义进入新时代,意味着科学社会主义在 21 世纪的中国焕发出强大生机活力,在世界上高高举起了中国特色社会主义伟大旗帜;意味着中国特色社会主义道路、理论、制度、文化不断发展,拓展了发展中国家走向现代化的途径,给世界上那些既希望加快发展又希望保持自身独立性的国家和民族提供了全新选择,为解决人类问题贡献了中国智慧和中国方案。二为新时代中国特色社会主义将进一步坚持推动构建人类命运共同体。这就是:实现中国梦离不开和平的国际环境和稳定的国际秩序，必须始终不渝走和平发展道路、奉行互利共赢的开放战略，坚持正确义利观，树立共同、综合、合作、可持续的新安全观，谋求开放创新、包容互惠的发展前景，促进和而不同、兼收并蓄的文明交流，构筑尊崇自然、绿色发展的生态体系，始终做世界和平的建设者、全球发展的贡献者、国际秩序的维护者。中国特色社会主义新时代，"是我国日益走近世界舞台中央、不断为人类作出更大贡献的时代"①。这两个国际维度，实际上也是习近平新时代中国特色社会主义思想的世界意义。

习近平新时代中国特色社会主义思想，既是马克思主义基本原理同当代中国具体实际相结合的最新科学成果，同时它也继承和吸收中华优秀传统文化，蕴含着丰富的中华民族价值共识、精神追求、政治智慧、历史经验，因而也是马克思主义基本原理同中华优秀传统文化相结合的最新理论结晶。它是中华文化和中国精神的时代精华，必将在中华民族历史上大放异彩；并且它还会在党进行具有许多新的历史特点的伟大斗争的新征程上不断丰富和发展，将马克思主义中国化推向更高境界。

### 三、习近平新时代中国特色社会主义思想将与时俱进，不断丰富和发展

习近平新时代中国特色社会主义思想，作为对中国特色社会主义迎来从站起来、富起来到强起来的伟大飞跃实践经验的科学总结，无疑是马克思主义在中国的最新发展。但是，马克思主义是发展的理论。世界每时每刻都在发生变化，中国也每时每刻都在发生变化。时代是思想之

---

① 《习近平谈治国理政》第三卷，外文出版社 2020 年版，第 9 页。

母，实践是理论之源。实践没有止境，理论创新永远在路上。要在理论上紧跟时代，就必须不断认识规律，不断推进理论创新，习近平新时代中国特色社会主义思想将与时俱进，不断得到丰富和发展。

习近平新时代中国特色社会主义思想，虽然是一个系统完整的科学理论体系，但仍然有很大的发展空间。根据新的实践要求，习近平总书记对经济、政治、法治、科技、文化、教育、民生、民族、宗教、社会、生态文明、国家安全、国防和军队、"一国两制"和祖国统一、统一战线、外交、党的建设等各方面，都作出新的理论分析和政策指导，推进新时代中国特色社会主义事业继续向前发展。这里，对习近平新时代中国特色社会主义思想的丰富和发展不可能作全面论述，只对如何健全和完善中国特色社会主义民主政治发展道路谈点看法。

毫无疑问，我国目前坚持的党的领导、人民当家作主、依法治国有机统一的中国特色社会主义政治发展道路是适合我们国家历史和现实国情的正确道路。中国共产党领导的多党合作和政治协商制度，既强调中国共产党的领导，也强调发扬社会主义民主。政治协商、民主监督、参政议政，就是这种民主最基本的体现。坚持中国共产党的领导，不是不要民主了，而是要形成更广泛、更有效的民主。要用好政党协商这个民主形式和制度渠道，有事多商量、有事好商量、有事会商量，真诚协商、务实协商，道实情、建良言，通过协商凝聚共识、凝聚智慧、凝聚力量。坚定不移走中国特色社会主义政治发展道路，把我国社会主义政党制度坚持好、发展好、完善好。这些思想是对我们党人民民主思想的丰富和发展。

党中央强调，要长期坚持、不断发展我国社会主义民主政治，积极稳妥推进政治体制改革，推进社会主义民主政治制度化、规范化、程序化，保证人民依法通过各种途径和形式管理国家事务，管理经济文化事业，管理社会事务，巩固和发展生动活泼、安定团结的政治局面。这里最关键的是如何"积极稳妥推进政治体制改革，推进社会主义民主政治制度化、规范化、程序化"。十三届全国人大一次会议通过的设立国家监察委员会，是推进政治体制改革的重大步骤，也是发展我国社会主义民主政治的创新性成就。加强监督制衡权力，这是建设清廉政治非常重要的一个方面。此外，还有另一个重要方面，那就是让人民在遵守宪法和法律的前提下，能够发表各种不同意见，道实情，讲真话。只有这样，才能巩固和发展生动活泼、安定团结的政治局面。

怎样让广大人民群众和各级干部道实情，讲真话，这是推进党的建设新的伟大工程的一个重大课题。我们党讲了几十年，但是还有很多工作需要去贯彻落实。毛泽东同志在 1956 年 5 月的最高国务会议第七次会议上指出："在中华人民共和国宪法范围之内，各种学术思想，正确的、错误的，让他们去说，不去干涉他们。李森科、非李森科，我们也搞不清。有那么多的学说，那么多的自然科学学派，就是社会科学学派，这一派、那一派，让他们去说，在刊物上、报纸上可以说各种意见。"① 在这之前，他还表示过，即使对他写的著作，对任何领导人的学术思想有不同意见，什么人都可以谈论，不应加以禁止。如果企图禁止那是完全错误的。这些看法充分表达了在真理面前人人平等的思想。正是基于这样的思想和苏联的历史教训，党中央宣布"双百"方针为发展我国科学文化的基本方针。1957 年 3 月，毛泽东同志在最高国务会议上作了《关于正确处理人民内部矛盾的问题》报告后到南京、上海党员干部会议上讲话又指出："中国应当是辩证法发展的国家。"② 采取百花齐放、百家争鸣的方针，"文学艺术、科学技术会繁荣发达，党会经常保持活力，人民事业会欣欣向荣，中国会变成一个大强国而又使

① 中共中央文献研究室编：《毛泽东年谱（一九四九——一九七六）》第二卷，中央文献出版社 2013 年版，第 575 页。
② 《毛泽东文集》第七卷，人民出版社 1999 年版，第 291 页。

人可亲"①。显然，"双百"方针不仅仅是发展科学文化的方针，实质上是一个发展中国社会主义民主政治的大战略、大政策。那时，他还指出："在人民内部，不可以没有自由，也不可以没有纪律；不可以没有民主，也不可以没有集中。这种民主和集中的统一，自由和纪律的统一，就是我们的民主集中制。"②"我们的目标，是想造成一个又有集中又有民主，又有纪律又有自由，又有统一意志、又有个人心情舒畅、生动活泼，那样一种政治局面。"③ 这些都是建设中国特色社会主义民主政治的重要思想资源。

我们国家的民主政治在不断向前发展，相关法律还在进一步配套、健全和完善的进程中。在以习近平同志为核心的党中央坚强领导下，我们继续推进全过程人民民主，必将进一步凝聚新时代中国特色社会主义的巨大向心力，必将汇聚起建设富强民主文明和谐美丽的社会主义现代化强国的磅礴伟力。

---

① 《毛泽东文集》第七卷，人民出版社 1999 年版，第 291 页。

② 《毛泽东文集》第七卷，人民出版社 1999 年版，第 209 页。

③ 《建国以来重要文献选编》第十五册，中央文献出版社 1997 年版，第 240 页。

# 第二章

# 在新时代发展逻辑中彰显
# 新思想伟大真理力量

习近平新时代中国特色社会主义思想，是马克思主义中国化最新成果，是当代中国马克思主义、21世纪马克思主义，是中华文化和中国精神的时代精华，是全党全国人民为实现中华民族伟大复兴而奋斗的行动指南，是党和国家必须长期坚持的指导思想。这一新思想的形成、完善与发展，与中国特色社会主义进入新时代的伟大社会革命有机联系在一起。时代是思想之母，实践是理论之源，习近平新时代中国特色社会主义思想是中国特色社会主义进入新时代伟大实践的思想理论结晶；思想是时代的号角，理论是实践的指南，中国特色社会主义进入新时代，归根到底是习近平新时代中国特色社会主义思想引领的结果。新时代提出新课题，新课题催生新思想，新思想引领新实践、创造新时代——这就是中国特色社会主义进入新时代所深蕴的发展逻辑，这也是中国共产党在新时代社会革命中推进思想理论创新所遵循的基本逻辑理路。

## 一、中国特色社会主义进入新时代，是一个深蕴历史与时代逻辑的发展过程。新时代的基本逻辑，也是彰显新思想伟大真理力量的基本逻辑

任何伟大的社会变革，都是符合规律的逻辑演进过程。逻辑即规律，而规律深藏于历史与现实的社会实践之中，关键在于引领和推动社会变革的人们透过纷繁芜杂的社会现象去深入地发现规律、深刻地总结规律、科学地运用规律、能动地驾驭规律。恩格斯说："关于思维过程本身的规律的学说，即逻辑和辩证法。"①"历史进程是受内在的一般规律支配的。"②"历史事件似乎总的说来同样是由偶然性支配着的。但是，在表面上是偶然性在起作用的地方，这种偶然性始终是受内部的隐蔽着的规律支配的，而问题只是在于发现这些规律。"③中国共产党领导人民创造和推进中国特色社会主义，无疑是人类社会发展史上一个伟大的"历史进程"，是根本改变中国命运并深刻影响世界进程的伟大的"历史事件"，这一伟大"历史进程"和伟大"历史事件"深蕴着内在的发展规律，彰显着特有的发展逻辑。改革开放 40 多年来，一代又一代中国共产党人一以贯之的历史使命和矢志不渝的历史担当，就是在创造和推动中国特色社会主义伟大社会实践中不断探索共产党执政规律、社会主义建设规律、人类社会发展规律，从而深入提炼和全面把握中国特色社会主义规律，在符合规律和彰显逻辑的基点上将中国特色社会主义伟大事业不断推向前进。从邓小平理论，到"三个代表"重要思想、科学发展观，再到习近平新时代中国特色社会主义思想，这一个一个看似"偶然性"

---

① 《马克思恩格斯选集》第 4 卷，人民出版社 2012 年版，第 264 页。
② 《马克思恩格斯选集》第 4 卷，人民出版社 2012 年版，第 254 页。
③ 《马克思恩格斯选集》第 4 卷，人民出版社 2012 年版，第 254 页。

的思想理论凝练和升华的过程，深蕴着的正是对中国特色社会主义发展规律的深刻提炼和能动运用。这是当代中国共产党人在不忘初心、践履使命历史征途上所取得的重大思想理论成果，是对马克思主义的创造性理论贡献。

顺应时代需要、总结实践历程、回应人民呼声，习近平总书记在党的十九大报告中明确指出："经过长期努力，中国特色社会主义进入了新时代，这是我国发展新的历史方位。"①

新时代中国特色社会主义，这是一个高瞻远瞩的政治定位，是一个与时俱进的科学结论。新时代，既是基本尺度，以此来总结党的十八大以来我国所发生的历史性巨变，总结我们党领导和推进中国特色社会主义的基本经验和基本规律，凝练我们党推进中国特色社会主义理论创新和实践创新的重大成果；又是战斗号角，吹响了开启全面建设社会主义现代化国家新征程、实现中华民族伟大复兴的进军号，激励全党不忘初心、牢记使命，在中国特色社会主义新的历史起点上不懈奋斗、不断前进。新时代中国特色社会主义，这一深蕴历史规律和时代逻辑的政治论断，其重大现实意义和深远历史价值必将随着实践的深入发展而愈益深刻凸显。我们应站在这样伟大社会革命的历史基点上来认识中国特色社会主义进入新时代的深远意义。习近平总书记在新进中央委员会委员、候补委员和省部级主要领导干部学习贯彻习近平新时代中国特色社会主义思想和党的十九大精神研讨班开班式上的重要讲话(以下简称"'1·5'重要讲话")中深刻强调："新时代中国特色社会主义是我们党领导人民进行伟大社会革命的成果，也是我们党领导人民进行伟大社会革命的继续，必须一以贯之进行下去。历史和现实都告诉我们，一场社会革命要

---

① 习近平：《决胜全面建成小康社会　夺取新时代中国特色社会主义伟大胜利——在中国共产党第十九次全国代表大会上的报告》，人民出版社 2017 年版，第 10 页。

取得最终胜利，往往需要一个漫长的历史过程。只有回看走过的路、比较别人的路、远眺前行的路，弄清楚我们从哪儿来、往哪儿去，很多问题才能看得深、把得准。"①

深刻认识和全面把握新时代的发展逻辑，是深刻坚持新思想、自觉践履新使命、坚定开辟新征程的重要前提。

新时代的重大政治论断，具有特定的时空定位。新时代是一个历史发展过程，即是在党的十八大以来以习近平同志为核心的党中央领导全党全国各族人民奋力开创中国特色社会主义新局面的发展过程中逐步形成的。我们不能静止地理解新时代，新时代是特指中国特色社会主义进入了新阶段，而不是泛指"大时代""大阶段"发生了新变化；我们仍处于和平与发展的时代，仍处于社会主义初级阶段，这是"大时代""大阶段"，是正确理解和把握中国特色社会主义进入新时代的重要前提。习近平总书记在"1·5"重要讲话中特别强调："党的十九大作出中国特色社会主义进入新时代这个重大政治论断，我们必须认识到，这个新时代是中国特色社会主义新时代，而不是别的什么新时代。党要在新的历史方位上实现新时代党的历史使命，最根本的就是要高举中国特色社会主义伟大旗帜。"②

新时代的重大政治论断，具有丰富的内涵界定。这是以习近平同志为核心的党中央承前启后、继往开来，在新的历史条件下继续夺取中国特色社会主义伟大胜利的时代；是党领导全国各族人民决胜全面建成小康社会，胜利实现第一个百年奋斗目标，进而开启第二个百年奋斗历程，全面建设社会主义现代化强国的时代；是全国各族人民团结奋斗，不断创造美好生活，逐步实现全体人民共同富裕的时代；是全体中华儿

① 《习近平谈治国理政》第三卷，外文出版社 2020 年版，第 69—70 页。
② 《习近平谈治国理政》第三卷，外文出版社 2020 年版，第 70 页。

女勤力同心，奋力实现中华民族伟大复兴中国梦的时代；是社会主义中国日益走近世界舞台中央，不断为人类作出更大贡献的时代。中国特色社会主义、社会主义现代化、全体人民共同富裕、中华民族伟大复兴、为人类作出更大贡献——这五个重大历史进程，不啻是我们深刻理解、全面把握新时代科学内涵的五个"关键词"。

新时代的重大政治论断，具有深远的时代价值。中国特色社会主义进入新时代，不仅在中华人民共和国发展史上、在中华民族发展史上具有重大意义，而且在世界社会主义发展史上、在人类发展史上也具有重大意义。新时代，意味着近代以来久经磨难的中华民族迎来了从站起来、富起来到强起来的伟大历史性飞跃，迎来了实现中华民族伟大复兴的历史机遇和光明前景；意味着科学社会主义在 21 世纪的中国焕发出强大生机和活力并不断开辟发展新境界，中国共产党人在世界上高高举起了中国特色社会主义伟大旗帜；意味着中国特色社会主义道路、理论、制度、文化不断巩固发展，有力拓展了发展中国家走向现代化的正确途径，给世界上那些既希望加快发展又希望保持自身独立性的国家和民族提供了有效的全新选择，为解决人类问题贡献了中国智慧、提供了中国方案。总之，中国特色社会主义进入新时代，意义重大而深远，我们应当站在历史和时代制高点、以全方位的视角深刻认识新时代，进一步坚定中国特色社会主义的道路自信、理论自信、制度自信、文化自信，更加奋发有为地为推进新时代中国特色社会主义而努力奋斗。

新时代的重大政治论断，具有厚重的历史依据。中国特色社会主义进入新时代，不是抽象的概念认定，更不是凭空的主观臆断，而是依据改革开放以来尤其是党的十八大以来我们党的创新性贡献和当代中国所发生的历史性巨变所作出的科学结论和政治论断。改革开放 40 多年来，我们党团结带领全国各族人民筚路蓝缕、不懈奋斗，推动中国特色社会主义一个阶段一个阶段地稳步前进，从而使党的面貌、国家的面貌、人民的面貌、军队的面貌、中华民族的面貌发生了超越历史的变化。尤其是党的十八大以来，以习近平同志为核心的党中央以巨大的政治勇气和强烈的使命担当，提出一系列新理念新思想新战略，出台一系列重大方针政策，推出一系列重大举措，推进一系列重大工作，解决了许多长期想解决而没有解决的难题，办成了许多过去想办而没有办成的大事，推动党和国家事业取得了全方位的、开创性的伟大成就，当代中国发生了深层次的、根本性的伟大变革。正是这些历史性成就和伟大变革，把中国特色社会主义推进了新时代，创造了新时代中国特色社会主义。

新时代的重大政治论断，具有鲜明的现实指向。这就是针对我国现阶段社会主要矛盾的新变化，更加全面地统筹推进"五位一体"总体布局和协调推进"四个全面"战略布局，更好提升我国发展现代化水平。我们党明确指出，中国特色社会主义进入新时代，我国社会主要矛盾已经转化为人民日益增长的美好生活需要和不平衡不充分的发展之间的矛盾。这是一个全新的判断，是中国特色社会主义进入新时代所要着力解决的主要问题。人民日益增长的美好生活需要是全方位的、多层次的，不仅对物质文化生活提出了更高要求，而且在民主、法治、公平、正义、安全、环境等方面的要求日益增长，期待从社会全面发展中获得更多的获得感、幸福感、安全感。坚持以人民为中心，不断满足人民日益增长的美好生活需要，是新时代中国特色社会主义的根本出发点和落脚点。新时代新发展，必须着力解决好不平衡的发展和不充分的发展的问题。所谓不平衡的发展，主要表现为经济发展结构不平衡、地域发展不平衡、城乡发展不平衡、贫富发展不平衡等；所谓不充分的发展，主要表现为制度优势还未得到充分发挥、社会活力还未得到充分释放、国家治理和社会治理现代化功能还未得到充分整合、公平正义和社会安全保障体系还未得到充分巩固等。由不平衡到平衡、由不充分到充分，是在新时代推进改革和发展所要着力完成的主要任务。同时我们必须清醒认识到，我国社会主要矛盾的新变化，是在社会主义初级阶段这个大国情基础上的阶段性变化，没有改变我国仍处于并将长期处于社会主义初级阶段的基本国情，没有改变我国是世界上最大发展中国家的国际地位。习近平总书记强调："全党要牢牢把握社会主义初级阶段这个基本国情，牢牢立足社会主义初级阶段这个最大实际，牢牢坚持党的基本路线这个党和国家的生命线、人民的幸福线，领导和团结全国各族人民，以经济建设为中心，坚持四项基本原则，坚持改革开放，自力更生，艰苦创业，为把我国建设成为富强民主文明和谐美丽的社会主义现代化强国而奋斗。"① 这一重要论断，是我们正确认识新时代、全面把握新时代，奋

迈进新时代，生态已经成为人民生活中不可或缺的关键一环。2017 年 10 月 12 日，在浙江省长兴县龙山街道渚山村车渚港河道内，河长在进行日常的乡村河道护理巡查。　　　（徐昱摄）

---

① 《习近平谈治国理政》第三卷，外文出版社 2020 年版，第 10 页。

力推进新时代中国特色社会主义的根本指针。

以上五个方面深刻表明，中国特色社会主义进入新时代，是一个深蕴着历史和时代逻辑的伟大社会变革进程；新时代形成和发展的基本逻辑，也是新思想形成和发展的基本逻辑。习近平新时代中国特色社会主义思想，深刻体现了新时代的本质特征和价值指向，是创造新时代、引领新时代的强大思想武器，在新时代的主题、主线、真谛等一系列基本问题上，深刻彰显了新思想的伟大真理力量。


## 二、新时代的主题是夺取中国特色社会主义新胜利

正是在系统回答一系列重大时代课题中，新思想深刻彰显了其推进马克思主义中国化新飞跃的伟大真理力量。

中国特色社会主义是改革开放以来党的全部理论和实践的主题，是党和人民历尽千辛万苦、付出巨大代价取得的根本成就，是党领导人民孜孜以求为之不懈奋斗的伟大纲领。党的十九大前夕，习近平总书记在省部级主要领导干部"学习习近平总书记重要讲话精神，迎接党的十九大"专题研讨班开班式上的重要讲话中强调：党的十九大"能否提出具有全局性、战略性、前瞻性的行动纲领，事关党和国家事业继往开来，事关中国特色社会主义前途命运，事关最广大人民根本利益。我们党要明确宣示举什么旗、走什么路、以什么样的精神状态、担负什么样的历史使命、实现什么样的奋斗目标"①。正是从明确宣示和深入回答这一系列根本问题出发，十九大作出了"中国特色社会主义进入了新时代"的重大政治论断，制定了在新时代坚持和发展中国特色社会主义的政治纲

---

① 《习近平谈治国理政》第二卷，外文出版社 2017 年版，第 59—60 页。

领。党的十九大报告深刻指出："中国特色社会主义道路是实现社会主义现代化、创造人民美好生活的必由之路，中国特色社会主义理论体系是指导党和人民实现中华民族伟大复兴的正确理论，中国特色社会主义制度是当代中国发展进步的根本制度保障，中国特色社会主义文化是激励全党全国各族人民奋勇前进的强大精神力量。全党要更加自觉地增强道路自信、理论自信、制度自信、文化自信，既不走封闭僵化的老路，也不走改旗易帜的邪路，保持政治定力，坚持实干兴邦，始终坚持和发展中国特色社会主义。"① 坚持中国特色社会主义道路、理论、制度、文化有机统一，坚持中国特色社会主义道路自信、理论自信、制度自信、文化自信相得益彰，构成了改革开放以来党的全部理论和实践的主题的时代内涵，这既是习近平新时代中国特色社会主义思想形成和发展的逻辑起点，也是这一新思想所深刻阐明的根本问题和所深刻展示的伟大真理力量。

不忘初心，方得始终。中国共产党人的初心和使命，就是为中国人民谋幸福，为中华民族谋复兴。而在今天，实现这一初心和使命的根本路径就是一以贯之地坚持和发展中国特色社会主义。正是从系统回答新时代坚持和发展什么样的中国特色社会主义、怎样坚持和发展中国特色社会主义，建设什么样的社会主义现代化强国、怎样建设社会主义现代化强国，建设什么样的长期执政的马克思主义政党、怎样建设长期执政的马克思主义政党等重大时代课题出发，我们党提出了新时代坚持和发展中国特色社会主义的总目标、总任务、总体布局、战略布局和发展方向、发展方式、发展动力、战略步骤、外部条件、政治保证等基本问题，明确了新时代坚持和发展中国特色社会主义的十个战略重点和十四

---

① 习近平：《决胜全面建成小康社会　夺取新时代中国特色社会主义伟大胜利——在中国共产党第十九次全国代表大会上的报告》，人民出版社 2017 年版，第 16—17 页。

条基本方略，构成了习近平新时代中国特色社会主义思想的主题明确、内涵丰富、特色鲜明、逻辑严谨的科学理论体系，把党的思想理论创新推向了一个新的时代高度。

马克思说："理论一经掌握群众，也会变成物质力量。理论只要说服人，就能掌握群众；而理论只要彻底，就能说服人。所谓彻底，就是抓住事物的根本。"① 主题就是根本。正是由于紧紧抓住了新时代坚持和发展中国特色社会主义这一主题和根本，深刻揭示了在新的时代条件下如何坚持和发展中国特色社会主义的根本问题和基本规律，习近平新时代中国特色社会主义思想才具有了深厚的理论穿透力和思想解释力，在马克思主义中国化历史进程中彰显了巨大的说服力量和真理力量。

马克思主义中国化，是中国共产党人的伟大创造，是把马克思主义学说的理论逻辑与中国社会变革的历史逻辑、实践逻辑有机统一起来，深入探索中国革命、建设、改革规律的符合逻辑的理论与实践创新过程。这是马克思主义中国化的本质规定，是马克思主义中国化所以充满不竭生命力，所以不断产生重大理论成果和历史性飞跃的根本原因所在。自 1938 年毛泽东同志在党的六届六中全会上正式提出"马克思主义中国化"这一科学命题，至今已走过了 84 年的不平凡历程。在致力于马克思主义中国化的理论创新和实践创新及用以指导和推进中国革命、建设、改革过程中，中国共产党人对马克思主义中国化的基本规律和内在逻辑进行了深入揭示。

毛泽东同志指明，"马克思列宁主义的伟大力量，就在于它是和各个国家具体的革命实践相联系的"；"马克思主义必须和我国的具体特点相结合并通过一定的民族形式才能实现"。② 因此，必须学会把马克思主

---

① 《马克思恩格斯选集》第 1 卷，人民出版社 2012 年版，第 9—10 页。
② 《毛泽东选集》第二卷，人民出版社 1991 年版，第 534 页。

义基本原理应用于中国具体的环境，按照中国特色去运用马克思主义，创造具有中国特性、中国作风、中国气派、中国风格乃至中国语言的马克思主义。

邓小平同志强调，把马克思主义的普遍真理同我国的具体实际结合起来，走自己的道路，建设有中国特色的社会主义；我们"要坚持马克思主义，坚持走社会主义道路，但是，马克思主义必须是同中国实际相结合的马克思主义，社会主义必须是切合中国实际的有中国特色的社会主义"①。

习近平总书记指出，"中国特色社会主义，是科学社会主义理论逻辑和中国社会发展历史逻辑的辩证统一"②。理论逻辑和历史逻辑辩证统一的过程，也就是不断深入探索和把握中国特色社会主义基本规律的过程，也就是符合规律地不断推进马克思主义中国化的历史过程。

马克思主义中国化的基本规律和内在逻辑，决定了马克思主义中国化进程呈现出鲜明的时代性和实践性品格。时代性是马克思主义的本质属性，也是马克思主义中国化的鲜明特征。"一切划时代的体系的真正的内容都是由于产生这些体系的那个时期的需要而形成起来的。"③"每一个时代的理论思维，包括我们这个时代的理论思维，都是一种历史的产物，它在不同的时代具有完全不同的形式，同时具有完全不同的内容。"④ 一定的时代提出一定的问题。"问题就是时代的口号，是它表现自己精神状态的最实际的呼声。"⑤ 而一定时代提出的一定问题，归根到底又是社会变革实践的产物。"社会生活在本质上是实践的"，实践是

---

① 《邓小平文选》第三卷，人民出版社 1993 年版，第 63 页。

② 《习近平谈治国理政》第一卷，外文出版社 2018 年版，第 21 页。

③ 《马克思恩格斯全集》第 3 卷，人民出版社 1960 年版，第 544 页。

④ 《马克思恩格斯全集》第 40 卷，人民出版社 1982 年版，第 289—290 页。

⑤ 《马克思恩格斯全集》第 1 卷，人民出版社 2012 年版，第 139 页。

马克思主义形成和发展的唯一源泉，是永葆马克思主义生命力的强大动力，也是马克思主义中国化生生不息的根本奥秘。离开实践这块沃土，马克思主义之花就将枯萎；脱离具体的实践抽象地谈论马克思主义，就会把马克思主义变成毫无价值的空洞说教。依据不同的时代主题和时代问题，研究不同时代条件下社会主义运动的实践经验和特殊规律，形成了既一脉相承又具有不同内容的马克思主义发展的各个历史阶段，从而铸成了马克思主义与时俱进的强大生命力。马克思主义中国化的历史进程，正是这样一种坚持时代性和实践性相统一、依据不同时代主题回答和解决不同时代提出的问题的生机勃勃的理论创新与实践创新过程。

马克思主义中国化的第一次历史性飞跃，是在社会主义革命和建设时期进行的。战争与革命的时代主题向中国共产党人提出的核心问题，是在半殖民地半封建社会性质的中国，究竟要进行什么样的革命、怎样进行革命的问题。以毛泽东同志为主要代表的中国共产党人，运用马克思主义基本原理深入研究中国社会的性质和中国革命的实际，科学地回答了这一时代问题，从而成功地开辟了一条中国新民主主义革命道路，并初步探索了社会主义建设道路，形成了毛泽东思想这一伟大成果。

马克思主义中国化的第二次历史性飞跃，是在世界格局发生重大变化、和平与发展的时代主题日渐形成并深入发展的时代条件下和社会变革实践中进行的。以邓小平、江泽民、胡锦涛同志为主要代表的中国共产党人，密切适应时代新变化和实践新发展，着力探索并深入回答在社会主义初级阶段的中国，究竟要建设什么样的社会主义、怎样建设社会主义这一根本问题，同时深入回答建设什么样的党、怎样建设党和实现什么样的发展、怎样发展等重大理论和实际问题，从而成功地开创了一条中国特色社会主义道路，形成了包括邓小平理论、"三个代表"重要思想、科学发展观在内的中国特色社会主义理论体系。

时代在变化，实践在发展，问题在产生，马克思主义中国化需要在新的时代条件下和社会变革实践中继续推进。当今世界正处于大发展大变革大调整时期，和平与发展仍然是时代主题，但呈现出新的发展态势。世界多极化、经济全球化、社会信息化、文化多样化，各类文明互鉴互融，我们生活的世界充满希望，也充满挑战。新的时代、新的问题、新的实践，赋予新时代中国共产党人以新的历史使命和历史责任，也提供了推进马克思主义中国化实现新发展新飞跃的有利时机和强大动力。党的十八大以来，习近平总书记审时度势反复强调："当代中国正经历着我国历史上最为广泛而深刻的社会变革，也正在进行着人类历史上最为宏大而独特的实践创新。"①"这是一个需要理论而且一定能够产生理论的时代，这是一个需要思想而且一定能够产生思想的时代。"② 我们的"一项重要任务就是继续推进马克思主义中国化、时代化、大众化，继续发展二十一世纪马克思主义、当代中国马克思主义"③。"时代是思想之母，实践是理论之源。我们要在迅速变化的时代中赢得主动，要在新的伟大斗争中赢得胜利，就要在坚持马克思主义基本原理的基础上，以更宽广的视野、更长远的眼光来思考和把握国家未来发展面临的一系列重大战略问题，在理论上不断拓展新视野、作出新概括。"④ 正是由于习近平总书记以非凡的理论勇气、高超的政治智慧、坚韧不拔的历史担当精神，把握时代大趋势，回答实践新要求，顺应人民新期待，集中全党和全国人民的智慧，紧紧围绕继续做好中国特色社会主义这篇"大文章"的主题任务，深刻破解新形势下党和国家事业发展面临的重大理论

---

① 习近平：《在哲学社会科学工作座谈会上的讲话》，人民出版社 2016 年版，第8 页。

② 习近平：《在哲学社会科学工作座谈会上的讲话》，人民出版社 2016 年版，第8 页。

③ 习近平：《在哲学社会科学工作座谈会上的讲话》，人民出版社 2016 年版，第9—10 页。

④ 《习近平谈治国理政》第二卷，外文出版社 2017 年版，第 62—63 页。

和实践问题，提出了一系列新理念新思想新战略，系统回答了新时代坚持和发展什么样的中国特色社会主义、怎样坚持和发展中国特色社会主义，建设什么样的社会主义现代化强国、怎样建设社会主义现代化强国，建设什么样的长期执政的马克思主义政党、怎样建设长期执政的马克思主义政党等重大时代课题，从而形成了习近平新时代中国特色社会主义思想，把马克思主义中国化推向了一个新的时代高度，实现了马克思主义中国化新的飞跃，深刻彰显了新思想的伟大真理力量。

**三、新时代的主线是开辟中国现代化新征程。正是在系统回答如何通过全面现代化实现中华民族伟大复兴的时代课题中，深刻彰显了新思想引领中国现代化新境界的伟大真理力量**

中国特色社会主义进入了新时代，中国现代化社会变革开启了新征程。站在新时代制高点上，党的十九大高屋建瓴谋划了决胜全面建成小康社会、开启全面建设社会主义现代化国家的总体战略，绘制了一幅气势恢宏、前景壮美的发展蓝图，展示了以习近平同志为核心的党中央的雄心壮志，践行了新时代中国共产党人的历史使命。

一个"决胜期"——到 2020 年如期建成得到人民认可、经得起历史检验的全面小康社会；一个"历史交汇期"——胜利实现第一个百年奋斗目标，乘势而上向第二个百年奋斗目标进军；两个"发展阶段"，即基本实现现代化的前 15 年和建成现代化强国的后 15 年。这一系列标志性时间节点，不啻是中国人民在走向强起来伟大征途上的一座座里程碑，是中华民族昂首阔步迈向全面现代化的铿锵脚步声。这一系列标志性时间节点，彰显了习近平新时代中国特色社会主义思想的现代化视野和引领中华民族走向伟大复兴的巨大真理力量。

在习近平新时代中国特色社会主义思想的科学理论体系中，实现中华民族伟大复兴的中国梦，无疑是统领全局、引领未来的宏伟奋斗目标。中国梦的"基本内涵是实现国家富强、民族振兴、人民幸福"；中国梦是人民的梦，"凝结着无数仁人志士的不懈努力，承载着全体中华儿女的共同向往"，是一个凝聚人心、鼓舞士气的"最大公约数"。中国梦的实质是实现国家和社会现代化，在全面现代化历史进程中促进公平正义、增进人民福祉，实现人的解放和人的全面发展。中国梦作为顺应时代潮流、凝结中华儿女夙愿的宏伟奋斗目标，其重大时代价值和现实价值深深融汇在"五位一体"总体布局和"四个全面"战略布局的现代化实践之中。

现代化，是 1840 年鸦片战争之后深陷民族存亡危机的中华民族不解的情结，是近代以来中国人民梦寐以求的理想，无数仁人志士、英雄儿女为实现这一美好理想奔走呼号、上下求索、浴血奋战、抛洒热血，乃至付出生命的代价。以为人民谋幸福、为民族谋复兴为初心和使命的中国共产党人，更是为实现中国现代化呕心沥血、久久探索、前赴后继、奋斗不息。新中国成立后，中国共产党人明确提出"四个现代化"的奋斗纲领，开辟了依托社会主义制度实现中国现代化的新征程。进而明确提出"中国式的现代化"的奋斗目标，开辟了通过"三步走"战略和改革开放之路实现中国现代化的新纪元。党的十八大以来，以习近平同志为核心的党中央承接起实现中国现代化的"接力棒"，不负历史的重托和人民的期望，在全面深化改革和优化治国理政实践中，创造性地开辟了通过全面建成小康社会和全面建设社会主义现代化国家、全面深化改革、全面依法治国、全面从严治党进一步推进当代中国现代化的新境界。

## （一）通过全面建成小康社会和全面建设社会主义现代化国家实现人的现代化

　　人是世界万物的主体，现代化的核心要素是人的现代化。现代化从其本意来说，就是实现和满足人的现代需要的行为和过程；因而现代化的最高指数和根本标准是人的现代素质的提升和人的全面发展。马克思主义经典著作指明，社会主义先进于资本主义的一个最本质之处，就是使"人终于成为自己的社会结合的主人，从而也就成为自然界的主人，成为自身的主人——自由的人"[①]。"我们的目的是要建立社会主义制度，这种制度将给所有的人提供健康而有益的工作，给所有的人提供充裕的物质生活和闲暇时间，给所有的人提供真正的充分的自由。"[②]而社会主义的终极价值目标，就是实现这样一个"联合体"；"在那里，每个人的自由发展是一切人的自由发展的条件。"[③]把人的发展放在经济社会发展的核心位置，把培养和造就自主的人、自由的人、自觉的人作为经济社会现代化的核心价值目标，这是社会主义现代化的特殊本质和特有品格，这也是习近平总书记关于全面建成小康社会和全面建设社会主义现代化国家重要论述的核心价值追求。

　　全面建设社会主义现代化国家的实质是"发展"。这个发展，核心内涵是人的发展。这就是着力实现以人为中心的创新发展、协调发展、绿色发展、开放发展、共享发展，从而为人的全面自由发展奠定更加坚实的物质基础、营造更加健康的社会环境。发展是硬道理，是全面建成小康社会和全面建设社会主义现代化国家的关键所在。在全面建成小康社会决胜阶段和全面建设社会主义现代化国家的新发展阶段，发展不仅

---

①　《马克思恩格斯文集》第 3 卷，人民出版社 2009 年版，第 566 页。

②　《马克思恩格斯全集》第 28 卷，人民出版社 2018 年版，第 652 页。

③　《马克思恩格斯选集》第 1 卷，人民出版社 2012 年版，第 422 页。

要集中力量进一步解放和发展社会生产力，促进社会物质财富增长，而且要着力解决"不平衡的发展"和"不充分的发展"问题，抓重点、补短板、强弱项，特别是要坚决打好防范化解重大风险、污染防治的攻坚战，更好满足人民日益增长的美好生活需要，更好推动人的全面发展、社会全面进步。

全面建成小康社会和全面建设社会主义现代化国家的关键是"全面"。这个全面，核心内涵是促进人的全面发展。突出体现在覆盖的人群是全面的，全面小康社会是包括每一个地域在内的全面发展社会，是不让一个人掉队的全面发展社会；同时还突出体现在涉及的领域是全面的，是以人的全面自由发展为核心的经济建设、政治建设、文化建设、

衣食无忧好日子，健康富足喜盈门。图为江西省井冈山市神山村村民笑脸合集。2020 年 7 月 15 日拍摄。

(彭昭之摄)

社会建设、生态文明建设"五位一体"全面发展的现代文明社会。

## （二）通过全面深化改革实现制度现代化

小治治事，中治治人，大治治制。治理国家，制度是起根本性、全局性、长远性作用的。当代中国现代化进程已经走到了这样一个重要节点上：既要继续完成工业现代化、农业现代化、科技现代化、国防现代化的历史任务，又要突出完成国家治理现代化、实现制度现代化的紧迫任务；不着力推进国家治理现代化、实现制度现代化，其他方面的现代化不可能上升到新的水平，甚至难以为继。正是从这个根本意义上说，国家治理现代化的实质是制度现代化，与工业现代化、农业现代化、科技现代化、国防现代化相比较，是更为重要、更为本质、更为关键的现代化。全面深化改革重大而深远的价值意义就在于，通过推进国家治理体系和治理能力现代化，进一步促进体制和制度现代化，从而为整个社会现代化建构起优质的制度架构，确保我国现代化大厦不仅外观壮美，而且内构永固。

制度现代化的本质特征是人民民主。马克思主义经典著作运用唯物史观拨开笼罩在民主之上的种种迷雾，深刻揭示了民主的实质和本质，这就是：人民在国家制度中的位置。马克思指出："在君主制中是国家制度的人民；在民主制中则是人民的国家制度。"① 国家制度凌驾于人民之上，成为统治人民的工具，这是君主制；国家制度由人民创造、为人民所用，这是民主制。因此，民主发展的基本逻辑关系应是："不是国家制度创造人民，而是人民创造国家制度"② ；"国家制度如果不再真正表现人民的意志，那它就变成有名无实的东西了"③。列宁进一步揭示："民

---

① 《马克思恩格斯全集》第3卷，人民出版社2002年版，第39页。
② 《马克思恩格斯全集》第3卷，人民出版社2002年版，第40页。
③ 《马克思恩格斯全集》第1卷，人民出版社1956年版，第316页。

主是国家形式，是国家形态的一种。"①"民主意味着在形式上承认公民一律平等，承认大家都有决定国家制度和管理国家的平等权利。"② 从作为国体的国家形态，到作为政体的国家形式，确认公民平等的地位和管理国家的平等权利，这就是民主。从这个本质意义可以说，民主就是一种国家治理。

党的十八大以来，以习近平同志为核心的党中央高举人民民主的光辉旗帜，着眼于从国家治理层面不断拓展民主建设路径，为人民民主权利的实现提供愈益完善的制度保障，使人民享有更加切实的权利获得感。党的十九大报告进一步强调："我国社会主义民主是维护人民根本利益的最广泛、最真实、最管用的民主。发展社会主义民主政治就是要体现人民意志、保障人民权益、激发人民创造活力，用制度体系保证人民当家作主。"③ 在优化治国理政中完善和发展社会主义民主，确保人民当家作主的权利，是习近平新时代中国特色社会主义思想的重要内容。这一新思想，深刻体现和坚持了马克思主义的国家治理观和民主政治观，进一步强化了制度现代化的价值指向，为全面实现当代中国现代化指明了正确方向。

## （三）通过全面依法治国实现民主和法治现代化

法治政治，早已有之。问题的要害在于，我们需要什么样的法治、要走什么样的法治现代化之路。全面依法治国是开辟当代中国法治现代化新境界的一个鲜明特点，深刻厘清民主与法治的关系。全面依法治国是坚定不移走以人民民主为主体的社会主义法治现代化道路。民主是法治的灵魂，只有建立在高度民主基础上的法治，才是良法善治；法治是民主的

① 《列宁选集》第 3 卷，人民出版社 2012 年版，第 201 页。
② 《列宁选集》第 3 卷，人民出版社 2012 年版，第 201 页。
③ 《习近平谈治国理政》第三卷，外文出版社 2020 年版，第 28 页。

保障，只有在法治规则引领与规范下的民主，才是真正民主。党的十八届三中全会作出全面深化改革、推进制度现代化的重大战略，党的十八届四中全会作出全面依法治国、推进法治现代化的重大战略；党的十九大报告进一步强调，全面依法治国是中国特色社会主义的本质要求和重要保障，是国家治理的一场深刻革命。这些重要战略思想一脉相承、相互联系，深刻坚持了现代民主与现代法治的有机统一，深刻体现了对社会主义现代化规律的深邃把握和能动运用，生动展示了习近平新时代中国特色社会主义思想抓住本质问题全面推进中国现代化的政治智慧和远见卓识。

　　民主是法治的灵魂。"在民主制中，不是人为法律而存在，而是法律为人而存在。"① 马克思将此称为"民主的基本特点"。这正是我们今天深刻认识和把握民主与法治的关系、推进国家治理现代化、建设社会主义法治国家的基本逻辑。民主是法治的灵魂，内在地要求在全面依法治国各个层面和全部过程中，必须坚定不移坚持人民民主本质、张扬人民民主精神。首先要坚持民主立法。法律是治国之重器，良法是善治之前提。良法从哪里来？归根到底来自人民的利益和人民的意愿，这就要恪守以民为本、立法为民理念，使每一项立法都符合人民利益，反映人民意愿，得到人民拥护。其次要坚持民主执法。法律的生命力在于实施，法律的权威也在于实施。确保法律实施效果的关键在于加快建设职能科学、权责法定、执法严明、公开公正、廉洁高效、守法诚信的法治政府；而建设法治政府的直接价值导向和价值标准就是服务人民，由人民作主、让人民满意。最后要坚持民主司法。公正是法治的生命线，司法公正对社会公正具有重要引领作用，司法不公对社会公正具有致命破坏作用；而司法公正的关键在于尊重人民主体地位，坚持人民司法为人民，依靠人民推进公正司法，通过公正司法维护人民权益。民主立法、

---

　　① 《马克思恩格斯全集》第 3 卷，人民出版社 2002 年版，第 40 页。

民主执法、民主司法的根本社会基础是人民的民主意识和法治精神。法律的权威源自人民的内心拥护和真诚信仰，这种拥护和信仰不是抽象的，更不是强制性的，而必须建立在人民的民主觉悟和对自我民主权利的自觉认同基础之上。正是从这个根本意义上说，民主精神与法治精神内在一致，尊重民主与弘扬法治高度统一。

### （四）通过全面从严治党实现党的建设现代化

中国特色社会主义进入新时代，对站在时代潮头的中国共产党提出了更高要求、树立了更严标准。肩负着引领新时代、领导实现社会主义现代化和民族复兴历史重任的中国共产党，正面临着实现自身现代化的艰巨任务。全面从严治党，其实质就是开辟党的建设现代化新境界，确保我们党经得起执政的考验、改革开放的考验、市场经济的考验、外部环境的考验，消除党内存在的体制、制度弊端和精神懈怠的危险、能力不足的危险、脱离群众的危险、消极腐败的危险，勇于自我革命，自觉增强自我净化、自我完善、自我革新、自我提高能力，使党始终走在时代前列，始终成为引领中国现代化的坚强领导核心。

党的十八大以来，以习近平同志为核心的党中央以"打铁必须自身硬"的高度政治自觉和自我担当精神，从严要求抓党建、从严管理抓干部，"着力解决管党治党失之于宽、失之于松、失之于软的问题"①，取得了突出成效，赢得了党心民心。全面从严治党的生动实践和实际成效有力表明，"民心是最大的政治，正义是最强的力量"②。保持政治定力、全面从严治党，是民心所向、正义所在，是在新的历史条件下推进中国现代化的重中之重。党的十九大报告着重强调："中国特色社会主义进

---

① 《习近平谈治国理政》第二卷，外文出版社 2017 年版，第 161 页。
② 习近平：《在第十八届中央纪律检查委员会第六次全体会议上的讲话》，人民出版社 2016 年版，第 6 页。

入新时代，我们党一定要有新气象新作为。"①"我们党要始终成为时代先锋、民族脊梁，始终成为马克思主义执政党，自身必须始终过硬。"② 党的十九大以来，习近平总书记在多处重要场合突出强调必须以永远在路上的执着和勇于自我革命的精神进一步全面从严治党、适应新时代新要求抓好党的建设新的伟大工程。在"1·5"重要讲话中，习近平总书记突出强调："要把新时代坚持和发展中国特色社会主义这场伟大社会革命进行好，我们党必须勇于进行自我革命，把党建设得更加坚强有力。"③ 这些重要论述和严格要求，深刻彰显了习近平新时代中国特色社会主义思想在推进党的建设现代化上的高度政治自觉和思想引领力量。

　　坚持思想建党、制度治党、纪律强党、质量兴党有机结合，是习近平总书记关于全面从严治党论述的重要创新，是在新时代推进党的建设新的伟大工程、实现党的建设现代化的根本路径。坚持思想建党，就是要紧紧抓住坚定理想信念、强化宗旨意识、践行群众路线、扭紧世界观人生观价值观权力观这个"总开关"四个关键环节，打好党的建设的根基；坚持制度治党，就是要坚持制度改革不动摇、强化制度约束不放松、把权力关进制度的笼子不懈怠，通过体制改革和制度创新切断利益输送链条，确保一切公权力不被滥用，充分发挥制度体系管党治党的长效作用；坚持纪律强党，就是要严明政治纪律不含糊、严守政治规矩不留缝，严格尊崇党章，严格遵守新形势下党内政治生活若干准则，使铁的纪律和规矩转化为党员、干部的日常习惯和自觉遵循，用纪律和规

---

　　① 习近平：《决胜全面建成小康社会　夺取新时代中国特色社会主义伟大胜利——在中国共产党第十九次全国代表大会上的报告》，人民出版社 2017 年版，第 61 页。

　　② 习近平：《决胜全面建成小康社会　夺取新时代中国特色社会主义伟大胜利——在中国共产党第十九次全国代表大会上的报告》，人民出版社 2017 年版，第 16 页。

　　③ 《习近平谈治国理政》第三卷，外文出版社 2020 年版，第 515 页。

矩营造风清气正的政治生态；思想建党、制度治党、纪律强党，相互作用、相得益彰，最终落脚到质量兴党上，这就是不断提高党的建设质量，使所有党员能发挥先锋模范作用，使所有干部都做人民的表率，使全党永远朝气蓬勃、坚强有力。

在全面落实"五位一体"总体布局和协调推进"四个全面"战略布局中实现人的现代化、制度现代化、民主和法治现代化、党的建设现代化，这是当代中国现代化的新境界，是新时代中国特色社会主义的根本任务和发展逻辑。正是在引领新时代现代化新征程中，深刻彰显了习近平新时代中国特色社会主义思想的伟大真理力量。

## 四、新时代的真谛是坚持以人民为中心促进社会新进步。正是在系统回答如何把握历史机遇、解决重大问题、全面造福人民的时代课题中，深刻彰显了新思想践履新时代新使命的伟大真理力量

党的十九大作出"中国特色社会主义进入了新时代"的重大政治论断，既是着眼于对改革开放以来尤其是党的十八大以来中国特色社会主义发展历程的精辟总结，又是着眼于对未来中国面临发展机遇的战略思考，充分彰显了以习近平同志为核心的党中央把握历史机遇期的远见卓识和创造历史伟业的使命担当。新时代蕴含着新机遇、体现着新使命。这个历史机遇，就是中华民族由站起来、富起来走向强起来，奋力实现伟大复兴的历史机遇；就是中国特色社会主义道路、理论、制度、文化更加走向成熟，更具有引领力和感召力，从而焕发出科学社会主义生机和活力的历史机遇；就是中国人民创造美好生活、走向共同富裕，从而奋力实现人的全面发展和社会全面进步的历史机遇。这些历史

机遇集中到一点，就是坚持以人民为中心，把握历史机遇、谋求全面发展、更好造福人民。这是中国共产党在新时代的新使命，也是新时代的真谛。

坚持以人民为中心，必须把握历史机遇。党的十九大之后习近平总书记反复提醒全党，新时代要有新气象，更要有新作为，要抓住历史机遇，谋求更好发展。在"1·5"重要讲话中，习近平总书记高瞻远瞩指出："当前，我国正处于一个大有可为的历史机遇期"①。"面对波谲云诡的国际形势、复杂敏感的周边环境、艰巨繁重的改革发展稳定任务，我们既要有防范风险的先手，也要有应对和化解风险挑战的高招；既要打好防范和抵御风险的有准备之战，也要打好化险为夷、转危为机的战略主动战。我们要继续进行具有许多新的历史特点的伟大斗争，准备战胜一切艰难险阻，朝着我们党确立的伟大目标奋勇前进。"② 机遇从来是为有担当、有作为的人们准备的。当前我们面临的大有可为的历史机遇期，既是党领导人民创造中国特色社会主义历史业绩的时代呈现，又是党领导人民开创中国特色社会主义事业新局面的时代真谛。历史机遇深蕴着辩证法：抓住了就是良机，错失了就是挑战。面对新时代不可错失的历史机遇，我们只有一以贯之地增强机遇意识、忧患意识，真抓实干、励精图治，才能圆满回答好时代出的考卷，向人民交出合格的答卷，出色践履好党在新时代的历史使命。

坚持以人民为中心，必须坚持问题导向。从历史发展过程来看，机遇和问题往往不可分割地胶着在一起。马克思说："一个时代所提出的问题，和任何在内容上是正当的因而也是合理的问题，有着共同的命运：主要的困难不是答案，而是问题。因此，真正的批判要分析的

<hr />

① 《习近平谈治国理政》第三卷，外文出版社 2020 年版，第 73 页。
② 《习近平谈治国理政》第三卷，外文出版社 2020 年版，第 73 页。

不是答案，而是问题。"①"问题就是公开的、无畏的、左右一切个人的时代声音。问题就是时代的口号，是它表现自己精神状态的最实际的呼声。"② 问题是时代的口号、是实践的声音，是捕捉历史机遇、把握历史机遇的第一信号，是能动地运用历史机遇推动社会发展的重要切入点。将把握历史机遇和坚持问题导向有机地融汇在一起，在审视问题中把握机遇、在解决问题中创造机遇，这是习近平总书记领导风格和执政方式的鲜明特点，也是习近平新时代中国特色社会主义思想的重要认识论和方法论原则。在党的十八届三中全会上作关于《中共中央关于全面深化改革若干重大问题的决定》的说明中，习近平总书记深刻指出："我们中国共产党人干革命、搞建设、抓改革，从来都是为了解决中国的现实问题。可以说，改革是由问题倒逼而产生，又在不断解决问题中得以深化。"③"我们用改革的办法解决了党和国家事业发展中的一系列问题。同时，在认识世界和改造世界的过程中，旧的问题解决了，新的问题又会产生，制度总是需要不断完善，因而改革既不可能一蹴而就、也不可能一劳永逸。"④"当前，在改革开放问题上，党内外、国内外都很关注，全党上下和社会各方面期待很高。改革开放到了一个新的重要关头。我们在改革开放上决不能有丝毫动摇，改革开放的旗帜必须继续高高举起，中国特色社会主义道路的正确方向必须牢牢坚持。"⑤ 在国际舞台的演讲和接受记者专访中，习近平总书记反复强调："当前，经济全球化快速发展，综合国力竞争更加激烈，国际形势复杂多变，我们认为，中国要抓住机遇、迎接挑战，实现新的更大发展，从根本上还要靠改革

---

① 《马克思恩格斯全集》第 40 卷，人民出版社 1982 年版，第 289 页。
② 《马克思恩格斯全集》第 40 卷，人民出版社 1982 年版，第 289—290 页。
③ 《习近平谈治国理政》第一卷，外文出版社 2018 年版，第 74 页。
④ 《习近平谈治国理政》第一卷，外文出版社 2018 年版，第 74 页。
⑤ 《习近平谈治国理政》第一卷，外文出版社 2018 年版，第 86—87 页。

开放。在激烈的国际竞争中前行，就如同逆水行舟，不进则退。"①"改革是由问题倒逼而产生，又在不断解决问题中而深化。我们强调，改革开放只有进行时、没有完成时。中国已经进入改革的深水区，需要解决的都是难啃的硬骨头，这个时候需要'明知山有虎，偏向虎山行'的勇气，不断把改革推向前进。"② 在哲学社会科学工作座谈会上的讲话中，习近平总书记更加明确地强调："坚持问题导向是马克思主义的鲜明特点。问题是创新的起点，也是创新的动力源。只有聆听时代的声音，回应时代的呼唤，认真研究解决重大而紧迫的问题，才能真正把握住历史脉络、找到发展规律，推动理论创新。坚持以马克思主义为指导，必须

　　海阔潮平正扬帆，推进海南全面深化改革开放。图为滚装货船"劳拉"轮驶入海口秀英港，这是海南自贸区政策实施以来的首艘汽车外贸船。　　　　　　　　　　　　　　（杨冠宇摄）

　　① 《习近平谈治国理政》第一卷，外文出版社 2018 年版，第 100 页。
　　② 中共中央文献研究室编：《习近平关于全面深化改革论述摘编》，中央文献出版社 2014 年版，第 13 页。

落到研究我国发展和我们党执政面临的重大理论和实践问题上来，落到提出解决问题的正确思路和有效办法上来。"① 这些在不同时间地点、针对不同问题作出的精辟论述，贯穿着一以贯之的逻辑思路，就是：坚持问题导向，勇敢解决问题，在回答和解决当代中国面临重大问题中更好造福全国各族人民，把中国特色社会主义不断推向前进。这是党的一切理论与实践的根本出发点和落脚点。

中国特色社会主义进入新时代，正是以习近平同志为核心的党中央把握时代脉搏、坚持问题导向，不失时机地回答和解决当代中国面临重大问题的结果。党的十八大以来，以习近平同志为核心的党中央深刻分析和把握迅速变化的时代和多元纷繁的实际，在坚持发展这个党和国家第一要务、推动经济健康持续发展的同时，着力聚焦和解决当代中国面临的一系列重大现实问题，奋力开创了中国特色社会主义新境界，把中国特色社会主义推进了新时代。一是发展起来后的问题，着力化解社会差距拉大、民生短板凸显、环境治理紧迫、突发事件频发、价值理念错位、权力腐败严重等重大现实问题，促进社会公平正义，使人民在发展中有更多的获得感、幸福感、安全感。二是制度定型的问题，以完善和发展中国特色社会主义制度、推进国家治理体系和治理能力现代化为总目标，在全面深化改革中赋予经济、政治、文化、社会、生态等基本制度以更加科学性和稳定性内涵，着力构建"系统完备、科学规范、运行有效"的中国特色社会主义制度，以完善的制度体系保证人民当家作主。三是政党治理和国家治理面临的问题，深入理顺和定位政府与市场的关系、国家与社会的关系、党与人民的关系，深化政治上层建筑改革，净化优化党内政治生态，带动政风民风根本好转。四是由"大"变"强"的问题，直面新全球化带来的新机遇和新挑战，在时代变化新潮流中掌

---

① 习近平：《在哲学社会科学工作座谈会上的讲话》，人民出版社 2016 年版，第 14 页。

握主动权和发言权，积极参与全球治理，鲜明提出构建人类命运共同体理念，在国际舞台上塑造中国特色社会主义中国的新形象。这几大类问题，是 20 世纪 90 年代初邓小平同志明确提出而未能来得及解决的重大问题，是 21 世纪初党中央致力于解决而没有完全解决好的重大问题，也是许多国家在走向现代化时难以避免而影响政治稳定和社会发展的重大问题。正是在回答和解决这些重大问题过程中，进一步深化了对共产党执政规律、社会主义建设规律、人类社会发展规律的认识，进一步把握了中国特色社会主义规律，有力推进了党的重大理论创新，把马克思主义中国化推向了新阶段，把中国特色社会主义推进了新时代。

新时代的中国特色社会主义，必须具有更加鲜明的问题导向，着力化解重大矛盾、解决重大问题、防范风险挑战，抓重点、补短板、强弱项，在解决问题中把握机遇、创造机遇，更加全面地统筹推进"五位一体"总体布局和协调推进"四个全面"战略布局，使人民从社会全面发展中不断增强获得感、幸福感、安全感。坚守以人民为主体，坚持以人民为中心，不断满足人民日益增长的美好生活需要，深入解决影响人民获得感、幸福感、安全感的重大现实问题，不啻是践履党在新时代历史使命的关键所在。

坚持以人民为中心，归根到底必须坚守人民当家作主。人民是国家和社会的主人，是党的力量的根本源泉，是党长期执政的根本依靠力量。人民当家作主是社会主义民主政治的本质特征，坚持和加强党的全面领导是实现人民当家作主的根本保证；坚持党的领导、人民当家作主、依法治国有机统一，是社会主义政治发展的必然要求，是建设中国特色社会主义民主政治的本质体现。中国特色社会主义进入新时代，人民当家作主进入新境界，必须把坚持人民当家作主、坚守人民主体地位作为新时代密切党群关系的最基础环节，不断扩大人民有序政治参与，保证人民依法实行民主选举、民主协商、民主决策、民主管理、民主监督，使社会主义政治发展真正体现人民的意志、保障人民的权益、激发人民的创造活力，用制度体系保证人民当家作主。"坚持以人民为中心"发展思想集中体现了我们党全心全意为人民服务的根本宗旨，体现了人民是国家和社会的主人、是推动发展的根本力量的唯物史观，对于解决新形势下党群关系面临的新问题，确保党始终同人民想在一起、干在一起，确保新时代中国特色社会主义开拓前进，具有多层面价值意义。一是新发展理念价值意义。为什么人的问题、靠什么人的问题，始终是根本立场问题、世界观问题。对于经济社会发展来说，这个问题是关系能否实现充满活力而又稳定发展的首要因素；对于道路选择来说，这个问题是决定道路选择的方向是否正确、能否具有强盛生命力的关键环节；而对于一个政党来说，这个问题是判断党是否先进、是否有坚实基础和充沛活力的根本标准。中国特色社会主义进入新时代，必须更加坚定地把实现公平正义、增进人民福祉、促进共同富裕作为根本出发点，把尊重人民主体地位、弘扬人民主体力量、调动人民积极性主动性创造性作为根本动力，把人民对美好生活的向往、实现好维护好发展好最广大人民的根本利益作为奋斗目标，更好解决社会主要矛盾和人民关注的现实问题，确保实现创新、协调、绿色、开放、共享发展。二是民主政治观价值意义。"民主意味着在形式上承认公民一律平等，承认大家都有决定国家制度和管理国家的平等权利。"[1]"坚持以人民为中心"，深刻体现和诠释着我们党在新时代所坚守的民主政治价值观：坚持以为民为宗旨，把实现公平正义、维护人民权益作为民主政治建设的根本出发点和落脚点；坚持以人民为主体，把激发人民主体意识、行使好民主权利作为民主政治建设的根本依靠力量；坚持以人民为目的，把扩大人民民主、确保人民民主权利的实现作为民主法治建设的根本目的。

---

① 《列宁选集》第 3 卷，人民出版社 2012 年版，第 201 页。

　　总之，在新时代新征程上，始终坚持以人民为中心，是把握历史机遇、坚持问题导向的根本价值，是不忘初心、牢记使命的时代彰显。正是在这一新时代发展逻辑中，深刻彰显了习近平新时代中国特色社会主义思想的伟大真理力量。

第三章

# 习近平新时代中国特色社会主义
# 思想的实践伟力

《中共中央关于党的百年奋斗重大成就和历史经验的决议》从 13 个方面，总结了新时代党和国家事业取得的历史性成就、发生的历史性变革。身处伟大时代的每个中国人，都会为这些成就和变革而倍感振奋、充满自豪。非凡的事业总是与先进的思想彼此辉映，伟大的实践总是与科学的理论相互激荡。习近平新时代中国特色社会主义思想是推动新时代党和国家事业不断向前发展的科学指南，是经过实践检验、富有实践伟力的强大思想武器。这一伟大思想是如何找准实践症结、破解实践难题、推动实践发展的呢？下面从党、国家、军队和世界四个层面来探寻其巨大实践伟力。

## 一、以政治建设为统领，党的领导和党的建设全面加强

办好中国的事情，关键在党。邓小平讲，"中国要出问题，还是出在共产党内部"。① 习近平总书记曾提到，我看能打败我们的只有

---

① 《邓小平文选》第三卷，人民出版社 1993 年版，第 380 页。

我们自己，没有第二人。① 所以我们常说，治国必先治党、治党务必从严。

党的十八大前的一段时间里，党内存在着严重隐患，党的领导弱化、党的建设缺失、全面从严治党不力等问题十分突出，很多人对这些突出问题表现出极大的担忧。在党的领导方面，各级组织如果变成各行其是的"私人俱乐部"，党就会变成一盘散沙，党的领导就成为一句空话。在党的建设方面，一些盘根错节的复杂问题、年代久远的遗留问题、长期形成的惯性问题，以及许多顽瘴痼疾，危及党的健康。比如关系学、厚黑学、官场术、潜规则等庸俗腐朽的政治文化，严重侵蚀着党内政治生态；比如一些领导干部贪污腐败，带坏了社会风气、涣散了人心，极大损害了人民群众对党的信任。为什么出了很多规定却管不住吃喝成风问题？为什么管党治党会出现"头痛医头、脚痛医脚"的被动局面？想解决为什么解决不了、想办的事为什么办不成？顽瘴痼疾难道真的就是不治之症吗？这些实践困境，亟待思想的破冰。

"治其本，朝令而夕从；救其末，百世不改也。"党的政治建设决定党的建设方向和效果，对党其他方面建设可以起到纲举目张的作用。抓住了党的政治建设，就抓住了党的建设的"根"和"魂"。不抓政治建设，党的其他建设难以取得预期成效。我们党深刻认识到，党内存在的很多问题都同政治问题相关联，都是因为党的政治建设没有抓紧、没有抓实。不从政治上认识问题，就无法从根本上解决问题。习近平总书记指出，历史表明，"什么时候全党讲政治、党内政治生活正常健康，我们党就风清气正、团结统一，充满生机活力，党的事业就蓬勃发展；反之，就弊病丛生、人心涣散、丧失斗志，各种错误思想、错误路线得不

---

① 习近平：《推进党的建设新的伟大工程要一以贯之》，《求是》2019 年第 19 期。

到及时纠正，给党的事业造成严重损失"。① 所以他反复强调，"全面从严治党首先要从政治上看"②，"政治问题要从政治上来解决"③。党的十九大提出党的政治建设这个重大命题，习近平总书记强调，这"是有很深的考虑的"。他明确指出，"党的政治建设是党的根本性建设"，要把党的政治建设纳入党的建设总体布局并摆在首位。这一思想突破，是马克思主义党建理论的重大创新，标志着我们党对自身建设规律的认识达到了新的历史高度，为新时代坚持和加强党的建设新的伟大工程提供了理论指导和行动指向。

思想武器除痼疾，百年大党焕新颜。党的十八大以来，我们扭住党的政治建设这个"牛鼻子"，全面深入推进党的各项建设，在坚定政治信仰、增强"四个意识"、坚定"四个自信"、做到"两个维护"、严明党的政治纪律和政治规矩、加强和规范新形势下党内政治生活、净化党内政治生态、正风肃纪、反腐惩恶等方面取得明显成效，消除了党内存在的严重隐患，党的创造力、凝聚力、战斗力显著增强。党的领导得到全面加强，党的建设新的伟大工程呈现出崭新局面。这些实践成就都是根本性的、历史性的。

坚持党的领导是政治建设的一项十分重要内容，必须从政治层面来理解和把握这个问题，习近平总书记非常形象地把中国共产党比作"众星捧月"的"月"，把党中央比作象棋中坐镇中军帐的"帅"。我们用"两个所在""两个所系"来突出党的领导的极端重要性：党的领导是党和国家的根本所在、命脉所在，是全国各族人民的利益所系、命运所系。在坚持和完善党的领导这个重大原则问题上，我们用"三个特别、一个绝不"予以突出强调：头脑要特别清醒、眼睛要特别明亮、立场要特别

---

① 《习近平关于全面从严治党论述摘编》，中央文献出版社 2021 年版，第 114 页。
② 《习近平关于全面从严治党论述摘编》，中央文献出版社 2021 年版，第 132 页。
③ 习近平：《增强推进党的政治建设的自觉性和坚定性》，《求是》2019 年第 14 期。

坚定，绝不能有任何含糊和动摇。我们把"党政军民学，东西南北中，党是领导一切的"写入党章，把"中国共产党领导是中国特色社会主义最本质的特征"写入宪法，强调"中国特色社会主义制度的最大优势是中国共产党领导，党是最高政治领导力量"。在科学思想的指引下，经过这几年的不懈努力，全党坚持党的全面领导的意识明显增强，党中央定于一尊、一锤定音的权威进一步强化，各级党组织地位作用得到充分发挥，党的团结统一更加巩固，党在革命性锻造中领导地位更加巩固，执政优势更加凸显。

腐败是社会毒瘤，是我们党面临的最大威胁。"不得罪成百上千的腐败分子，就要得罪十三亿人民。这是一笔再明白不过的政治账、人心向背的账！"正是从政治账这样的高度来认识和解决腐败问题，我们才能义正词严地说，反腐败决不是什么看人下菜的"势利店"，不是争权夺利的"纸牌屋"，也不是有头无尾的"烂尾楼"，一定要理直气壮、大张旗鼓地把反腐败斗争进行到底，决不让腐败分子在党内有任何容身之处。党的十八大以来，习近平总书记以政治建设为统领，带领全党以猛药去疴、重典治乱的决心，以刮骨疗毒、壮士断腕的勇气，坚持有腐必反、有贪必肃，持续保持遏制腐败高压态势，不断取得新的重大成就。从腐败和反腐败两军对垒呈"胶着状态"，到"反腐败斗争压倒性态势正在形成"，到"压倒性态势已经形成"，再到"反腐败斗争取得压倒性胜利"，短短几年时间就取得了多少人不敢想象的巨大胜利，极大地赢得了人民群众对党的信心、信任和信赖。刀刃向内割毒瘤，正本清源气象新。在政治建设的统领下，党的建设新的伟大工程全方位加强，全面从严治党实效性不断提高，党内政治生态进一步改善，党在新时代新征程上焕发出更加强大的生机活力。

## 二、在"两个结合"中推进中国式现代化，加快建设社会主义现代化强国

实现现代化，是近代以来世界发展的大趋势，也是 180 多年来中华民族孜孜以求的目标方向。但什么是现代化，怎样实现现代化，长期以来存在着一种误区。经典的现代化理论认为现代化就是以美西方为中心、为模板，将第三世界国家引向以美西方为代表的现代化发展轨道。西方学者马丁·雅克说："西方国家一直自认为是人类发展的最高峰"，而别国在"政治和文化上的差异，被视为落后的代名词"。中国的现代化也要以美西方国家的资本主义现代化为模板吗？历史和实践已经给出了明确的结论：只有社会主义才能发展中国。坚持和推进中国特色社会主义现代化，这是事关国家未来的重大理论和实践问题。

早在 1979 年 12 月 6 日，邓小平同志给到访的日本首相大平正芳描述中国发展的未来时提到，"我们要实现的四个现代化，是中国式的四个现代化。我们的四个现代化的概念，不是像你们那样的现代化的概念"。① 中国式现代化是社会主义现代化，但它应该是什么样子，应该怎么去建，对于这个问题，没有现成结论和经验，摸着石头过河过程中，未免会有迷茫、怀疑甚至彷徨。特别是党的十八大之前，对中国式现代化的认识成为亟待回答的时代课题。对此，所谓中国搞的是"资本社会主义""国家资本主义""新官僚资本主义"的论调，都是错误的。习近平总书记曾提到，"有的想拉回到老路上，有的想引到邪路上去；有的是思想认识误区，有的是别有用心"。

习近平总书记指出，"当代中国的伟大社会变革，不是简单延续我

---

① 《邓小平文选》第二卷，人民出版社 1994 年版，第 237 页。

国历史文化的母版，不是简单套用马克思主义经典作家设想的模板，不是其他国家社会主义实践的再版，也不是国外现代化发展的翻版"。①不是这四个"版"，那到底是什么"版"？回答好这个问题，才能为中国未来发展明确方向、路径。时代呼唤先进思想，也孕育伟大思想。习近平总书记站在新时代的历史方位上，思考和谋划新时代中国的发展，丰富和发展了中国式现代化的科学内涵和任务要求。

走好中国式现代化道路，"就要坚持把马克思主义基本原理同中国具体实际相结合、同中华优秀传统文化相结合"。首先，要坚持社会主义方向。中国特色社会主义是社会主义，不是别的什么主义。这一点必须坚定不移，十分清醒。其次，必须结合中国实际。"我们的任务是全面建设社会主义现代化国家，当然我们建设的现代化必须是具有中国特色、符合中国实际的"。再次，必须结合中华优秀传统文化。这是中华民族的根和魂，是中国特色社会主义根植的文化沃土。习近平总书记强调："如果没有中华五千年文明，哪里有什么中国特色？如果不是中国特色，哪有我们今天这么成功的中国特色社会主义道路？"马克思主义在"两个结合"中创造出中国式现代化道路，这一现代化的特性、远景在习近平总书记的思考和谋划中已经非常清晰，它是"人口规模巨大的现代化，是全体人民共同富裕的现代化，是物质文明和精神文明相协调的现代化，是人与自然和谐共生的现代化，是走和平发展道路的现代化"。党的十八大以来的实践充分表明，这条路走得对、走得通、走得稳、走得好。

中国式现代化道路创造了中国奇迹。思想是变革的先声，实践的先导。习近平新时代中国特色社会主义思想发时代之先声，明确了中国式

---

① 习近平：《在纪念马克思诞辰 200 周年大会上的讲话》，《人民日报》2018 年 5 月 5 日。

现代化的时代要求、科学内涵、实践路径，指引我国历史上最为广泛而深刻的社会变革，指引人类历史上最为宏大而独特的实践创新，中国巨轮劈波斩浪、全速前行。在习近平新时代中国特色社会主义思想的指引下，我国社会生产力水平总体上显著提高，国家经济实力、科技实力、综合国力跃上新的大台阶，创造出人类发展史上的一个个奇迹。截至2020年底，我们有16万公里的高速公路，居世界第一；高铁运营总里程达3.8万公里，居世界第一；有5169万公里的光缆线路，居世界第一；发电量占全球的四分之一，居世界第一。在"新世界七大奇迹"中，中国就占了两项，大家熟知的大兴国际机场更是被称为"新世界七大奇迹"之首。捷报频传，人心振奋。"天问一号"、"嫦娥五号"、"奋斗者"号、"祝融号"等突破性成果不断涌现。一个个令世人钦羡的"中国奇迹"，

四通八达的高铁，创造了百姓出行新速度、经济发展新动力和中国创新新高度，改变着中国，也影响着世界。
（唐振江摄）

如一盏盏明灯，照亮着强国之路。

中国式现代化道路激活了中国力量。"江山就是人民，人民就是江山，打江山、守江山，守的是人民的心。""人民对美好生活的向往就是我们的奋斗目标"，"我国现代化是全体人民共同富裕的现代化"。这些体现共产党人价值追求、扎根优秀传统文化的治国理念，激活了民族精神。精神共鸣聚人心，前路虽艰催人进。习近平新时代中国特色社会主义思想为全国人民画出最大同心圆，汇聚起排山倒海、无坚不摧的磅礴力量。对此，我们不能不提到当代中国的"脱贫攻坚"。贫困是人类社会的顽疾，反贫困始终是古今中外治国安邦的一件大事。我国从20世纪80年代开始扶贫，经过长期努力，容易脱贫的地区和人口已经解决得差不多了，剩下的都是贫中之贫、困中之困。2020年11月23日，注定是一个载入史册的日子，我国最后9个贫困县宣布摘帽。至此，经过8年的持续奋斗，全国832个贫困县全部脱贫，现行标准下近1亿贫困人口实现脱贫，区域性整体贫困彻底解决。曾让习近平总书记感到揪心的四川凉山"悬崖村"的村民终于走下2000多级钢梯，彻底翻越了"贫困大山"；云南怒江、澜沧江上36座溜索改为桥梁，当地人"过江靠溜索"的历史一去不复返。打赢脱贫攻坚战，是中华民族历史上光耀千秋、彪炳史册的伟业，谱写了人类反贫困历史新篇章，开启了向着更高目标进发的新征程。

思想指引现实，思想更照亮未来。"两个结合"基础上的中国式现代化，体现着人类社会发展的必然规律，所以它既立足实际，又能够科学展望未来。党的十九大对实现第二个百年奋斗目标作出分两个阶段推进的战略安排，即到2035年基本实现社会主义现代化，到本世纪中叶把我国建成富强民主文明和谐美丽的社会主义现代化强国。党的十九届五中全会，将"十四五"规划与2035年远景目标统筹考虑，明确"十四五"时期经济社会发展的基本思路、主要目标以及2035年远景目标，提出一系列具有标志性的重大战略，实施富有前瞻性、全局性、基础性、针对性的重大举措，社会主义现代化强国的美好画卷正在中国大地上不可逆转地加速铺展。

## 三、牢固确立战斗力这个唯一的根本的标准，开创强军事业新局面

中国人民解放军曾以敢打能战、制胜强敌的超强战斗力而让世人惊叹。20 世纪 60 年代初，有记者请麦克阿瑟谈谈他对中国军队的看法，这位曾经在朝鲜战场上与中国军队交过手的美国五星上将直言："谁想跟中国陆军打仗，一定有病。"在此之前，英国元帅蒙哥马利观看中国陆军的军事训练，说出了另一段名言："我要告诫我的同行，永远不要和中国军队在地面交手，这要成为军事家的一条禁忌。"

过去能打胜仗不等于现在能打胜仗。部队演为练、演为看、欺上瞒下、弄虚作假等现象曾经一定程度存在，这样的训练怎么会产生战斗力？一段时间内，部队滋生了"安全工作一票否决""宁可不训练也要保安全"等消极观念，严重影响了军事训练成效。假训练、不训练，这样发展下去，我们这支军队还能不能打仗？习近平总书记指出："我军现代化水平与国家安全需求相比差距还很大，与世界先进军事水平相比差距还很大"①。"我军打信息化战争能力不够、各级指挥信息化战争能力不够"。"关于军队建设和改革，我想的最多的就是，在党和人民需要的时候，我们这支军队能不能始终坚持住党的绝对领导，能不能拉得上

---

① 《十四、建设一支听党指挥能打胜仗作风优良的人民军队——关于全面推进国防和军队建设》，《人民日报》2016 年 5 月 10 日。

去、打胜仗，各级指挥员能不能带兵打仗、指挥打仗。"①统帅忧思，"胜战之问"直指要害，解决这些问题迫在眉睫。

2013 年 3 月，习近平总书记把"建设一支听党指挥、能打胜仗、作风优良的人民军队"明确为党在新形势下的强军目标，"听党指挥、能打胜仗、作风优良"这 3 条是建军治军的要害，决定着军队发展的方向，也决定着军队的生死存亡。建军治军抓住这 3 条，就能起到纲举目张的作用。

明确了问题，确立了目标，能不能找到解决问题、实现目标的实践举措，这时最需要思想的破题和指引。军队是一个战斗队，是为打仗而存在的。如果把军队全部工作比作一个圆，那么战斗力就是圆心，其他所有工作都必须围绕这个圆心来运转。如果偏离这个圆心，各项建设和工作就会失去其全部意义。坚持把战斗力标准贯彻到全军各项建设和工作中，这是我们在工作指导上需要把握的一个带全局性、方向性的问题。强军之"强"，最根本的是强在战斗力上。扭住了战斗力这个根本标准，就抓住了军队建设的关键和要害。习近平总书记明确提出："一切工作都必须坚持战斗力标准，向能打仗、打胜仗聚焦。"②

一切工作都必须坚持战斗力标准。这就进一步明确了各项工作的聚焦点和落脚点，极具实践指导意义。一是战斗力是唯一的根本的标准。它在军队建设和军事斗争准备中具有支配性基础性作用，是管根本、管方向的。习近平总书记主持军委工作一开始，就特别重视战斗力问题，指出："最近一段时间，我在军队强调最多的，就是要求军队能打仗、打胜仗，牢固确立战斗力这个唯一的根本的标准。这一点，对军队实在

---

① 《改革强军　奋楫中流——习主席和中央军委运筹设计深化国防和军队改革纪实》，《人民日报》2015 年 12 月 31 日。

② 习近平：《决胜全面建成小康社会　夺取新时代中国特色社会主义伟大胜利——在中国共产党第十九次全国代表大会上的报告》，人民出版社 2017 年版，第 54 页。

太重要了。"这一思想,大大深化了对战斗力标准的认识,反映了备战打仗的核心要求,立起了衡量检验备战打仗的铁标尺。二是人民军队的生命力在于战斗力。这就把我军战斗力问题提升到了事关军队生存乃至党和国家安危的高度。"如果军队在战场上打不赢,那是要产生严重政治后果的!这个道理,全军同志必须牢记在心。"对我军而言,战斗力既是军事标准,更是政治标准,必须从政治和战略高度来认识战斗力的极端重要性。三是各项工作必须向提高战斗力聚焦。国防和军队建设涉及方方面面工作,只有向战斗力聚焦,形成合力,才能汇聚起备战打仗的强大能量。如果离开了战斗力标准,不能为备战打仗作贡献,各项工作也就失去了其根本意义和价值。

秉纲执本,百川归流。思路和要求明确了,大家心往一处想,劲往一处使,就会汇聚强军的伟力。"战斗力标准是什么?""战斗力现状怎么看?""战斗力建设怎么办?"……从领率机关到基层一线,从领导干部到普通一兵,从中军帐到演兵场,全军上下共议战斗力,共谋打赢策。一把铁尺量短长,全军各级对照战斗力标准,对接明天战争、对接部队任务、对接个人岗位,坚持问题导向,深入研讨辨析,清除了一些多年"盘踞"在官兵头脑深处、部队建设实践中制约战斗力提升的思想锈蚀和观念沉疴。

改革强军、奋楫中流,战斗力建设在体系重塑中迸发生机活力。我们要树立向改革要战斗力的思想,"让一切战斗力要素的活力竞相迸发"。习近平总书记为国防和军队改革确立了主攻方向。领导指挥体制改革取得突破性进展,"军委管总、战区主战、军种主建"的"向战"新格局正在形成。

配置资源力量,用战斗力标准分先后,作为战斗力重要载体的武器装备建设有了雄厚的人力和财力保障。直-20、运-20、歼-20,中国空军步入了"二零"时代;001A 型航母下水、万吨驱逐舰入列,还有被

2021 年 9 月 28 日，中国空军歼 –20 战机在第十三届中国国际航空航天博览会开幕式上进行飞行表演。
（刘大伟摄）

网友戏称为下饺子一般的装备入列速度，中国海军逐步走向世界强大海军之列；"东风快递，使命必达"，新时期的火箭军更是威风凛凛。

聚焦战斗力让演训场再次变成了"磨刀石"。塞北草原，多支陆军合成旅挺进朱日和，一番番鏖战如火如荼；远海大洋，海军三大舰队互为对手多维对抗，一轮轮攻防惊心动魄；西北戈壁，空军"金飞镖"争夺战硝烟正浓，一次次突击雷霆万钧；大山深处，火箭军新型导弹旅排兵布阵，一枚枚长箭引弓待发……近似实战的演训如砥似砺，打磨着一支胜战之师。

党的十八大以来的近十年时间，是我军建设发展史上换羽新生、奋进向强的关键时期。习近平总书记鲜明提出党在新时代的强军目标，把强军兴军的根本指向标定在提高部队战斗力上，确立了军队建设新的起点和标准，明确了加强军队建设的聚焦点和着力点。战斗力标准成为引领发展方向的"风向标"，统一思想行动的"指挥棒"，检验工作成效的"试金石"。军事、政治、后勤、装备等各项建设合上了拍，人力、物力、财力等各项投入对上了调，军队建设的质量和效益有了根本保障，人民军队在强军兴军的道路上凯歌猛进。

## 四、在大变局中贡献中国智慧和中国方案，中国正深刻影响世界

世界怎么了？应该怎么办？这是世界发展亟待思考和解决的问题。当前，世界面临的不稳定性不确定性突出，经济全球化遭遇逆流，单边主义、保护主义、霸权主义对世界和平与发展构成威胁。治理赤字、信任赤字、发展赤字、和平赤字有增无减，公共卫生、恐怖主义、气候变化、网络安全等非传统安全威胁持续蔓延，人类处在一个挑战层出不穷、风险日益增多的时代。习近平总书记深刻洞悉国际格局演变的规律，准确把握世界潮流浩荡的脉动，强调"当今世界正在经历百年未有之大变局"，这一深刻洞见为我们明确了"应该怎么办"的认识前提。

如何理解变局的"变"和"大"。回溯历史，1640 年爆发的英国资产阶级革命可以看作一道分水岭，它不仅带来了资本主义生产关系的历史性变革和生产力的革命性发展，也催生了西方列强的崛起，从而奠定了近代以来国际关系的基本格局。从 16 世纪的西班牙、17 世纪的荷兰、18 世纪的法国、19 世纪的英国，到 20 世纪的美国，虽然世界霸主的"接力棒"不断更替，但国际战略格局的主导权始终掌握在西方国家手中。然而，进入 21 世纪特别是第二个十年以后，这种状况正在发生变化。当今世界正处于深刻而急剧的调整之中，传统强国和新兴市场国家

的竞争和博弈更趋激烈，国际力量对比发生了近现代以来最具革命性的变化。2017 年慕尼黑安全会议的主题设为"后真相、后西方、后秩序"，会议主席沃尔夫冈·伊申格尔感叹，当今世界的不确定性在他职业生涯中前所未有，不同的利益和价值取向由表及里侵蚀着社会，加速西方的衰落。2019 年 8 月 27 日，法国总统马克龙提到，"国际秩序正在被一种全新的方式给颠覆，而且我敢肯定地说，这是我们历史上经历的一次重大颠覆，它在几乎所有地区都具有深远影响。它是一次国际秩序的转型，一次地缘政治的整合，更是一次战略重组。我必须承认，西方霸权或许已近终结"。

　　中国日益走向世界舞台中央，中国智慧和中国方案越来越引起世人的关注。新时代有很多特征，其中一个特征，就是中国与世界的关系也进入了新时代。美国人特德·菲什曼在其著作《中国公司》中，将中国的改革开放分为三个阶段：第一阶段是世界进入中国，第二阶段是中国走向世界，第三阶段是中国开始改变世界。进入 21 世纪第二个十年，在习近平新时代中国特色社会主义思想的指引下，中国改变世界的步伐大大加快。习近平总书记说，"今日之中国，不仅是中国之中国，而且是亚洲之中国、世界之中国。未来之中国，必将以更加开放的姿态拥抱世界、以更有活力的文明成就贡献世界。"[1]2020 年，中国国内生产总值突破了 100 万亿元大关。我国经济总量占到世界经济总量的 17%、占到美国的 73%，这一比重已经超过了美苏争霸时苏联占美国的比重。综合国力的显著增强，不仅极大地拓展了我国的战略回旋空间，也极大地提升了我国在国际上的话语权。国际社会越来越看重我们，希望听到中国声音、看到中国方案。

---

[1]　习近平：《深化文明交流互鉴　共建亚洲命运共同体——在亚洲文明对话大会开幕式上的主旨演讲》，《人民日报》2019 年 5 月 16 日。

中国对世界的影响力不仅表现在"当惊世界殊"的经济成就，更表现在"为世界谋大同"的智慧和方案。纵观冷战后的西方话语体系，从福山的"历史终结论"，到亨廷顿的"文明冲突"，及至"大国地缘政治竞争"，西方似乎总走不出对抗冲突的思维怪圈。以"构建人类命运共同体"为核心，中国提供了一种不同于西方的价值理念、思维方式。从新型大国关系、新安全观、新发展观、正确义利观，到共商共建共享的全球治理观、"多彩、平等、包容"的文明观。在"和平学之父"、挪威学者约翰·加尔通看来，中国正在为世界提供一种新"世界观"，这便是以整体意识、全球思维、人类情怀打量世界。2017 年 1 月 18 日，习近平总书记在联合国日内瓦总部发表了题为"共同构建人类命运共同体"的演讲，在演讲的几十分钟内，现场鼓掌三十多次，这在联合国组织中是极为罕见的。构建人类命运共同体思想，是习近平总书记着眼人类发展和世界前途提出的中国理念、中国方案，受到国际社会的高度评价和热烈响应，已被多次写入联合国文件，产生日益广泛而深远的国际影响，成为中国引领时代潮流和人类文明进步方向的鲜明旗帜。

中国正日益深刻地影响着世界。30 年前的 1991 年，克里姆林宫上空飘扬了 74 年的苏联国旗在冷冽的寒风中飘然落地，世界社会主义运动遭受严重曲折。"社会主义已经失败""历史已经终结"成为当时的主要论调。还有人妄称社会主义中国也将随着"多米诺骨牌"而倒下。但我们顶住了冲击，中国特色社会主义的大旗不仅没倒，反而更加光彩夺目。特别是进入新时代，在习近平新时代中国特色社会主义思想的指引下，中国人民在社会主义道路上办成了大事、破解了难事、办好了实事……让世人又一次看到了科学社会主义的强大生机和活力。近年来，西方世界乱象频发，政坛恶斗、社会撕裂、种族歧视……反观中国，经济运行总体平稳，社会保持和谐稳定，人民生活水平显著提升，"中国之治"和"西方之乱"形成鲜明对照。2017 年 11 月 7 日，十月革命

100 周年，俄罗斯《真理报》刊发的纪念文章《十月光芒指引未来》指出，虽然"十月革命的主要成就"早已不复存在，但中国的成就让人们依然相信"十月的光芒"。

中国的抗疫表现是一次极深刻的政治教育。在抗击新冠疫情的过程中，中国特色社会主义的制度优势、价值优势、文化优势得到了淋漓尽致的彰显。中国是世界人口最多的国家，抗疫压力最大、风险最大、预防难度最大，但我们却是防控成效做得最好的国家，经济社会恢复发展最好的国家。在 2020 年第三季度，我国就已经实现了正增长，成为当年全球唯一实现正增长的主要经济体。国家统计局公布的 2021 年第一季度主要数据显示，我国第一季度国内生产总值为 249310 亿元，按

　　2020 年，中国率先在全球主要经济体中恢复经济正增长，成为全球经济阴霾下的一抹亮色。2020 年 12 月 1 日，在浙江省淳安县，千岛湖发展集团捕捞队的捕捞船中装满了捕捞的鱼。　　　　（徐昱摄）

可比价格计算，同比增长 18.3%，比 2020 年四季度环比增长 0.6%；比 2019 年一季度增长 10.3%。现在，美国在新冠疫情问题上一再"抹黑中国""甩锅中国"，既有美国政客为自己"防疫无能"开脱的意味，更是因为他们从中国抗击疫情的过程中看到了中国共产党的领导力、中国人民的意志力和中国特色社会主义的制度优势。"世界大势浩浩荡荡，顺之则昌，逆之则亡。"习近平新时代中国特色社会主义思想顺应世界发展大势，必将引领我们创造更多的辉煌，展现更加强大的实践伟力。

第四章

# 党的领导是中国特色社会主义
# 最本质的特征

　　坚持和发展中国特色社会主义，党的领导至为关键。2017 年 10 月通过的《中国共产党章程（修正案）》明确指出：中国共产党领导是中国特色社会主义最本质的特征，是中国特色社会主义制度的最大优势。2018 年 3 月 11 日十三届全国人民代表大会第一次会议修订的《中华人民共和国宪法》也明确强调：中国共产党领导是中国特色社会主义最本质的特征。2021 年 11 月 11 日党的十九届六中全会通过的《中共中央关于党的百年奋斗重大成就和历史经验的决议》再次明确：中国特色社会主义最本质的特征是中国共产党领导。那么，如何理解党的领导是中国特色社会主义最本质的特征？在何种意义上是最本质特征？深刻把握这一重大判断，有助于我们透彻理解中国道路的发展逻辑，理解中国的发展奇迹。

　　本质是指事物固有的内部联系与根本属性，决定事物性质和发展趋向。最本质特征则是指事物最为内在、最为根本、最能够决定事物性质与发展趋向的核心要素。就此而言，要想理解党的领导是中国特色社会主义最本质的特征，就必须深刻理解党的领导对于中国特色社会主义的内在性、根本性和核心性。基于理论与实践、历史与现实的多重维度，这种内在性、根本性和核心性可以从以下五个方面予以把握：从马克思主义政党理论的角度，共产党的使命就是推翻旧社会，建立社会主义与共产主义的新社会，党的领导与社会主义的建立发展在马克思主义的视域中本来就是事物的一体两面；中国共产党领导中国人民取得了新民主主义革命与社会主义革命和建设的胜利，建立了新中国，确立了社会主义基本制度，为中国特色社会主义的形成与发展奠定了根本政治前提和制度基础；中国共产党回应人民期许，一举粉碎"四人帮"，结束了"文化大革命"，实行改革开放，中国特色社会主义伟大事业才得以开创并不断发展；中国共产党自身卓越的领导能力是中国特色社会主义事业成功的关键，是其成为中国特色社会主义最本质特征的决定性因素；党的领导核心至关重要，正是由于有坚强有力的领导核心，党的领导才能够形成强大的凝聚力，中国特色社会主义伟大事业才能够胜利推进。原初的理论逻辑、必需的前提基础、事业的开创发展、卓越的领导能力、坚强的领导核心，这五个方面贯通指导思想与客观实际、历史发展与现实成绩、党的集体与领导核心，构成一个比较完整的问题分析框架。

## 一、建设社会主义：共产党的历史担当

按照马克思主义基本原理，人类历史发展是一个由低级到高级的渐进过程，资本主义作为人类历史发展的一种社会形态也必将被共产主义这一新的社会形态所代替。但资产阶级本身并不会自动退出历史舞台，其将被代表生产力发展方向的无产阶级所推翻，无产阶级承担着这一伟大的历史使命。然而，无产阶级尽管代表先进、人数众多、力量强大，其要承担这一光荣而艰巨的使命还必须有一个极为关键的条件，那就是

有效组织起来特别是成立政党。科学社会主义创始人马克思和恩格斯高度重视无产阶级政党的作用，其所著的《共产党宣言》对此进行了集中阐发。在《共产党宣言》中，马克思和恩格斯认为，共产党人没有任何同整个无产阶级的利益不同的利益，其所代表的就是无产阶级和广大民众的利益，相比于一般无产阶级民众，在理论方面共产党人了解无产阶级运动的条件、进程和一般结果。无产阶级成立政党以后，就要在党的领导下开展革命，推翻资产阶级统治，夺取政权。夺取政权以后，就要利用政权的力量改造经济、改造社会，逐步消灭资本主义私有制、建立社会主义公有制，推动生产力不断发展，从而最终向共产主义社会过渡。随着经济社会的不断改造，随着生产力发展到一定高度、一定程度后，马克思和恩格斯认为，就可以过渡到共产主义社会。"代替那存在着阶级和阶级对立的资产阶级旧社会的，将是这样一个联合体，在那里，每个人的自由发展是一切人的自由发展的条件。"① 换言之，共产党人的历史使命就在于破旧立新，建立这样一个使每一个人都能够实现自由全面发展的新社会，而一旦这样一个自由人联合体建立，共产党代表无产阶级作为一个阶级的统治就此结束，人类真正进入无阶级的社会。

从马克思主义创始人的论述来看，共产党之所以成立，就是为了实现资本主义与共产主义两大社会形态的更替，在很大程度上共产党与共产主义是事物的一体两面。可以说，没有共产党这一新型政党的领导，无产阶级就无法被充分调动与组织起来，无产阶级的反抗意识只能停留在自发层面而达不到对社会发展规律的自觉，人数的众多与力量的强大也只能作为对阵资产阶级的优势而转化不成胜势，新的理想社会也就无法最终建立。如果说无产阶级是躯体，共产党就是头脑；如果说无产阶级是群众，共产党就是先锋，共产党是无产阶级的自我意识，无产阶级

---

① 《马克思恩格斯选集》第 4 卷，人民出版社 2012 年版，第 647 页。

通过共产党来完成自身使命，建立新的社会。按照对历史规律的认知，把工人运动从自发提升到自觉，消灭资本主义，消灭阶级剥削压迫，建立共产主义，实现广大劳动人民的解放和自由发展，这就是共产党人最终的历史使命。共产党正是因这一使命而生，因这一使命而在。共产党作为一种新型政党，可以称为马克思主义使命型政党。

《共产党宣言》对于共产党人历史使命的这一规定影响极为深远，尽管后来各个国家的共产党人根据时代条件与具体国情对历史使命作了时代化与国别化的再诠释，但实现共产主义与人的自由全面发展始终是明确宣示的使命追求。承担这一使命是马克思主义政党的存在依据，是其出生的合法性证明。如果不能够承担这一使命，或者这一使命已经完成，其就丧失了存在的必要与意义。承担这一使命是所有马克思主义政党最核心的规定性，像一根红线贯穿于马克思主义政党存在与发展的始终。当然，《共产党宣言》发表时，马克思和恩格斯对于在党的领导下开展无产阶级革命、建立共产主义的理解是比较理想化的，后来列宁在《国家与革命》一书中，依据马克思《哥达纲领批判》中关于共产主义社会发展阶段的理论，把共产主义社会的第一阶段称为社会主义，社会主义建设就是在共产党领导下进行的。由于列宁主义与苏联模式的强大影响，社会主义作为一个更为普遍性与现实性的概念代替共产主义而广泛流行，自此，共产党就与社会主义产生了不可分割的内在联系。

作为以马克思列宁主义为指导思想的政党，中国共产党建党伊始就把消灭阶级、建立新社会作为自己的历史使命。1921年7月在上海召开的中国共产党第一次全国代表大会，讨论和通过了《中国共产党纲领》（以下简称《纲领》）。《纲领》共十五条，规定了党的名称、性质和纲领，提出了党的最终奋斗目标。《纲领》宣布党的名称为中国共产党，规定了党的纲领：革命军队必须与无产阶级一起推翻资本家阶级的政权；承认无产阶级专政，直到阶级斗争结束，即直到消灭社会的阶级区

图为在党的一大会址纪念馆拍摄的 1920 年 8 月和 9 月出版的《共产党宣言》中文全译本。

（刘颖摄）

分；消灭资本家私有制，没收机器、土地、厂房和半成品等生产资料，归社会公有；联合共产国际。《纲领》明确提出要把工人、农民和士兵组织起来，并确定党的根本政治目的是实行社会革命。中国共产党的第一个纲领充分说明党自诞生之日起就是一个以马克思主义为行动指南、以实现共产主义为目标的使命型政党。

## 二、党的领导与中国特色社会主义形成发展的前提基础

中国特色社会主义虽然是在党的十一届三中全会以后改革开放的实践中逐步形成与发展的，但其并不是无本之木、无源之水，新中国的成立为其奠定了根本性的政治前提，社会主义改造为其奠定了经济的制度基础，社会主义的建设探索为其积累了丰富的经验教训。

鸦片战争后，中国逐渐成为半殖民地半封建国家。为摆脱任人宰割的命运，国内的各种政治势力发起了各种运动，力图从器物与制度等层面寻求救亡之道，但无一成功。随着十月革命后马克思主义在中国的广泛传播以及中国共产党的成立，这种状况才开始发生实质性改变。新民主主义革命时期，以逐渐成熟的中国共产党为领导核心，在总结正反两方面经验教训的基础上，马克思主义中国化实现了第一次历史性飞跃。伟大的革命实践对外推翻了帝国主义的民族压迫，对内结束了大地主大资产阶级的剥削统治，广大民众的爱国热情与反帝反封建意识被充分唤起、现代国家观念逐步确立，备受欺凌、一盘散沙的旧中国终于被有效整合成为集中统一的人民当家作主的社会主义新中国。没有中国共产党的领导，就没有新中国，也就没有今天的中国特色社会主义。

新中国成立后，在党的领导下，我们国家完成了对农业、手工业和资本主义工商业的社会主义改造，完成了从新民主主义到社会主义的过渡，确立了社会主义基本制度，发展了社会主义的经济、政治和文化，我们党还领导人民建立起人民代表大会制度、中国共产党领导的多党合作和政治协商制度、民族区域自治制度。社会主义制度的确立，符合中国国情和中国人民根本利益，为当代中国一切发展进步奠定了根本制度基础。在整个社会主义革命与建设时期，党领导人民进行了艰辛探索。尽管经历了严重曲折，但我们在这一时期建立起了独立的比较完整的工业体系和国民经济体系，积累了在中国这样一个社会生产力水平十分落后的东方大国进行社会主义建设的重要经验，为新的历史时期开创中国特色社会主义提供了宝贵经验、理论准备、物质基础。

正是因为从新中国成立到改革开放前近 30 年的社会主义实践探索，为改革开放后中国特色社会主义的形成与发展奠定了多方面的前提与基础，习近平总书记才特别强调改革开放前和改革开放后的两个时期不能相互否定。"我们党领导人民进行社会主义建设，有改革开放前和改革开放后两个历史时期，这是两个相互联系又有重大区别的时期，但本质上都是我们党领导人民进行社会主义建设的实践探索。中国特色社会主义是在改革开放历史新时期开创的，但也是在新中国已经建立起社会主义基本制度、并进行了 20 多年建设的基础上开创的。虽然这两个历史时期在进行社会主义建设的思想指导、方针政策、实际工作上有很大差别，但两者决不是彼此割裂的，更不是根本对立的。不能用改革开放后的历史时期否定改革开放前的历史时期，也不能用改革开放前的历史时期否定改革开放后的历史时期。"①

## 三、党的领导与中国特色社会主义的形成发展

传统社会主义模式尽管有其形成的特定历史条件与思想根源，形成以后也发挥了巨大的历史作用，但其带来的经验教训也是非常明显的：农轻重发展不平衡，生产力发展无法长期持续，而且造成了普遍的贫穷与大众温饱问题的难以解决。正所谓危机倒逼改革，问题倒逼改革，现实的问题与危机迫使党在思想上要实现解放，实践中要锐意改革。邓小平同志在反思以往经验教训时曾深刻指出："如果在一个很长的历史时期内，社会主义国家生产力发展的速度比资本主义国家慢，还谈什么优越性？"②"这是最大的政治，这是社会主义和资本主义谁战胜谁的问题。"③ 在这种情况下，生产资料的计划式垄断性分配必须改革，而与生产资料的垄断性分配相适应的高度集中的政治权力与高度组织化的社

---

① 《习近平谈治国理政》第一卷，外文出版社 2018 年版，第 22—23 页。

② 《邓小平文选》第二卷，人民出版社 1994 年版，第 128 页。

③ 中共中央文献研究室编：《邓小平年谱（1975—1997）》上卷，中央文献出版社 2004 年版，第 380 页。

会管控体系也必须予以改革。而这样一个系统性的改革意味着对传统社会主义模式的深刻"革命",意味着中国共产党作为领导力量必须探索一条从中国自身实际出发、能够有效推动经济社会发展、有效满足人民物质需求的社会主义新路。

这条新路的开辟首先需要我们党的思想解放。束缚人们头脑的僵化认识不打破,思想观念不从对传统所有制与管控模式的固有认识中解放出来,人们就不能正确认识现实,不能真正从实际出发进行规划、制定政策,全党就难以实现工作重心的转移,改革就难以切实展开,新路就难以开辟。习近平总书记强调:"解放思想是前提,是解放和发展社会生产力、解放和增强社会活力的总开关。没有解放思想,我们党就不可能在十年动乱结束不久作出把党和国家工作中心转移到经济建设上来、实行改革开放的历史性决策,开启我国发展的历史新时期"[1]。正是在这个意义上,我们就可以理解为什么邓小平同志对思想解放问题如此高度重视。"不解放思想不行,甚至于包括什么叫社会主义这个问题也要解放思想。经济长期处于停滞状态总不能叫社会主义。人民生活长期停止在很低的水平总不能叫社会主义。"[2]"解放思想,开动脑筋,实事求是,团结一致向前看,首先是解放思想。只有思想解放了,我们才能正确地以马列主义、毛泽东思想为指导,解决过去遗留的问题,解决新出现的一系列问题,正确地改革同生产力迅速发展不相适应的生产关系和上层建筑,根据我国的实际情况,确定实现四个现代化的具体道路、方针、方法和措施。"[3]

通过反思,邓小平同志认为,不应再将纯粹公有制与计划经济的传统经济结构视为社会主义的本质性规定,现实社会主义的本质并不是这

---

① 《习近平谈治国理政》第一卷,外文出版社 2018 年版,第 92 页。

② 《邓小平文选》第二卷,人民出版社 1994 年版,第 312 页。

③ 《邓小平文选》第二卷,人民出版社 1994 年版,第 141 页。

种经济的结构模式，而是解放生产力、发展生产力、消灭剥削，消除两极分化，最终达到共同富裕。换言之，社会主义的本质并非体现在固化的经济结构方面，而是体现在其功能方面。就此而言，要按照社会主义应具有的现实功能来改革不相适应的生产关系和上层建筑。从这种本质观进行观照，生产力落后的我们自然处于社会主义初级阶段。社会主义初级阶段理论是整个中国特色社会主义理论体系的立论基础。党的十三大报告系统阐述了社会主义初级阶段理论，并将党对社会主义再认识的理论成果梳理为十二个"科学理论观点"，指出这些观点构成了建设有中国特色的社会主义理论的轮廓。基于初级阶段的基本国情，经过持续的探索，邓小平同志提出了改革开放的基本国策，作出"社会主义也可以搞市场经济"的重要论断。社会主义本质论、社会主义初级阶段论、社会主义改革开放论尤其是社会主义市场经济论，构成了邓小平理论最为重要的组成部分。

以邓小平理论为指导，基于社会主义初级阶段的基本国情，对内改革，对外开放，赋权于民，致力于调动社会成员的积极性与首创精

改革开放以来河南农业生产方式的变化。上图为 20 世纪 50 年代，河南省偃师县万亩丰产区开镰收割小麦；下图为 2021 年 6 月 6 日，在河南省周口市黄泛区农场九分场的麦田里，农机手操作收割机收获小麦。
（李安摄）

神，致力于大力解放和发展生产力、提高人民生活水平，致力于实现社会主义现代化，这样一条实现伟大转折的探索性、创新性道路就是区别于苏联模式的具有中国特色的社会主义道路。邓小平同志指出："中国不走这条路，就没有别的路可走。只有这条路才是通往富裕和繁荣之路。"① 这一时期，中国共产党领导全国人民实现的伟大转折、开辟的这条新路确实推动了中国社会的普遍繁荣进步。

党的十三届四中全会以后，以江泽民同志为主要代表的中国共产党人，在建设中国特色社会主义的实践中，加深了对"什么是社会主义、怎样建设社会主义"和"建设什么样的党、怎样建设党"的认识，积累了治党治国新的宝贵经验，形成了"三个代表"重要思想。在国内外形势十分复杂、世界社会主义出现严重曲折的严峻考验面前，捍卫了中国特色社会主义，成功把中国特色社会主义推向 21 世纪。这一时期党对社会主义认识的深化主要表现在三个方面：其一，对社会主义市场经济问题认识的深化。邓小平同志提出社会主义也可以搞市场经济这一重要论断。但是，怎样确立社会主义市场经济的地位，怎样建立起这一体制？以江泽民同志为核心的党的第三代中央领导集体在新的实践中加以回答。在认真思考和广泛征求党内外群众意见的基础上，江泽民提出了"社会主义市场经济体制"的概念，为我国经济体制改革进一步指明了方向。党的十四届三中全会通过的《中共中央关于建立社会主义市场经济体制若干问题的决定》，对怎样发展社会主义市场经济进行了总体规划，提出了基本框架。其二，对社会主义所有制和分配制度问题认识的深化。党的十五大提出了公有制为主体、多种所有制经济共同发展的基本经济制度，提出公有制的实现形式可以而且应当多样化，还提出了坚持按劳分配为主体、多种分配方式并存的制度，等等。其三，对社会主

---

① 《邓小平文选》第三卷，人民出版社 1993 年版，第 149—150 页。

义初级阶段和党的基本路线认识的深化。以江泽民同志为核心的党的第三代中央领导集体进一步阐发了社会主义初级阶段基本路线的思想，全面提出社会主义初级阶段的经济、政治、文化基本纲领。这一时期对党的建设认识的深化主要表现在：一是创造性地判断党所处的历史方位。党的十六大报告指出："我们党历经革命、建设和改革，已经从领导人民为夺取全国政权而奋斗的党，成为领导人民掌握全国政权并长期执政的党；已经从受到外部封锁和实行计划经济条件下领导国家建设的党，成为对外开放和发展社会主义市场经济条件下领导国家建设的党。"① 二是创造性地确定了党的建设的根本方向和目标。党的建设必须始终做到"三个代表"，"三个代表"重要思想的本质就是立党为公、执政为民，这就指明了新的历史条件下加强党的建设的前进方向。三是创造性地探索和思考关于党的建设的一系列重大问题。比如，在党的性质上，提出了"两个先锋队"论断，在党的依靠力量上，强调不断增强党的阶级基础，扩大党的群众基础，等等。

正是由于坚持以经济建设为中心，把发展视为第一要务，这一时期中国经济迅速发展，综合国力进一步增强，人民生活水平进一步提高。然而，市场经济体制确立后，由于市场经济本身的"马太效应"、经济体制本身的不完善、社会建设滞后等因素，这一时期，经济与社会之间、城乡之间、区域之间的发展张力愈益显现，社会成员之间的收入差距不断拉大，社会利益关系不断分化、各类利益矛盾日益显性化。正是在这样一种历史形势下，党的十六大以后，以胡锦涛同志为主要代表的中国共产党人紧密结合新世纪新阶段我国改革发展的形势与任务，根据新的发展要求，深刻认识和回答了"新形势下实现什么样的发展、怎样

---

① 中共中央文献研究室编：《改革开放三十年重要文献选编》（下），中央文献出版社 2008 年版，第 1245 页。

发展"等重大问题，形成了以人为本、构建社会主义和谐社会、全面协调可持续发展的科学发展观，成功地在新的历史起点上坚持和发展了中国特色社会主义。以人为本理念的提出，作为改革与发展的现实要求，标志着我们党对社会主义认识的发展与深化：生产力的发展、经济关系的调整、上层建筑的变革虽然都与人的发展有关，但并不完全等同于人的自由全面发展本身。所有这些方面的改革与发展最终必须落实到广大人民的权益保障与全面发展上才是正当的，这才是社会主义真正的目的本身。在当代中国的语境下，以人为本与和谐社会理念描绘了一幅以社会大众现实生活世界为基础，注重公民权益、推进改革成果共享，具有凝聚力与感召力的社会发展目标蓝图，是社会主义意识形态的重大发展与创新。尤为关键的是，在改革发展的攻坚阶段，以人为本与和谐社会理念的提出表明我们党既正视矛盾、不回避矛盾，又主动化解矛盾、积极处理矛盾，体现了我们党直面问题的勇气与立党为公、执政为民的立场，有利于进一步凝聚改革共识、增强改革动力，夯实党执政的社会基础。

党的十八大以来，中国特色社会主义进入新时代，面临新的形势与任务。以习近平同志为核心的党中央带领全党，顺应时代发展，从理论和实践结合上系统回答了新时代坚持和发展什么样的中国特色社会主义、怎样坚持和发展中国特色社会主义，建设什么样的社会主义现代化强国、怎样建设社会主义现代化强国，建设什么样的长期执政的马克思主义政党、怎样建设长期执政的马克思主义政党等重大时代课题，提出了"十个明确"和"十四个坚持"，创立了习近平新时代中国特色社会主义思想，对党和国家各方面工作提出一系列新理念新思想新战略，推动党和国家事业发生历史性变革、取得历史性成就。习近平新时代中国特色社会主义思想是当代中国马克思主义、21世纪马克思主义，是中华文化和中国精神的时代精华，实现了马克思主义中国化新的飞跃，必须长期坚持并不断发展。

历经 40 余年，中国特色社会主义已经发展为道路、理论、制度、文化"四位一体"的恢宏事业。党的十九大通过的《中国共产党章程（修正案）》指出，改革开放以来我们取得一切成绩和进步的根本原因，归结起来就是：开辟了中国特色社会主义道路，形成了中国特色社会主义理论体系，确立了中国特色社会主义制度，发展了中国特色社会主义文化。党的十九大通过的《中国共产党章程（修正案）》特别强调，这条道路、这个理论体系、这个制度、这个文化是党历经艰辛开创的，全党同志要倍加珍惜、长期坚持和不断发展。改革开放以来的历史充分证明，没有中国共产党的卓越领导与艰辛探索，既不可能有持续的理论创新，也不可能有不断的实践进步，中国特色社会主义既不会开创，更谈不上发展。中国特色社会主义的理论、制度、路线、方略、布局、进程、愿景，都是在党的领导下才得以形成与制定。没有中国共产党的领导，中华民族就无法迎来从"站起来""富起来"到"强起来"的历史性飞跃，中国特色社会主义就无法迎来从创立、发展到完善的伟大飞跃，中国人民就无法迎来从温饱不足到小康富裕的伟大飞跃。如果弱化党的领导，甚至放弃党的领导，中国特色社会主义性质就会改变，中国人民接续奋斗取得的伟大成就也会毁于一旦。要从根本上保证中国特色社会主义不变色、不变质，必须毫不动摇地坚持党的领导。就此而言，对于中国特色社会主义而言，党的领导并非一个变量，而是一个常量，并且是最为关键、最为核心、最为内在、最为本质的因素与常量。习近平总书记在庆祝改革开放 40 周年大会上指出："正是因为始终坚持党的集中统一领导，我们才能实现伟大历史转折、开启改革开放新时期和中华民族伟大复兴新征程，才能成功应对一系列重大风险挑战、克服无数艰难险阻，才能有力应变局、平风波、战洪水、防非典、抗地震、化危机，才能既不走封闭僵化的老路也不走改旗易帜的邪路，而是坚定不移走中国特色社会主义道路。"①

## 四、卓越的领导能力是党成为中国特色社会主义最本质特征的关键

中国共产党之所以能够开创并不断推进中国特色社会主义伟大事业，中国共产党的领导之所以能够成为中国特色社会主义最本质的特征，归根结底是因为中国共产党卓越的领导能力。当然，中国共产党的自身建设还面临诸多问题与挑战，但短短几十年中使中国这样一个国情如此复杂的超大型国家在保持总体稳定的情况下较为顺利地实现转型与发展是极不容易的。中国共产党之所以"能"是因为其具有以下几个鲜明特点。

其一，崇高的使命意识。中国共产党是一个典型的马克思主义使命型政党，具有强烈的历史使命感与长远的价值追求。自中国共产党诞生之日起，马克思主义创始人就赋予其崇高的使命：实现共产主义，实现人的自由全面发展。在当代中国，这一使命的内容又被进一步具体化与丰富化：实现"两个一百年"的奋斗目标，建成社会主义现代化强国，实现中华民族的伟大复兴。换言之，中国共产党作为领导力量考虑的不仅仅是当下的事情、现实的问题，而是具有长远的目标规划与思路设计。这种使命感使得执政的中国共产党作为一个整体切实具有一种强烈的国家主体意识与舍我其谁的责任担当情怀，使得其真正将中国的事情、人民的事情作为自己的事情来认真对待与处理，专注于此，不敢懈怠。与之相对应，西方的政党可以称为现实型政党，其政策设计与目标

---

① 《习近平谈治国理政》第三卷，外文出版社 2020 年版，第 181 页。

制定往往局限于一定期限内的选举任务与一定阶段内的现实问题，不具有一种历史的使命意识与长远的发展规划，国家主体意识与责任担当意识不够充分。只有具备中国共产党这样的价值情怀，具有这种长远目标，持续走下去，才会开辟出一条属于自己的道路。

其二，坚定的人民立场。作为使命型政党，中国共产党强调人民至上，高度重视建立与人民群众亲密无间的一体性血肉联系，为人民谋幸福，这是共产党人的初心。确实，只有没有私利地全心全意为人民服务，甘于做人民群众的工具，共产党才能当好人民的代表，才能赢得群众的信任，人民才能把自身发展的领导权委托给共产党。对于共产党人的这一立场宗旨与价值追求，毛泽东同志用中国化的语言形象地将之称为"为什么人"的问题。"为什么人的问题，是一个根本的问题，原则的问题。"[①]"共产党就是要奋斗，就是要全心全意为人民服务，不要半心半意或者三分之二的心三分之二的意为人民服务。"[②]刘少奇同志在被称为共产党人的"道德经"的《论共产党员的修养》中也强调："在我们共产党员看来，为任何个人或少数人的利益而牺牲，是最不值得、最不应该的。但是，为党、为阶级、为民族解放，为人类解放和社会的发展，为最大多数人民的最大利益而牺牲，那就是最值得、最应该的。我们有无数的共产党员就是这样视死如归地、毫无犹豫地牺牲了他们的一切。'杀身成仁'、'舍生取义'，在必要的时候，对于多数共产党员来说，是被视为当然的事情。这不是由于他们的个人的革命狂热或沽名钓誉，而是由于他们对于社会发展的科学的了解和高度自觉。"[③]就此而言，中国共产党作为使命型政党对于人民群众有一种深沉的价值承诺，有深刻的伦理观作为自己的价值基础。就中国特色社会主义而言，不仅其开辟

---

① 《毛泽东选集》第三卷，人民出版社 1991 年版，第 857 页。

② 《毛泽东文集》第七卷，人民出版社 1999 年版，第 285 页。

③ 《刘少奇选集》上卷，人民出版社 1981 年版，第 133—134 页。

基于党对民众现实贫困与温饱问题的高度关切，其发展也始终坚持人民至上的价值理念。党的十八大以来，我们党对于人民立场作出了富有时代内涵的创新性诠释，提出了以人民为中心的发展思想，作出了新时代我国社会主要矛盾已经转化为人民日益增长的美好生活需要和不平衡不充分的发展之间的矛盾的重大判断。在这样一个改革的关键时期，深刻理解并牢固树立以人民为中心的发展思想，对于中国特色社会主义的深入推进无疑具有极为重要的意义。

其三，严整的组织特性。中国共产党不仅具有崇高的使命意识，而且具有严整的组织特性。党的组织边界严明：中国共产党是按照马克思列宁主义建党原则组织起来的，党的章程对党员的权利、义务、入

2019年2月20日，在重庆市九龙坡区陶家镇卫生院，50多名基层医护人员分区包片，用背篓背起医学仪器走进偏远乡村，把便民医疗送上门。　　　　　　　　　　　　　　　　（刘潺摄）

党程序等作了非常严格且详尽的规定，努力保持党员对党的强烈的组织意识和身份认同，维持党的严明的组织边界，这和俱乐部化的西方政党具有很大差别。党的组织体系严密：无论是在立法、行政、司法、军事等国家系统，还是在工厂、农村、街道、社团等社会单位，党的组织纵向到底、横向到边，组织的渗透性与严密性有助于确保党的领导，实现党的使命。党的组织原则一贯：中国共产党一直以民主集中制作为组织原则。当然，任何的民主程序都会走向集中以形成共识并付诸行动，但使命型政党所强调的集中远不止于这一最基本的要求与内涵，而是尤其强调权威、统一、集中、纪律。只有如此，才能避免党内的宗派主义、自由主义、分散主义，使全体党员劲往一处使，汇集力量，最大可能实现宏伟目标。党的组织纪律严格：为保证组织纪律的严格执行，党章规定了针对各种违纪行为性质和程度不同的处分标准和程序，同时设立了各级纪律检查委员会，以正风肃纪。以上严整而鲜明的组织特性使得中国共产党能够通过自我革命统一全党思想认识，规范全党行为，集中全党力量，把党中央确定的路线、方针、政策迅速有效地贯彻落实。邓小平同志指出："在中国这样的大国，要把几亿人口的思想和力量统一起来建设社会主义，没有一个由具有高度觉悟性、纪律性和自我牺牲精神的党员组成的能够真正代表和团结人民群众的党，没有这样一个党的统一领导，是不可能设想的，那就只会四分五裂，一事无成。"[1]

其四，有力的领导机制。中国共产党对于中国特色社会主义的领导是政治、思想和组织的全面领导，但是党的领导不是直接用党的命令的形式来指挥非党机关、社会组织与广大民众，而是通过运用一系列的制度机制来实现。例如，党委（党组）领导、党管干部、政治协商、群众

---

[1] 《邓小平文选》第二卷，人民出版社 1994 年版，第 341—342 页。

路线等制度机制。正是通过这些机制，党的领导牢牢贯穿于政府、经济、文化、社会等各领域，落实到中国特色社会主义伟大事业的方方面面，体现出极为强大的整合与动员能力，从而有效发挥了总揽全局、协调各方的领导核心作用与管理中枢作用。党的任务、政策、策略、目标一旦确定，就会利用这些体制机制，充分调动各种因素与资源，全力以赴，在全社会有效贯彻执行。

其五，极强的实践思维。中国共产党具有极强的实践思维，注重实践探索、教训反思、经验总结、思想提升、理论创新，在理论和实践之间形成了一种较为有效的互动。对此，毛泽东同志在《实践论》中有非常经典的论述："通过实践而发现真理，又通过实践而证实真理和发展真理。从感性认识而能动地发展到理性认识，又从理性认识而能动地指导革命实践，改造主观世界和客观世界。实践、认识、再实践、再认识，这种形式，循环往复以至无穷，而实践和认识之每一循环的内容，都比较地进到了高一级的程度。这就是辩证唯物论的全部认识论，这就是辩证唯物论的知行统一观。"①党的思想路线正是以这种实践认识论作为基础的：一切从实际出发，理论联系实际，实事求是，在实践中检验真理和发展真理。这种实践认识论、这样一条思想路线在保证党联系群众、面对不断变化的客观实际、思想不停滞不僵化方面发挥了重要作用。有了目标，基于这种实践性思维以及以之为基础的思想路线，才可能脚踏实地地开辟道路，并尽可能少犯错误，探索前进。

其六，出色的学习能力。推进中国特色社会主义必须面对新情况、新问题、新挑战，而要熟悉新情况、解决新问题、应对新挑战，党就必须善于学习，不断提高自身执政能力和领导水平。针对于此，中国共产

---

① 《毛泽东选集》第一卷，人民出版社 1991 年版，第 296—297 页。

党明确提出要建立学习型政党并采取有效措施予以推进，而改革开放进程中，中国共产党善于学习的特点表现得也非常明显。党的十九大报告强调，要增强学习本领，在全党营造善于学习、勇于实践的浓厚氛围，建设马克思主义学习型政党，推动建设学习大国。特别强调的是，充分吸收人类文明的一切优秀成果，借鉴、吸纳其他国家好的理念、经验与做法也是学习的重要内涵，而这也是中国共产党一直强调的。总结是回顾过去，学习是针对将来，吸纳是面向世界。善学习、能吸纳的特点使得中国共产党保持了思维的开放性与时代性。正因为如此，中国特色社会主义的发展才能与时俱进、融入世界、紧跟时代。

其七，持续的回应创新。与具有实践思维和善于学习、吸纳的特点相对应，中国共产党在中国特色社会主义推进过程中能够从实际出发积极应对各种问题与挑战，较为有效地实现了指导思想、政策与制度的与时俱进。就此而言，共产党作为领导力量对于现实问题与民众需求确实体现出了较为迅速有效的回应能力。而这种迅速有效的回应能力恰恰是中国共产党领导成功的一个重要条件。党的十八届三中全会提出的国家治理体系和治理能力现代化，以及十八届四中全会提出的全面推进依法治国就是在治国理政方面的不断变革与创新。

其八，有效的推进策略。就中国特色社会主义的推进策略而言，总体可控、渐进分解、辩证思维是其重要特点。所谓整体可控，是指改革者相对有效地把握经济、政治与社会等方面的秩序，对整体局面具有可控性，高度重视稳定。稳定与秩序对于后发国家的现代化而言至关重要，具有前提意义。没有稳定，社会一旦混乱，就很有可能一发不可收拾，长期陷入无序状态。所谓渐进分解，是指不采取激进的无把握的改革措施，而是采取总体渐进式、分解式的改革策略，对于宏大的改革任务按照顶层设计在"摸着石头过河"的基础上逐步推进，分阶段、分层次实施，不追求一蹴而就。邓小平同志提出的"三步走"

战略可谓这方面的典型代表。尽管渐进式改革有其自身的问题，但它可以避免过于激进转型所带来的社会无法承受的巨大代价，尽可能减少改革的过大风险，逐渐培育起新的现代社会的各种元素，在旧事物中逐渐推动新事物的生长与壮大。事实证明，在相应的经济社会条件还不具备的条件下整体激进的改革措施往往事与愿违，欲速而不达。所谓辩证思维，就是改革的思维方式不僵化、不片面、不单打一，而是统筹考虑各种矛盾因素，善于将现代化进程中各类矛盾的双方基于自身国情相结合。中国作为后发现代化国家，古今中外的因素相互交错，各种似乎矛盾的方面共存于当代中国社会的大系统中。中国特色社会主义道路的一个成功之处就在于比较好地实现了各类矛盾双方的有机统一。比如当前改革进程中提出加强顶层设计和"摸着石头过河"相结合，整体推进和重点突破相促进，胆子要大但步子要稳等也都是强调矛盾面的结合。看似矛盾却必须实现有机结合与统一是中国特色社会主义推进策略的一大特点。

## 五、坚强有力的领导核心对于中国特色社会主义的决定性意义

一个国家、一个政党，领导核心至为重要。党的领导是中国特色社会主义最本质的特征，一个极为重要的内涵就是强调党的领导核心对于中国特色社会主义的决定性意义。正是因为具有坚强有力的领导核心，党的领导才能够成为中国特色社会主义不可或缺的最本质特征。党的十九届六中全会决议强调："党确立习近平同志党中央的核心、全党的核心地位，确立习近平新时代中国特色社会主义思想的指导地位，反映了全党全军全国各族人民共同心愿，对新时代党和国家事业发展、对推

进中华民族伟大复兴历史进程具有决定性意义。"[1]

其一，艰巨复杂的形势迫切需要党树立一个强有力的领导核心。纵观我们党的历史可以看到，真正的领导核心都是我们党在应对重大危机与挑战的过程中产生的，严峻复杂的形势和棘手难解的问题迫切需要一个强有力的领导核心来明确思路、凝聚力量，汇集共识，以力挽狂澜、化危为机，通过艰苦卓绝的努力开创党之伟大事业的新局面。这一观点在我们党的历史上得到了很好的印证。中国共产党1921年成立后即致力于民族独立与人民解放的伟大革命事业，但是由于教条主义与机会主义等的影响，革命道路的探索艰辛而波折。可以说，直到毛泽东同志核心地位的确立，我们才真正找到一条适合中国国情的革命道路，实现了马克思主义中国化的第一次历史性飞跃，探索形成了毛泽东思想，并最终取得了革命战争的胜利，建立了一个独立自主的新民主主义国家。"文化大革命"以后，百废待兴，邓小平同志核心地位的确立，把全党工作重心转移到经济建设上来，开辟了中国特色社会主义，实现了党的历史上具有深远意义的伟大转折。作为改革开放和社会主义现代化建设"总设计师"的邓小平，历经革命、建设、改革各个时期，对于领导核心在应对复杂危机、化解严峻挑战过程中的重大作用，认识与体会得也相当深刻。他明确指出，"任何一个领导集体都要有一个核心，没有核心的领导是靠不住的"[2]。

中国的改革开放已有40多年时间。时至今日，中国的发展一方面取得了极为辉煌的成就，机遇前所未有；另一方面也面临诸多的问题和复杂的形势，挑战前所未有。如果说改革之初主要是一个温饱问题，一段时期后其他问题，比如利益矛盾问题、贪污腐败问题、社会公平问

---

[1] 《中共中央关于党的百年奋斗重大成就和历史经验的决议》，人民出版社2021年版，第26页。

[2] 《邓小平文选》第三卷，人民出版社1993年版，第310页。

题、环境污染问题、信仰缺失问题等日益显现，各种问题盘根错节。粗放的发展方式已不可持续，经济发展方式的转变尤为艰难。如果说改革之初主要是思想的阻力，而一段时期后中国的改革不仅面临思想的分化，同时更面临现实利益的阻力。地方利益、部门利益、既得利益群体，各种利益阻力也是盘根错节。可以说，一段时期后中国特色社会主义的发展又到了继1978年改革大幕拉启、1992年社会主义市场经济体制建立之后的又一个瓶颈期和新的关键节点。在这一关键时期，改革必须全面深化，发展必须转型升级，而改革推进的艰巨程度、敏感程度、复杂程度，丝毫不亚于改革之初，整体形势可谓是时间紧、任务重、问题多、挑战大、阻力强。这就决定了新时代的中国改革迫切需要一个强有力的党中央，一个强有力的领导核心来凝聚共识、整合力量、明确思路，带领全党与全国人民共克时艰，再创辉煌。没有这样一个领导核心，中国特色社会主义的发展就很难突破新时代的瓶颈期和关键节点，再续辉煌。

其二，确立核心权威有利于推动决策落实。对于中国特色社会主义来说，形成明确的改革发展思路固然不易，但有效的贯彻落实尤为重要。要使改革思路与布局真正贯彻落实，中央就必须有足够的权威。中央只有具有足够的权威，才能克服地方利益、部门利益与既得利益群体的阻力，督促推动改革决策真正落地。反思中国改革历程，中央权威问题必须要正视、要解决，不然改革就无法深化，改革目标就难以如期实现。以习近平同志为核心的党中央无疑将有利于全党特别是各级领导干部进一步增强政治意识、大局意识、核心意识、看齐意识，层层传导压力、层层压实责任，加速推进实施既有的改革路线图。

其三，党的十八大以来的治国理政充分显现了习近平总书记作为党中央的核心、全党的核心的能力。党的十八大以来，习近平总书记发表了系列重要讲话，是习近平新时代中国特色社会主义思想的主要创

　　博鳌亚洲论坛2021年年会4月18日至21日在海南博鳌举行。与会成员围绕"世界大变局：共襄全球治理盛举合奏'一带一路'强音"这一主题，展开了数十场论坛讨论活动。　　（杨冠宇摄）

立者，也是今天中国改革方案的顶层设计者。实践中，积极推动反腐倡廉、健全民主、完善法治、改进民生、改革强军、有效应对南海危机、实施"一带一路"合作倡议、积极参与全球治理等，开创了治国理政的崭新局面，取得了辉煌成就。就此而言，习近平总书记既是今天中国改革方案的设计者，又是今天改革方案的执行者。国外很多政要、学者对于习近平总书记所展现的这种领导核心能力给予高度评价。国内的成就、公众的认可、国外的赞誉，所有这些都说明一条：核心源自一系列实实在在的能力，实实在在的行动，实实在在的成果，实实在在的众望所归。可以说，习近平总书记在新的伟大斗争实践中，是党中央的核心、全党的核心。捍卫"两个确立"、践行"两个维护"，对建设新时代中国特色社会主义极为关键、十分重要。

第五章

# 以新发展理念推动发展

"十四五"时期是我国全面建成小康社会、实现第一个百年奋斗目标之后，乘势而上开启全面建设社会主义现代化国家新征程、向第二个百年奋斗目标进军的第一个五年。展望"十四五"，发展仍是解决我国一切问题的基础和关键。新时代新阶段的发展必须贯彻新发展理念，必须是高质量发展，是创新成为第一动力、协调成为内生特点、绿色成为普遍形态、开放成为必由之路、共享成为根本目的的发展。习近平总书记指出，提出新发展理念是针对我国经济发展进入新常态、世界经济复苏低迷开出的药方。① 新发展理念是"十三五"乃至更长时期我国发展思路、发展方向、发展着力点的集中体现，是改革开放 40 多年来我国发展经验的集中体现，是在深刻分析国内外发展大势的基础上形成的，反映出我们党对我国发展规律的新认识。

---

① 中共中央文献研究室编：《习近平关于社会主义经济建设论述摘编》，中央文献出版社 2017 年版，第 32 页。

# 一、发展理念管全局、管根本、管方向、管长远

发展是党执政兴国的第一要务、治国理政的首要问题。新发展理念是以习近平同志为核心的党中央在深刻总结国内外发展经验教训、深刻分析国内外发展大势基础上形成的，集中反映了我们党对经济社会发展规律认识的深化。自党的十八届五中全会提出并实施以来，全党全国坚持贯彻新发展理念，转变发展方式，实现了发展质量和效益不断提升。新发展理念深化和拓展了党在发展问题上的认识成果，为新的发展实践提供了新的思想理念。

## （一）发展是全人类的共同价值

理解发展理念，首先要理解发展。在历史观的领域，发展特指人类社会的发展，发展是人类生生不息、繁衍进化的内在趋势，是民族、国家、社会的共同追求。人类社会的发展遵循着和物质世界的发展共同的规律，同时又有着自己特殊的表现形式和实现规律。人类社会的发展是一个以物质资料生产和再生产为基础的实践过程，而不仅仅是一个物质运动的自然过程。人类社会的发展既要处理人与自然的关系，又要处理社会内部的关系，这二者又是交织在一起的，是在矛盾、冲突、战争与合作、和谐、和平共存的状态下实现发展的。人类社会的发展是在一定的生产力水平、生产关系性质和社会制度形态的条件下进行的，每一时代和民族的发展，都有特定的内容和性质，都是在特定的历史条件下达到的发展。人类社会的发展是以人为主体和主导的，发展既是一个客观过程，又是一个自觉过程，人的利益、意志、理念、能力、偏好等因素影响和改变着发展进程及结果。人类社会的发展始终是依赖自然界的，发展的自然资源始终是有限的，许多资源的稀缺性日益突出，愈益

发展，发展的可持续性问题愈益重要。人类社会的发展在不同的历史阶段，由于发展条件的变化和发展理念的改变，发展的重心是不同的，是一个发展本身也在发展的过程。

可以说，发展是人类推进社会生产和社会生活的历史活动及其结果。人类社会既是发展的主体，也是发展的客体，发展是人类社会在自然环境中的自我发展实践。发展既包括社会生产实践，也包括社会生活实践，是社会各个领域的全面发展。发展既是社会活动的目标，也是社会活动的过程，还是社会活动的结果，追求发展、努力发展、实现发展，构成了发展的无穷运动。发展既有历史连续性，又有历史间断性和跳跃性，人类历史是不断发展、永无止境发展的历史，其间也包含着发展的停滞、曲折甚至倒退，还包含着快速发展、跨越发展的历史时期，构成了千回百转遮不住、大江奔涌向东流的发展景观。

发展对于人类社会历史具有基础的地位和本质的意义。在发展与不发展之间，发展才能满足社会日益增长的各种需要，发展才能为社会进步提供长期有力的支持，发展才能保证国家的长治久安和自立于世界民族之林。不发展，社会就没有生机活力，就不能进步。对世界各国人民而言，发展寄托着生存和希望，象征着尊严和权利。"当今世界仍有8亿人生活在极端贫困之中，每年近600万孩子在5岁前夭折，近6000万儿童未能接受教育。"[1] 习近平总书记指出："面对重重挑战和道道难关，我们必须攥紧发展这把钥匙。唯有发展，才能消除冲突的根源。唯有发展，才能保障人民的基本权利。唯有发展，才能满足人民对美好生活的热切向往。"[2]

对于世界人口第一大国、处于社会主义初级阶段的中国来说，发展

---

① 《习近平谈治国理政》第二卷，外文出版社2017年版，第524页。

② 《习近平在联合国成立70周年系列峰会上的讲话》，人民出版社2015年版，第2页。

　　2019 年 10 月 17 日，在贝宁经济首都科托努郊区的托优优美小学，学生们在午餐时享用中国援助的米饭。从 2018 年开始参与中国、贝宁和世界粮食计划署联合实施的贝宁中小学生"全国学校食堂计划"后，该校的学生们每天都能吃上一顿中国援助的大米饭。　　　　　　　　　　　　　　　（塞拉芬摄）

才是硬道理。改革开放 40 多年来，中国经济年均增速近 10%，成为全球第二大经济体，7 亿多人口摆脱贫困，人均国内生产总值突破 1 万美元。"中国用几十年时间走完了发达国家几百年走过的发展历程。"① 我国已转向高质量发展阶段，继续发展具有多方面优势和条件，同时我国发展不平衡不充分问题仍然突出。当前，随着我国经济社会快速发展，人民群众对美好生活的需要也不断提高。我国发展中不平衡不充分问题突出表现在：创新能力不适应高质量发展要求，农业基础还不稳固，城

---

　　① 习近平：《共倡开放包容　共促和平发展——在伦敦金融城市长晚宴上的演讲》，人民出版社 2015 年版，第 5 页。

乡区域发展和收入分配差距较大，生态环保任重道远，民生保障存在短板，社会治理还有弱项。要看到，我国仍处于并将长期处于社会主义初级阶段，仍然是世界上最大的发展中国家，发展仍然是我们党执政兴国的第一要务。无论是实现人民群众对美好生活的向往，还是破解"发展起来以后的问题"，抑或是跨过"进一步发展绕不开的坎"，都需要牢牢把握社会主要矛盾变化带来的新特征新要求，迎难而上、奋勇前进。

（二）发展理念是发展思路、发展方向、发展着力点的集中体现

实现什么样的发展，怎样发展，是中国特色社会主义的基本问题，也是发展观、发展理念的基本问题。发展实践伴随着关于发展的认识过程，产生了关于发展的思考、思想、观点、观念、理论等认识成果。其中，关乎发展思路、发展方向、发展着力点认识成果的集中体现，就是发展理念。

发展理念是关于发展的总体性认识。发展是推进人类社会生产和社会生活各项实践的总和，围绕着各项具体的发展实践，产生了许许多多相关的具体认识成果。发展理念则是在这些具体认识成果的基础上，把发展作为一个人类社会的整体活动来认识，从而概括出具有普遍性的关于发展的认识。

发展理念是关于发展的规律性认识。发展是一个历史事实，是由一系列说明发展的历史事件、历史数据和历史人物构成的历史过程。对发展的历史记录和历史叙述，是形成和提出发展理念的经验基础。发展理念则是对发展历史的逻辑再现，是对发展内在的、本质的联系的认识。它舍弃了一些偶然的、枝节的、琐碎的历史现象，力图使对发展的认识上升为科学。

发展理念是关于发展的价值性认识。人类社会发展既与人的生存、

人的利益、人的幸福密切相关，人又能通过自觉能动的历史活动有力地调节和引导人类社会发展，这就使得发展理念不能不包含着人的愿望、偏好、理想，具有伦理意义和规范作用。发展理念内含着什么样的发展是合乎人的需要的价值选择，内含着应该怎样发展合乎人的目标的价值导向，内含着对各种各样发展的是非善恶的价值判断。

发展理念是关于发展的思想性认识。发展需要很多技术性的知识，需要很多制度性的政策，这些都是驱动发展的要素。发展理念是以关于发展的科学为基础的，如经济学、政治学、社会学、生态学等，没有对于发展的深入具体的实际研究，发展理念的科学性和现实性就缺少保证。但发展理念又不等同于发展科学，它是在管全局、管根本、管方向、管长远的层面上思考发展的，具有根本性和原则性。发展理念需要通过许多指导发展的政策制度体现出来和贯彻下去，如经济社会政策和规划，这些政策、制度和规划都内含着一定的发展理念，是在一定的发展理念指导下制定的，发展理念是贯彻其中的灵魂。

发展理念是关于发展的指导性认识。发展实践产生了发展理念，发展理念又在影响、引导和改变着发展实践。发展理念包含着发展的观念、发展的导向、发展的评价，是指导发展的思想理论。人在发展中的主体性越为增强，发展理念对经济社会发展的指导作用就越为明显。

发展是历史的，发展理念也是历史的，每一历史时期和历史阶段的发展理念都是该时代经济、政治、文化、社会发展的综合反映，表达了时代的声音，是发展历史的一面镜子。发展是各民族的发展，各民族的文化传统、宗教信仰、资源结构、制度形态和国际地位等，无不影响、渗透、体现在该民族的发展理念中，形成了不同民族各具特色的发展理念。例如，越南提出的建设民富、国强、民主、公平、文明的社会主义现代化国家，既是国家的价值观念，也是国家的发展理念。发展理念不可避免地具有政治属性，反映和代表了一定政党、阶级、社会集团的发展要求和利益诉求。代表先进生产力发展要求的发展理念是促进社会进步的发展理念，代表大多数人利益的发展理念是促进社会和谐的发展理念。发展理念具有民族性和政治性，同时也具有人类性和共同性。发展是各民族、各国家的共同主题，发展的共同性使得各民族、各国家的发展理念具有可交流性和可借鉴性，逐渐形成一些发展共识。随着世界多极化、经济全球化、文化多样化、社会信息化的进程，各国联系更加紧密，人类交往更加普遍和加深，出现了发展的历史潮流、世界潮流、时代潮流，产生了具有世界性和时代性的发展理念。2015 年 9 月，习近平主席在联合国发展峰会上的讲话中强调指出："争取公平的发展，让发展机会更加均等"；"坚持开放的发展，让发展成果惠及各方"；"追求全面的发展，让发展基础更加坚实"；"促进创新的发展，让发展潜力充分释放"。① 这实质上就是为全球发展提出的共同价值观念、共同发展理念。

基辛格博士在其著作《世界秩序》中说："评判每一代人时，要看他们是否正视了人类社会最宏大和最重要的问题。"我们党提出创新、协调、绿色、开放、共享的发展理念，是"十三五""十四五"乃至更长时期我国发展思路、发展方向、发展着力点的集中体现，是中国特色社会主义发展理念的一个重要结晶，也是对发展这一"人类社会最宏大和最重要的问题"的中国答案。

### （三）发展理念是发展行动的先导

发展理念依赖发展实践，同时又有力地引导着发展实践，塑造着发展的历史。发展理念对于人类社会发展具有重要的、并且是越来越重要

---

① 《习近平在联合国成立 70 周年系列峰会上的讲话》，人民出版社 2015 年版，第 2、3 页。

的历史作用。发展理念作为发展原则，构成发展的指导方针。发展无理念则盲。随着人类社会发展的自觉性和主体性日益增强，发展理念的指导性越来越重要，对发展理念的科学性要求越来越高。发展理念作为发展规范，指示发展的道路方法。在发展的过程中，有多条可能路径，有多种方法可能，但选择什么道路、采用哪种方法，要受到发展理念的制约。发展理念指出应该走什么发展道路、使用什么发展方法，并给出该种选择的根据。发展理念作为发展导向，塑造发展的未来结果。发展理念引导着发展方向，配置着发展资源，改变着发展模式，调整着发展机制，控制着发展速度，因而也将影响和改变发展的历史，未来的发展结果不能不和过去的、现在的发展理念以及发展行动相联系。

　　当前和今后一个时期，我国发展仍然处于重要战略机遇期，但机遇和挑战都有新的发展变化。我们要准确把握战略机遇期内涵的深刻变化，更加有效地应对各种风险和挑战，继续集中力量把自己的事情办好，不断开拓发展新境界。我国发展环境特征及其应对举措主要表现在如下方面：利益分化多元，依靠第二个百年奋斗目标和中国梦凝聚人心；价值取向多样，依靠社会主义核心价值观形成全民共识；安全形势复杂，依靠总体国家安全观掌控内外大局；发展动能转换，依靠全面深化改革激发创新活力；经济增速稳健，依靠转变发展方式提高质量效益；人民积极参与，依靠扩大民主增强主体地位；制度效能勃发，依靠坚持和完善制度发挥制度优势；治理方式完善，依靠全面依法治国走向现代治理；信息方式变革，依靠创新宣传思想工作主导舆论话语；反腐斗争深化，依靠全面从严治党重塑政治生态；大国地位增强，依靠统筹国内国际两个大局拓展发展空间。

　　古人说："理者，物之固然，事之所以然也。"发展理念是发展行动的先导，是管全局、管根本、管方向、管长远的东西，是发展思路、发展方向、发展着力点的集中体现。发展理念搞对了，目标任务就好定了，政策举措也就跟着好定了。

## 二、新发展理念集中体现中国特色社会主义发展理念的核心内容

"十三五"规划和"十四五"规划建议都突出强调了新发展理念。2020 年 10 月，习近平总书记在《关于〈中共中央关于制定国民经济和社会发展第十四个五年规划和二〇三五年远景目标的建议〉的说明》中指出："通过制定建议，明确'十四五'时期经济社会发展的基本思路、主要目标以及 2035 年远景目标，突出新发展理念的引领作用"，建议稿的分论部分"总体上按照新发展理念的内涵来组织，分领域阐述'十四五'时期经济社会发展和改革开放的重点任务"。[①]

### （一）改革开放 40 多年来我国发展经验的科学总结

改革开放 40 多年来，我国创造了发展的中国速度、中国奇迹、中国样本。就拿"十三五"这五年来说，我国经济社会发展取得了全方位、开创性历史成就，发生了深层次、根本性历史变革。特别是 2020 年，我国成为全球唯一实现经济正增长的主要经济体。这五年，我国年均净增市场主体 1247.7 万户，营商环境国际排名大幅提升。相较于"十二五"末，"十三五"末国资系统监管企业资产总额增长 82.1%，民营企业 500 强入围门槛增长约一倍，全国日均新登记注册企业数量增长约 83%。2020 年，在全球贸易和跨国直接投资大幅萎缩的背景下，我国货物进

---

① 习近平：《关于〈中共中央关于制定国民经济和社会发展第十四个五年规划和二〇三五年远景目标的建议〉的说明》，《人民日报》2020 年 11 月 4 日。

出口总额 32.2 万亿元，创历史新高，货物贸易第一大国地位更加巩固。这五年，综合国力不断跃升。2020 年，我国粮食总产量、制造业增加值、5G 终端连接数、高速公路和高铁运营总里程均居世界第一。①

发展理念来自发展实践，也是对发展经验的提炼。我国改革开放丰富复杂深刻的发展实践，是孕育生长出反映世界发展潮流、体现中国发展特色、符合人民发展愿望、指引未来发展走向的发展理念的沃土，也是检验发展理念真不真、对不对、好不好的试金石。中国发展的巨大历史性成就，已经有力地证明了我们党在对共产党执政规律、社会主义建设规律、人类社会发展规律的认识过程中，逐步形成和不断完善的中国特色社会主义发展理念的真理性、科学性、正确性。

新中国成立后，毛泽东同志在开创中国社会主义建设道路的探索中，系统分析建设发展的重大关系，努力揭示东方大国改变面貌的矛盾规律。在和平与发展成为时代主题的历史条件下，邓小平同志顺应发展的世界潮流，坚定地表示："发展才是硬道理"②，设计了"三步走"实现现代化的发展战略，开启了中国特色社会主义发展的新航程。"三个代表"重要思想紧密依据世纪之交社会主义事业的发展实践，把发展作为党执政兴国的第一要务，推动了从总体小康向全面小康新的进军。科学发展观从新世纪新阶段党和国家事业发展全局出发，深刻把握发展面临的矛盾、瓶颈和困境，推动科学发展，确立了全面协调可持续的发展道路。

党的十八大以来，以习近平同志为核心的党中央在几代中国共产党人不懈探索发展规律的基础上，步步推进、层层提升，全面推进中国特色社会主义新发展。一是确立了中国新发展的战略布局。就是坚持全

---

① 陆娅楠等：《发展跃上新台阶》，《人民日报》2021 年 2 月 28 日。
② 《邓小平文选》第三卷，人民出版社 1993 年版，第 379 页。

面建成小康社会（后改为全面建设社会主义现代化国家）、全面深化改革、全面依法治国、全面从严治党的战略布局。二是确立了中国新发展的基本框架。就是在"四个全面"基础上，以中国梦为民族愿景，以全面小康为近期目标，以中国道路为发展基石，以深化改革为前行动力，以"一带一路"为开放格局，以法治建设为治理方略，以精神文明为价值支撑，以强军兴军为坚强后盾，以从严治党为力量保证，以和平发展为国际战略。三是确立了中国新发展的基本秩序。就是中高速发展与中高端水平相匹配，强化改革动力与保持社会稳定相协调，破除沉疴积弊与重塑政治生态相结合，纠风反腐提振党心与保障民生凝聚民心相一

2021 年 12 月 22 日，中国援科广电技术合作组专家在科摩罗昂儒昂岛希玛发射台测量铁塔接地电阻。

（董江辉摄）

致，加强党的领导权威与增强社会创造活力相统一，治国理政与大国外交相配合。四是确立了中国新发展的基本理念。就是创新发展、协调发展、绿色发展、开放发展、共享发展，引领中国新发展。五是确立了中国新发展的战略格局。就是以国内大循环为主体、国内国际双循环相互促进的新发展格局。战略布局、基本框架、基本秩序、基本理念、战略格局，共同确定了中国新发展的大趋势、大前景。

## （二）决胜第一个百年奋斗目标、奠基第二个百年奋斗目标的内在要求

当前，我国社会主要矛盾已经转化为人民日益增长的美好生活需要和不平衡不充分的发展之间的矛盾，发展中的矛盾和问题集中体现在发展质量上。这就要求我们必须把发展质量问题摆在更为突出的位置，着力提升发展质量和效益。当今世界正经历百年未有之大变局，我国发展的外部环境日趋复杂。防范化解各类风险隐患，积极应对外部环境变化带来的冲击挑战，关键在于办好自己的事，提高发展质量，提高国际竞争力，增强国家综合实力和抵御风险能力，有效维护国家安全，实现经济行稳致远、社会和谐安定。经济、社会、文化、生态等各领域都要体现高质量发展的要求。以推动高质量发展为主题，必须坚定不移贯彻新发展理念，以深化供给侧结构性改革为主线，坚持质量第一、效益优先，切实转变发展方式，推动质量变革、效率变革、动力变革，使发展成果更好惠及全体人民，不断实现人民对美好生活的向往。

新发展理念，是破解发展难题、增强发展动力、厚植发展优势的内在要求。新发展阶段，我国发展的环境、条件、任务、要求等都发生了新的变化，重要战略机遇期与严峻挑战并存。诸多矛盾叠加要求我们统筹化解，风险隐患增多需要我们未雨绸缪。在经济下行压力加大的形势下，提高发展的平衡性、包容性、可持续性，在协调发展中拓宽发展空

间，在加强薄弱领域中增强发展后劲，是对党把握规律水平、领导发展能力的检验。新发展理念为新发展阶段推进高质量发展提供了有力思想武器。新发展理念引导党和国家依靠创新发展转变发展动力，依靠协调发展处理发展矛盾，依靠绿色发展保证发展永续，依靠开放发展拓展发展格局，依靠共享发展分配发展成果，成为破解发展难题、开创发展道路的行动指南。

### （三）内涵丰富、思想深邃、紧密联系的理念体系

把创新、协调、绿色、开放、共享作为发展理念提出来，并且构成一个整体，抓住了当代中国发展的核心之点，在理论和实践上有新的突破，反映出我们党对我国发展规律的新认识。五大理念相互贯通、相互促进，是具有内在联系的集合体，要统一贯彻，不能顾此失彼，也不能相互替代。

创新是引领发展的第一动力。邓小平同志提出，"科学技术是第一生产力"[1]。科学技术的本质是创新，我们党明确提出创新是引领发展的第一动力，是对发展动力认识的深化。必须把创新摆在国家发展全局的核心位置，不断推进理论创新、制度创新、科技创新、文化创新等各方面创新，让创新贯穿党和国家一切工作，让创新在全社会蔚然成风。我国同发达国家的科技经济实力差距，主要体现在创新能力上。实施创新驱动发展战略，就要从更长远的战略需求出发，在航空发动机、量子通信、智能制造和机器人、深空深海探测、重点新材料、脑科学、健康保障等领域再部署一批体现国家战略意图的重大科技项目。国家实验室已成为主要发达国家抢占科技创新制高点的重要载体，诸如美国阿贡、洛斯阿拉莫斯、劳伦斯伯克利等国家实验室和德国亥姆霍兹研究中心等，

---

① 《邓小平文选》第三卷，人民出版社 1993 年版，第 274 页。

均是围绕国家使命，依靠跨学科、大协作和高强度支持开展协同创新的研究基地。当前，我国科技创新已步入以跟踪为主转向跟踪和并跑、领跑并存的新阶段，急需以国家目标和战略需求为导向，瞄准国际科技前沿，布局一批体量更大、学科交叉融合、综合集成的国家实验室，优化配置人财物资源，形成协同创新新格局。

协调是持续健康发展的内在要求。我国发展不平衡、不协调、不可持续的问题依然突出，诸多矛盾叠加很大程度上也是发展不协调造成的。推动经济社会协调发展、区域协调发展、城乡协调发展，新型工业化、信息化、城镇化、农业现代化同步发展，物质文明和精神文明协调发展，经济建设和国防建设融合发展，把握住了发展中的重大关系，增强了发展整体性。我国在"十三五"时期曾提出保持经济中高速增长，推动产业迈向中高端水平。[①] 中高速与中高端的结合，实际上也是发展速度与发展水平保持协调。中高速为中高端提供了空间、时间和潜力，中高端为中高速提供了条件、质量和效益。只有保持中高速增长，才能为转方式、调结构留下空间，为迈向中高端水平创造好的条件；只有迈向中高端水平，才能既扩大需求、又创造供给，培育发展新动能，实现可持续的中高速增长。中高速与中高端的协奏交响，一度成为我国经济社会发展的主旋律。

绿色是永续发展的必要条件。从党的十八大把生态文明建设纳入"五位一体"总布局，到十八届五中全会将绿色发展列入新发展理念，表明绿色发展已成为关系我国发展全局的重大问题，是发展的底线。习近平总书记在"十三五"规划建议的说明中，重点说明了 9 个问题，其中有 3 个直接与绿色发展有关。在"十四五"规划和 2035 年远景目

---

① 中共中央党史和文献研究院编：《十八大以来重要文献选编》（下），中央文献出版社 2018 年版，第 261 页。

标的建议的说明中也强调了绿色发展的问题，提出"经济、社会、文化、生态等各领域都要体现高质量发展的要求"。比如，"十三五"规划建议的说明中关于实行能源和水资源消耗、建设用地等总量和强度双控行动，关于探索实行耕地轮作休耕制度试点，关于实行省以下环保机构监测监察执法垂直管理制度等，讲得如此之专业、如此之深入、如此之具体，说明绿水青山与金山银山的关系已经从思想层面进入操作层面。拿实行耕地轮作休耕制度来说，国家可以根据财力和粮食供求状况，重点在地下水漏斗区、重金属污染区、生态严重退化地区开展试点，安排一定面积的耕地用于休耕，对休耕农民给予必要的粮食或现金补助。绿色发展就是坚持绿色富国、绿色惠民，为人民提供更多优质生态产品，推动形成绿色发展方式和生活方式，形成人与自然和谐发展现代化建设新格局，协同推进人民富裕、国家富强、中国美丽。特别是要倡导合理消费，力戒奢侈浪费，制止奢靡之风。在生产、流通、仓储、消费各环节落实全面节约。管住公款消费，深入开展反过度包装、反食品浪费、反过度消费行动，推动形成勤俭节约的社会风尚。

开放是国家繁荣发展的必由之路。开放发展是顺应我国经济深度融入世界经济趋势的必然抉择。要奉行互利共赢的开放战略，坚持内外需协调、进出口平衡、"引进来"和"走出去"并重、引资和引技引智并举，发展更高层次的开放型经济。在开放发展中，协同推进战略互信、经贸合作、人文交流，促进国内国际要素有序流动、资源高效配置、市场深度融合。维护国际公共安全，反对一切形式的恐怖主义，积极支持并参与联合国维和行动，加强防扩散国际合作，参与管控热点敏感问题，共同维护国际通道安全，这些都反映了发展中国、经略世界的大国韬略。推进"一带一路"建设，打造陆海内外联动、东西双向开放的全面开放新格局，是统筹国内国际两个大局的大手笔、大棋局、大战略。"一带一路"是互利共赢之路，将带动各国经济更加紧密结合起来，推动各国基础设施建设和体制机制创新，创造新的经济和就业增长点，增强各国经济内生动力和抗风险能力。"一带一路"推动基础设施互联互通和国际大通道建设，共同建设国际经济合作走廊，将使我国同各国经济相互合作更加紧密，发展空间更加广阔。

共享是中国特色社会主义的本质要求。坚持共享发展、着力增进人民福祉，鲜明地体现了坚持人民主体地位这一基本原则。人人参与、人人尽力、人人享有，就是共建共享的社会主义，就能够使广大人民充满获得感、公正感、幸福感。实现全体人民共同迈向全面小康社会，就是"一个都不能少"的全面小康，一个地区、一个民族都不能少。全面建成小康社会以后，我们党更加重视全体人民共同富裕，这也是共享发展的鲜明体现。党的十八大以来，党中央把握发展阶段新变化，把逐步实现全体人民共同富裕摆在更加重要的位置上，推动区域协调发展，采取有力措施保障和改善民生，打赢脱贫攻坚战，全面建成小康社会，为促进共同富裕创造了良好条件。现在，已经到了扎实推动共同富裕的历史阶段。共同富裕是社会主义的本质要求，是中国式现代化的重要特征。我们说的共同富裕是全体人民共同富裕，是人民群众物质生活和精神生活都富裕，不是少数人的富裕，也不是整齐划一的平均主义。要深入研究不同阶段的目标，分阶段促进共同富裕：到"十四五"末，全体人民共同富裕迈出坚实步伐，居民收入和实际消费水平差距逐步缩小。到2035年，全体人民共同富裕取得更为明显的实质性进展，基本公共服务实现均等化。到本世纪中叶，全体人民共同富裕基本实现，居民收入和实际消费水平差距缩小到合理区间。要抓紧制定促进共同富裕行动纲要，提出科学可行、符合国情的指标体系和考核评估办法。

中国特色社会主义是在前所未有的环境条件下探索发展规律的认识过程。新发展理念表明了以习近平同志为核心的党中央对发展规律的自觉遵循和主动运用。40多年来，遵循生产关系适应生产力发展要求、上层建筑适应经济基础发展要求的发展规律，我们党毅然决然地作出改革开放的战略决策，我国面貌发生历史性变化。遵循社会化大生产条件下资源配置的发展规律，我们党创造性地建立社会主义市场经济体制，激发出极大的经济活力和社会活力。党的十八大以来，遵循经济社会发展新趋势新机遇和新矛盾新挑战条件下的发展规律，我们党提出新发展理念，加快形成引领经济发展新常态的体制机制和发展方式，为我国经济有序、健康、可持续发展奠定良好基础。

### 三、完整、准确、全面贯彻新发展理念，推动发展全局深刻变革

新发展理念蕴含着巨大的思想力、导向力、驱动力。提出和确立新发展理念，还只是变革的开端。把新发展理念转化为新的发展实践，更是一项艰巨的任务、复杂的工程。新发展阶段，是贯彻新发展理念、落实新发展理念、实践新发展理念的过程，是"五大坚持"转化为"五大现实"的过程。创新发展的中国、协调发展的中国、绿色发展的中国、开放发展的中国、共享发展的中国，就是全面推进社会主义现代化的中国，就是奠定民族复兴坚实基础的中国。

#### （一）坚持新发展理念是关系我国发展全局的一场深刻变革

坚持创新发展、协调发展、绿色发展、开放发展、共享发展，是关系我国发展全局的一场深刻变革。我们要充分认识这场变革的重大现实意义和深远历史意义，统一思想，协调行动，深化改革，开拓前进，推动我国发展迈上新台阶。

确立发展方向。目前从总量上看，我国主要经济指标已居世界前

列，但从综合发展水平看，特别是在创新能力、劳动生产率、社会福利水平等方面，我国与发达国家仍有很大差距。"十四五"规划是确定发展方向的重要契机。确立新发展理念，起到了为"十四五"时期我国经济社会发展指好道、领好航的重要定向作用，方向正则路途坦。

引领发展方式。从我国发展现状看，主要是发展方式粗放，创新能力不强，部分行业产能过剩严重，企业效益下滑，重大安全事故频发；城乡区域发展不平衡；资源约束趋紧，生态环境恶化趋势尚须进一步扭转；基本公共服务供给不足，收入差距较大，人口老龄化加快，推进共同富裕任务艰巨。以新发展理念为引领，"十四五"时期我国发展，既要看速度，也要看增量，更要看质量，要着力实现有质量、有效益、没水分、可持续的增长，着力在转变经济发展方式、优化经济结构、改善生态环境、提高发展质量和效益中实现经济增长。

提升发展境界。创新发展激发创新创业活力，释放新需求，创造新供给，推动新技术、新产业、新业态蓬勃发展；拓展区域发展空间，拓展产业发展空间，拓展基础设施建设空间，拓展网络经济空间，拓展蓝色经济空间。协调发展塑造要素有序自由流动、主体功能约束有效、基本公共服务均等、资源环境可承载的区域协调发展新格局；工业反哺农业、城市支持农村，健全城乡发展一体化体制机制，推进城乡要素平等交换、合理配置和基本公共服务均等化。绿色发展构建科学合理的城市化格局、农业发展格局、生态安全格局、自然岸线格局，依托山水地貌优化城市形态和功能，建设清洁低碳、安全高效的现代能源体系，统筹农村饮水安全、改水改厕、垃圾处理，推进种养业废弃物资源化利用、无害化处置。开放发展培育有全球影响力的先进制造基地和经济区，从外贸大国迈向贸易强国，深度融入全球产业链、价值链、物流链，完善法治化、国际化、便利化的营商环境。共享发展提高公共服务共建能力和共享水平，加强义务教育、就业服务、社会保障、基本医疗和公共卫生、公共文化、环境保护等基本公共服务，努力实现全覆盖，实施精准扶贫、精准脱贫，推动义务教育均衡发展，实施全民参保计划。

保证发展未来。以促进人口均衡发展为例。2021年5月31日，中央政治局召开会议，听取"十四五"时期积极应对人口老龄化重大政策举措汇报，审议《关于优化生育政策促进人口长期均衡发展的决定》，提出进一步优化生育政策，实施一对夫妻可以生育三个子女政策及配套支持措施。我国人口老龄化态势明显，根据第七次全国人口普查数据，我国60岁及以上人口为26402万人，占总人口的比重达到18.70%，比2010年上升5.44个百分点。老年人口比重高于世界平均水平，14岁以

江西省赣州市章贡区自2016年起推行政府与社会资本合作的方式运营专业化社区居家养老服务中心，以居家为基础、社区为依托、机构为补充，医养结合，为老年人提供老年供餐、日间照料、全科医生签约等养老服务。

(彭昭之摄)

下人口比重低于世界平均水平，劳动年龄人口开始绝对减少，这种趋势还在继续。这些都对我国人口均衡发展和人口安全提出了新的挑战。全面实施一对夫妇可生育三个子女政策，可以通过进一步释放生育潜力，减缓人口老龄化压力，增加劳动力供给，这是站在中华民族长远发展的战略高度促进人口均衡发展的重大举措。

### （二）确保我国发展航船沿着正确航道破浪前进

党的十九届五中全会强调，"十四五"时期经济社会发展必须遵循的原则有：坚持党的全面领导，坚持以人民为中心，坚持新发展理念，坚持深化改革开放，坚持系统观念。这些基本原则，反映了夺取中国特色社会主义新胜利的基本要求，体现了党的十八大以来形成的一系列治国理政新理念新思想新战略。特别是把新发展理念纳入"五个坚持"之中，就能够确保我国发展航船沿着正确航道破浪前进，夺取新时代中国特色社会主义的伟大胜利。

坚持党的全面领导，巩固经济社会持续健康发展的根本政治保证。党的领导是党和国家的根本所在、命脉所在，是全国各族人民的利益所系、命运所系。在全面推进依法治国进程中，有人提出"党大还是法大"的问题，这是一个政治陷阱，是一个伪命题。离开了中国共产党的领导，中国特色社会主义法治体系、社会主义法治国家就建不起来，全面建设社会主义现代化国家同样也难以推进。我们全面推进依法治国，绝不是要虚化、弱化甚至动摇、否定党的领导，而是为了进一步巩固党的执政地位、改善党的执政方式、提高党的执政能力，保证党和国家长治久安，保证全面建成社会主义现代化强国。加强和改善党的领导，是实现"十四五"规划的坚强保证。要按照我们党的要求，完善党领导经济社会发展工作体制机制，坚持党总揽全局、协调各方，发挥党的领导核心作用，完善党委研究经济社会发展战略、定期分析经济形势、研究重大方针政策的工作机制。注重培养选拔政治强、懂专业、善治理、敢担当、作风正的领导干部，激励广大干部开拓进取、攻坚克难，更好带领群众全面建设社会主义现代化国家。特别是要坚持全面从严治党，严明党的纪律和规矩，强化权力运行制约和监督，巩固反腐败成果，一体推进不敢腐、不能腐、不想腐，努力实现干部清正、政府清廉、政治清明，为经济社会发展营造良好政治生态。

坚持人民主体地位，始终以人民为中心谋发展。发展是经济目标与社会目标的统一。经济目标确定发展的速度程度，社会目标确定发展的价值取向，也就是发展为了谁、依靠谁、服务谁的问题。中国特色社会主义的发展，是坚持人民主体地位的发展，人民是推动发展的根本力量，实现好、维护好、发展好最广大人民根本利益是发展的根本目的。习近平总书记强调，"让广大人民群众共享改革发展成果，是社会主义的本质要求，是社会主义制度优越性的集中体现，是我们党坚持全心全意为人民服务根本宗旨的重要体现"①。我们追求的发展是造福人民的发展，我们追求的富裕是全体人民共同富裕。改革发展搞得成功不成功，最终的判断标准是人民是不是共同享受到了改革发展成果。坚持人民主体地位，就必须坚持以人民为中心的发展思想，把增进人民福祉、促进人的全面发展作为发展的出发点和落脚点，发展人民民主，维护社会公平正义，保障人民平等参与、平等发展权利，充分调动人民积极性、主动性、创造性。

坚持新发展理念，实现更高质量、更有效率、更加公平、更可持续、更为安全的发展。进入新发展阶段，发展任务艰巨、发展矛盾复杂、发展难题增多，更要牢牢把握新发展理念，把新发展理念贯穿发展全过程和各领域，构建新发展格局，切实转变发展方式，推动质量变

① 《习近平谈治国理政》第二卷，外文出版社 2017 年版，第 200 页。

革、效率变革、动力变革。创新、协调、绿色、开放、共享的发展理念，反映了党对发展规律的新认识、发展理念的新进展。

坚持深化改革开放，为发展提供持续动力。改革是当代中国发展进步的活力之源，是我们党和人民大踏步赶上时代前进步伐的重要法宝。从党的十一届三中全会到十九届五中全会，全面深化改革呈现出一条清晰的轨迹，领域不断拓展，程度不断加深，层次不断提升。在新的起点上，实现第二个百年奋斗目标和中国梦，应对世界经济形势带来的新挑战，努力寻求新的发展动力，解决我国发展面临的一系列突出矛盾和问题，破除各方面体制机制弊端，都要求全面深化改革。要坚定不移推进改革，坚定不移扩大开放，加强国家治理体系和治理能力现代化建设，破除制约高质量发展、高品质生活的体制机制障碍，强化有利于提高资源配置效率、有利于调动全社会积极性的重大改革开放举措，持续增强发展动力和活力。

坚持系统观念，实现发展质量、结构、规模、速度、效益、安全相统一。系统观念是马克思主义基本原理的重要内容，是基础性的思想方法和工作方法。习近平总书记强调，"新发展理念是一个系统的理论体系"，"完整、准确、全面贯彻新发展理念，必须坚持系统观念"。按照马克思主义的观点，一切事物都是由若干相互作用和相互依赖的要素结合而成的有特定结构和功能的有机整体，要素之间的相互作用决定了事物整体功能是否大于各要素功能之和。新发展理念中，创新是引领发展的第一动力，协调是持续健康发展的内在要求，绿色是永续发展的必要条件和人民对美好生活追求的重要体现，开放是国家繁荣发展的必由之路，共享是中国特色社会主义的本质要求。五个部分既自成体系，又相辅相成、相互贯通、相互促进，形成了具有内在联系的有机整体。贯彻好落实好新发展理念，需要从整体出发，对这五个部分都予以关注、协同推进，增强政策配套和制度衔接，防止畸轻畸重、顾此失彼、以偏概全。善用系统观念，要求我们把新发展理念贯彻到经济社会发展全过程各领域，加强前瞻性思考、全局性谋划、战略性布局、整体性推进，统筹国内国际两个大局，办好发展安全两件大事，坚持全国一盘棋，更好发挥中央、地方和各方面积极性，着力固根基、扬优势、补短板、强弱项，注重防范化解重大风险挑战，实现发展质量、结构、规模、速度、效益、安全相统一。

第六章

# 引领法治中国的航标

　　党的十八大以来，以习近平同志为核心的党中央，从坚持和发展中国特色社会主义全局和战略高度定位法治、布局法治、厉行法治，创造性提出全面依法治国一系列新理念新思想新战略，在实践中形成了习近平法治思想。这一思想深刻回答了"新时代为什么实行全面依法治国、怎样实行全面依法治国"等一系列重大问题，是马克思主义法治理论中国化最新成果，是习近平新时代中国特色社会主义思想的重要组成部分，是全面依法治国的根本遵循和行动指南。

## 一、习近平法治思想的形成发展，是历史必然、时代所需、实践结晶

　　周虽旧邦，其命维新。习近平法治思想的形成发展，具有宏大的时代背景和历史底蕴，根植于改革开放的伟大实践，继承和发扬了中华优秀传统文化和新中国历代中央领导集体法治思想，是历史必然，是时代所需，是实践结晶。

### (一) 历史必然

以什么方式治国理政,是国家诞生以来的亘古课题,也是中国共产党人面临的一个历史性课题。从古希腊的柏拉图到中国古代的孔子孟子,无数先哲莫不围绕着治国之道孜孜以求,不断探索治国理政之奥秘。历史实践证明,从神治到礼治,从哲学王统治到贤君之治,都没有跳出存亡治乱的周期率,根本原因在于:建立在人治基础之上的国家治理,具有极大的不确定性。中国历代王朝更替,刚开始都能开疆扩土,君贤臣能,几代过后便出现骄奢淫逸,人亡政息。可见,治国理政依赖于人治,始终无法走出"其兴也勃焉,其亡也忽焉"的治乱循环。

如何跳出"历史周期率"而长期执政?如何实现国家的长治久安?习近平总书记从大历史观出发,总结历史规律:"从我国古代看,凡属盛世都是法制相对健全的时期","从世界历史看,国家强盛往往同法治相伴而生"。① 并得出结论:"国无常强,无常弱。奉法者强则国强,奉法者弱则国弱。"② 将法治作为治国理政的基本方式,正是中国共产党人对治理这道人类千古难题所作的现代性回答。

新中国成立后,我们党开始了依法治国理政的有益探索,初步奠定了社会主义法治基础。后来,党在指导思想上发生"左"的错误,逐渐对法制不那么重视了,特别是"文化大革命"十年内乱使法制遭到严重破坏,教训十分惨痛。党的十一届三中全会后,我们党深刻总结正反两方面经验,逐渐恢复法制并从国家层面确立依法治国基本方略。从党的十二大强调民主与法制相结合,到党的十五大正式提出依法治国方略;

---

① 习近平:《加强党对全面依法治国的领导》,《求是》2019 年第 4 期。
② 《韩非子·有度》。

从依法治国被写入宪法，到党的十七大将依法治国列入全面建设小康社会奋斗目标新要求；从党的十八大提出"全面推进依法治国"，到党的十九大把"坚持全面依法治国"确立为新时代坚持和发展中国特色社会主义的基本方略之一，依法治国作为党领导人民治理国家的基本方略一脉相承，路线越来越清晰。

历史潮流，浩浩荡荡。"中华号"这艘巨轮在党的把舵下，已经驶入法治航道。习近平总书记以史为鉴："法治兴则国家兴，法治衰则国家乱。什么时候重视法治、法治昌明，什么时候就国泰民安；什么时候忽视法治、法治松弛，什么时候就国乱民怨。"①不难看出，习近平法治思想孕育于中国共产党人对治国理政规律探索的历史实践，根植于中国特定的历史环境与发展条件，具有历史必然性。

### （二）时代所需

习近平法治思想是顺应实现中华民族伟大复兴时代要求应运而生的重大理论创新成果。中国正处于实现中华民族伟大复兴的关键时期，坚持和发展中国特色社会主义更加需要依靠法治，中国由大到强、实现中华民族伟大复兴的中国梦，已经走到了必须用科学理论推动法治建设的阶段。

从国内看，法治是推进国家治理现代化的内在要求。新时代，改革发展稳定任务之重前所未有、矛盾风险挑战之多前所未有、人民群众对法治的期待和要求之高前所未有，传统人治型、礼治型、运动型治理方式难以满足现代治理合法性、有效性需求。推动我国社会转型发展，适应社会主要矛盾发展变化，推进国家治理体系和治理能力现代化，客

---

① 中共中央文献研究室编：《习近平关于全面依法治国论述摘编》，中央文献出版社 2015 年版，第 8 页。

观上都对依法治国提出了更高要求。习近平总书记强调:"坚持全面依法治国,是中国特色社会主义国家制度和国家治理体系的显著优势。"①法治保障了国家治理体系的系统性、规范性、协调性、稳定性,运用法治思维和法治方式深化改革、推动发展、化解矛盾、维护稳定、应对风险,才能更好推进国家治理现代化。

从国际看,法治是中国走近世界舞台中央的客观需要。当今世界,法治构成国家强盛的软实力,是塑造全球性大国的重要支点。国际上流行的话语体系主要是"法言法语",国家较量主要是规则博弈,秩序建构主要是法治重塑。习近平总书记指出:"中国走向世界,以负责任大国参与国际事务,必须善于运用法治。"②世界正经历百年未有之大变局,在全球治理体系变革中,中国理应拥有与五千年文明国家、世界第一人口大国、第二大经济体、安理会常任理事国相称的话语权,做全球治理变革进程的参与者、推动者、引领者。习近平法治思想,正是产生于中国走向世界、积极构建人类命运共同体的秩序重塑之中。

## (三) 实践结晶

早年在正定工作时,习近平总书记就十分重视农村法制建设。在宁德,他强调民主的问题要在法制的轨道上加以解决。2002 年至 2007 年在浙江工作期间,习近平总书记大力推动"法治浙江"建设,为后来提出全面依法治国、建设法治中国作了充分的实践和理论准备。

党的十八大以来,以习近平同志为核心的党中央明确提出全面依法治国,将其纳入"四个全面"战略布局予以有力推进。从 2012 年 12

---

① 习近平:《推进全面依法治国,发挥法治在国家治理体系和治理能力现代化中的积极作用》,《求是》2020 年第 22 期。

② 习近平:《加强党对全面依法治国的领导》,《求是》2019 年第 4 期。

月 4 日在首都各界纪念现行宪法公布施行 30 周年大会发表重要讲话，到 2015 年 2 月 2 日出席省部级主要领导干部学习贯彻十八届四中全会精神全面推进依法治国专题研讨班开班式并发表重要讲话；从 2013 年 2 月 23 日围绕全面推进依法治国主持中共中央政治局第四次集体学习，到 2020 年 5 月 29 日围绕民法典实施主持中共中央政治局第二十次集体学习；从 2017 年 5 月 3 日视察中国政法大学，到党的十九大后成立中央全面依法治国委员会并先后主持召开三次会议；从 2014 年 10 月 20—23 日十八届四中全会在党的历史上首次专题研究依法治国并通过《中共中央关于全面推进依法治国若干重大问题的决定》，到 2020 年 11 月 16—17 日召开中央全面依法治国工作会议提出"十一个坚持"，习近平总书记对全面依法治国既作出了最丰富、最齐全、最深刻的阐述，又作出了最顶层、最系统、最深入的部署。

## 二、习近平法治思想引领中国之治，具有重大的理论价值和实践意义

改革开放 40 多年来，有些问题始终困扰着一些人：在具有数千年人治传统的中国，究竟要不要、能不能建设法治？在中国共产党领导下的 14 亿多人口的发展中大国，究竟要建设什么样的法治？在一个正在崛起于百年未有之大变局的中国，究竟要如何建设法治？这些问题归结起来，就是发展到一定历史阶段的中国必须回答"为什么要全面依法治国、怎样全面依法治国"。习近平法治思想，从历史和现实相贯通、国际和国内相关联、理论和实际相结合上，深刻回答了这一重大时代课题，引领开辟了中国之治新境界。

（一）习近平法治思想实现了历史和现实相贯通，标志着中国共产党在执政规律认识上的飞跃

从历史意义上看，习近平法治思想充分挖掘人类治国理政的普遍规律和文明基因，赋予中华法治文明新内涵，吸收了我们党执政正反两方面的经验教训，深刻总结了共产党依法执政规律、社会主义法治建设规律、人类社会法治文明发展规律，具有历史的穿透力。习近平总书记指出："在这样一个大国执政，要保证国家统一、法制统一、政令统一、市场统一，要实现经济发展、政治清明、文化昌盛、社会公正、生态良

正本清源再出发，香港开启"一国两制"新征程。图为在香港中环拍摄的"香港维护国家安全法"广告牌。　　　　　　　　　　　　　　　　　　　　　　　　　　　　　（王申摄）

好，都需要秉持法律这个准绳、用好法治这个方式。"①

从现实意义上看，习近平法治思想深刻把握执政方式现代化的时代需求，提出坚持依法执政首先要坚持依宪执政，强调坚持依法治国与制度治党、依规治党统筹推进、一体建设，要求运用法治思维和法治手段巩固执政地位、改善执政方式、提高执政能力，以法治方式驾驭市场经济、发展民主政治、建设先进文化、构建和谐社会、处理国际事务，实现了执政方式的自我完善、自我提高，具有实践的引领力。

**（二）习近平法治思想实现了国际和国内相关联，体现出促进世界法治文明推动人类治理变革的中国智慧**

从世界意义上看，习近平法治思想贡献了维护国际法治秩序新智慧，标志着人类法治文明的时代性进步，具有世界影响力。习近平法治思想统筹国际国内两个"法治大局"，中国不仅要融入国际法治大局，而且要在其中起到重要作用，成为捍卫国际正义、推动构建公平国际秩序的主导性力量。面对国际上的单边主义、霸凌主义，习近平总书记立足全人类立场，高举开放合作、互利共赢的旗帜，在多个国际场合强调要维护国际法原则，共同推动国际关系法治化，为构建人类命运共同体不断注入法治正能量。

从本土意义上看，习近平法治思想坚持从国情出发走中国特色社会主义法治道路，强调依法维护本国主权、安全和发展利益。习近平法治思想明确了加快涉外法治工作战略布局，加快推进我国法域外适用的法律体系建设，运用国际法规则有效捍卫中国的核心利益。"在对外斗争中，我们要拿起法律武器，占领法治制高点，敢于向破坏者、搅局者说不。"②

① 中共中央文献研究室编：《习近平关于全面依法治国论述摘编》，中央文献出版社 2015 年版，第 9 页。

② 习近平：《加强党对全面依法治国的领导》，《求是》2019 年第 4 期。

（三）习近平法治思想实现了理论和实际相结合，为新时代全面依法治国提供科学理论指导

在实践中创新理论，用创新理论指导新的实践，这是中国共产党人的优秀品质。习近平法治思想坚持理论与实践相结合，将马克思主义法治理论创造性运用于全面依法治国实践，同时又指引法治中国在披荆斩棘中不断开辟新境界，从而实现了理论创新与实践创新的螺旋式上升。

在理论意义上，习近平法治思想开辟了马克思主义法治理论新境界，标志着社会主义法治理论的历史性飞跃。习近平总书记运用科学的世界观、方法论，坚持马克思主义法治理论同中国具体实际相结合，提炼国家治理的实践经验，提出了"全面依法治国""法治中国""中国特色社会主义法治体系""中国特色社会主义法治道路"等一系列新概念新命题，拨开了长期以来笼罩在法治基本问题之上的认知迷雾和理论陷阱，开辟了马克思主义法治理论新境界。

在实践意义上，习近平法治思想拓展了中国特色社会主义法治道路，标志着法治中国建设的全面升级。立足新时代社会主要矛盾发展变化，习近平法治思想回应人民群众对民主、法治、公平、正义、安全、环境等方面日益增长的需求，把法治思维和法治方式贯穿党和国家事业发展各方面、全过程，为应对重大挑战、抵御重大风险、克服重大阻力、解决重大矛盾提供法治方案，是新时代全面依法治国的根本遵循和行动指南。

## 三、习近平法治思想是一个科学体系，学习理解重在把握其时代特征

习近平法治思想贯穿改革发展稳定、内政外交国防、治党治国治

军、经济政治文化社会生态各领域，是一个内涵丰富、论述深刻、逻辑
严密、系统完备的科学理论体系。中央全面依法治国工作会议上提出的
"十一个坚持"，明确了全面依法治国方向道路、目标要求、工作布局、
重要保障，是习近平法治思想的核心要义。学习理解这一博大精深的科
学思想体系，需要我们重点把握其鲜明的时代特征。

### （一）深刻把握习近平法治思想的政治性

法治与政治的关系是法治建设的根本问题。习近平总书记旗帜鲜明
提出："每一种法治形态背后都有一套政治理论，每一种法治模式当中
都有一种政治逻辑，每一条法治道路底下都有一种政治立场。"[①] 这彻底
廓清了"去政治化"的法治思潮，是对法治幼稚病和西方借助法治搞意
识形态渗透的"当头棒喝"。

党和法的关系是政治和法治关系的集中反映。在处理依法治国
与党的领导的关系上，习近平总书记指出："对这个问题，我们不能
含糊其辞、语焉不详，要明确予以回答。"[②] 一方面，面对"党大还是
法大"的思想迷惑，习近平总书记鲜明指出："'党大还是法大'是
一个政治陷阱，是一个伪命题"，"我们说不存在'党大还是法大'
的问题，是把党作为一个执政整体、就党的执政地位和领导地位而
言的"。[③] 另一方面，习近平总书记强调，"党的领导和社会主义法治
是一致的，社会主义法治必须坚持党的领导，党的领导必须依靠社

---

① 中共中央文献研究室编：《习近平关于全面依法治国论述摘编》，中央文献出版
社 2015 年版，第 34 页。
② 习近平：《坚定不移走中国特色社会主义法治道路　为全面建设社会主义现代化
国家提供有力法治保障》，《求是》2021 年第 5 期。
③ 习近平：《坚定不移走中国特色社会主义法治道路　为全面建设社会主义现代化
国家提供有力法治保障》，《求是》2021 年第 5 期。

会主义法治"①。党的领导是中国特色社会主义法治之魂，是中国法治同西方资本主义法治的最大区别。从历史来看，把党的领导贯彻到依法治国全过程和各方面，是社会主义法治建设的一条基本经验；从现实来看，在中国这样一个地域广阔、人口众多、民族多样、发展不均的大国全面依法治国，离不开中国共产党这个坚强的领导核心动员各方面力量。

面对长期以来法治建设存在"中化"还是"西化"的方向之争，习近平总书记鲜明指出："全面推进依法治国，必须走对路。"②"中国特色社会主义法治道路，是社会主义法治建设成就和经验的集中体现，是建设社会主义法治国家的唯一正确道路。"③既不走封闭僵化的老路，也不走改旗易帜的邪路，我们要学习借鉴人类法治文明的有益成果，但决不能照搬别国模式和做法，决不能走西方"宪政""三权鼎立""司法独立"的路子。在坚持和拓展中国特色社会主义法治道路这个根本问题上，我们要树立自信、保持定力。

### （二）深刻把握习近平法治思想的人民性

立场问题，是哲学上的一个根本的出发点问题。按照马克思主义唯物史观，人民是历史的创造者，是推动历史发展的根本动力。习近平法治思想坚持以人民为中心，具有鲜明的人民立场。习近平总书记指出："全面依法治国最广泛、最深厚的基础是人民，必须坚持为了人民、依靠人民。"④在全面依法治国实践中，我们党坚持人民主体地位，把实现

---

① 中共中央文献研究室编：《习近平关于全面依法治国论述摘编》，中央文献出版社 2015 年版，第 23—24 页。

② 习近平：《加快建设社会主义法治国家》，《求是》2015 年第 1 期。

③ 中共中央文献研究室编：《习近平关于全面依法治国论述摘编》，中央文献出版社 2015 年版，第 24 页。

④ 习近平：《坚定不移走中国特色社会主义法治道路　为全面建设社会主义现代化国家提供有力法治保障》，《求是》2021 年第 5 期。

好、维护好、发展好最广大人民根本利益作为法治建设的根本目的，积极回应人民群众新要求新期待，切实解决法治领域人民群众反映强烈的突出问题。

在立法上，习近平总书记提出"使每一项立法都符合宪法精神、反映人民意志、得到人民拥护"①；在执法上，习近平总书记要求"必须促进严格规范公正文明执法，让人民群众真正感受到公平正义就在身边"②；在司法上，习近平总书记提出"司法体制改革必须为了人民、依靠人民、造福人民"③，提出了著名的"100-1=0"的"法治公式"："一个错案的负面影响足以摧毁九十九个公正裁判积累起来的良好形象。执法司法中万分之一的失误，对当事人就是百分之百的伤害。"④ 党的十八大以来，50 多起重大冤错案被依法纠正，永载共和国法治史册。

人民性是习近平法治思想的重要特征，也是中国特色社会主义法治区别于资本主义法治的鲜明标志。中西方的法治模式，可以概括为"党领导下的人民法治"与"多党竞争下的资本法治"，一个是人民逻辑，一个是资本逻辑。孰优孰劣，从近年来的疫情中高下立判。彭博社亿万富豪指数数据显示，美国最富有的 50 人的财富总值近 2 万亿美元，比 2020 年年初增加了 3390 亿美元，而最贫困的 50% 美国人（约 1.65 亿人）的净资产仅为 2.08 万亿美元。该数据同时显示，美国白人拥有全国财富的 83.9%，而黑人家庭拥有的财富仅为 4.1%。⑤ 疫情没有成为中国的

---

① 本书编写组编：《十八大以来治国理政新成就》（下册），人民出版社 2017 年版，第 1025 页。

② 习近平：《加强党对全面依法治国的领导》，《求是》2019 年第 4 期。

③ 《习近平谈治国理政》第二卷，外文出版社 2017 年版，第 131 页。

④ 中共中央文献研究室编：《习近平关于全面依法治国论述摘编》，中央文献出版社 2015 年版，第 96 页。

⑤ 中国社会科学院世界经济与政治研究所、国家全球战略智库课题组：《2021 年全球大趋势》，《光明日报》2021 年 2 月 2 日。

"至暗时刻",反而成了中国特色社会主义制度的"高光时刻",根本原因就在于我们坚持以人民为中心。

### (三) 深刻把握习近平法治思想的战略性

从人类政治文明的战略纵深定位法治。习近平总书记指出:"法治和人治问题是人类政治文明史上的一个基本问题,也是各国在实现现代化过程中必须面对和解决的一个重大问题。综观世界近现代史,凡是顺利实现现代化的国家,没有一个不是较好解决了法治和人治问题的。"①从人类政治文明和社会现代化的纵深深刻分析了法治与人治的关系,深化了依法治国的理论基础,夯实了厉行法治的政治信念。

从长治久安的战略思维设计法治。全面建成小康社会之后路该怎么走?如何实现党和国家长治久安?习近平法治思想着眼于回答这些重大问题,从坚持和发展中国特色社会主义、确保党和国家长治久安的战略高度设计法治,为党和国家各项事业发展提供根本性、全局性、长期性的制度保证。

从"四个全面"的战略全局布局法治。治天下者,善谋大势;决胜负者,长于布局。习近平法治思想把法治问题放到建设中国特色社会主义事业的战略全局中来加以思考和把握,坚持在重大战略布局中悉心思考和谋划全面依法治国,从战略高度思考和回答全面依法治国与其他战略目标之间的关系,做到"四个全面"相辅相成、相互促进、相得益彰。

从深化改革的战略举措厉行法治。全面依法治国是一个从人治型治理体系向法理型治理体系的深刻转型,难度之大、任务之艰可想而知。

---

① 中共中央文献研究室编:《习近平关于全面依法治国论述摘编》,中央文献出版社 2015 年版,第 12 页。

习近平总书记指出，全面推进依法治国是国家治理领域一场广泛而深刻的革命，要坚定不移地推进法治领域的改革，坚决破除束缚全面推进依法治国的体制机制障碍。而用零打碎敲的方式修修补补，是解决不了法治领域的突出问题的。因此，党的十八届四中全会通过的《中共中央关于全面依法治国若干重大问题的决定》提出了190多项对依法治国具有重要意义的改革举措，掀起了一场真正意义上的治理革命。

## （四）深刻把握习近平法治思想的系统性

习近平法治思想强调顶层设计与基层探索的良性互动，强调整体推进与重点突破的有机统一，强调法治系统与社会系统的紧密协作，更加注重全面依法治国的系统性、整体性、协同性。

习近平法治思想指明了全面推进依法治国的总目标和总抓手。全面推进依法治国涉及很多方面，在实际工作中必须有一个总揽全局、牵引各方的总抓手，这个总抓手就是建设中国特色社会主义法治体系。"中国特色社会主义法治体系"是一个思想性极高的统领性概念，蕴含丰富的理论创新，意味着全面依法治国进入从法律体系到法治体系、从形式法治到实质法治、从法律大国到法治强国的深刻转型，对全面推进依法治国具有纲举目张的意义。

习近平法治思想指明了共同推进、一体建设的工作布局。法治横向上涵盖经济、政治、文化、社会、生态、军事、党建等方方面面，纵向上包含立法、执法、司法、守法等各个环节，是一项庞大复杂的系统工程，需要整体推进和协调发展。习近平总书记强调："准确把握全面推进依法治国工作布局，坚持依法治国、依法执政、依法行政共同推进，坚持法治国家、法治政府、法治社会一体建设。"①

---

① 《习近平谈治国理政》第二卷，外文出版社2017年版，第119页。

### （五）深刻把握习近平法治思想的实践性

习近平法治思想扎根法治实践沃土，是付诸具体行动的法治思想，在推动更高水平良法善治的时代进程中彰显实践品格、展现实践伟力。

立足实践基础。习近平法治思想立足我国社会主义初级阶段，从实际出发，与国情适应。习近平总书记指出："全面推进依法治国，必须从我国实际出发，同推进国家治理体系和治理能力现代化相适应，既不能罔顾国情、超越阶段，也不能因循守旧、墨守成规。"① 在全面建设社会主义现代化国家的新征程上，要从把握新发展阶段、贯彻新发展理念、构建新发展格局的实际出发，以良法善治护航高质量发展。

瞄准实践问题。习近平法治思想，集中体现了强烈的问题意识和精准的问题导向。全面推进依法治国，是解决党和国家事业发展面临的一系列重大问题，解放和增强社会活力、促进社会公平正义、维护社会和谐稳定、确保国家长治久安的根本要求。关于立法，习近平总书记指出："要坚持问题导向，提高立法的针对性、及时性、系统性、可操作性，发挥立法引领和推动作用。"② 关于司法改革，习近平总书记强调："要紧紧抓住影响司法公正、制约司法能力的重大问题和关键问题，增强改革的针对性和实效性。"③

回应实践需求。习近平法治思想敏锐洞察并极力回应实践需求，以良法促善治，助推国家治理体系和治理能力不断跃升。习近平总书记

---

① 《习近平谈治国理政》第二卷，外文出版社 2017 年版，第 117 页。

② 习近平：《在庆祝全国人民代表大会成立 60 周年大会上的讲话》，人民出版社 2014 年版，第 10 页。

③ 《习近平谈治国理政》第二卷，外文出版社 2017 年版，第 132 页。

图为西安知识产权法庭。近年来，我国社会主义民主法治建设成就斐然，科学立法、严格执法、公正司法、全民守法全面推进。从《民法典》全方位保障人民群众各项民事权利，到《刑法》更有力惩治老百姓深恶痛绝的各类犯罪，再到《行政诉讼法》让"民告官"更有底气……一部部更具针对性、有效性、可操作性的法律，标注着法治中国建设成果。　　　　　　　　　　（李一博摄）

指出，"人民群众对立法的期盼，已经不是有没有，而是好不好、管用不管用、能不能解决实际问题"①。党的十八大以来，先后制定《国家安全法》《网络安全法》《民法典》等，每 10 万人命案发生数处于世界最低水平，人民群众对社会治安满意度达 95.55%……这些成绩彰显了习近平法治思想的温度和力量。

---

① 中共中央文献研究室编：《习近平关于全面依法治国论述摘编》，中央文献出版社 2015 年版，第 43 页。

## 四、以习近平法治思想为指导，全面提高国防和军队建设法治化水平

沐思想之光，循法治之道。依法治军是依法治国的重要组成部分，在国防和军队法治建设中深入贯彻落实习近平法治思想，既立足当前，运用法治思维和法治方式解决国防和军队建设面临的深层次问题；又着眼长远，筑法治之基、行法治之力、积法治之势，不断提高依法治军水平，为建设世界一流军队提供坚强法治支撑。

一是坚定信心，强化官兵法治信仰法治思维。习近平法治思想通篇贯穿了信仰法治、厉行法治、坚守法治的坚定信念。学习贯彻这一思想，就是要在理念上来一场头脑风暴和思维革命，彻底从思想上破除对人治的迷恋和依赖，让法治精神、法治理念深入人心，使全军官兵信仰法治、坚守法治。

二是瞄准问题，着力破解依法治军瓶颈。当前，依法治军还存在诸多短板，仍相对滞后，必须出实招、见实效，防止浮于表面、停留在口号上。应坚持问题导向，瞄准关键瓶颈，拿出真招实策，创新政策制度，重点解决部队活力不足、创新不够的问题，加快推进治军方式根本性转变，运用法治思维和法治方式提升军事管理效率，充分释放和激发官兵创造活力。

三是科学统筹，推动中国特色军事法治体系优化升级。依法治军涉及方方面面，是一个系统工程，要加强顶层设计、系统谋划、重点突破、平衡发展。应扭住中国特色军事法治体系统筹推进法律规范、法治实施、法治监督、法治保障"四大体系"齐头并进、相互支撑、协调发展。

四是协同发力，奋力激发全军官兵的法治活力。依法治军需要动员

各方面力量，汇聚强大合力和持久动力。加强组织领导，发挥各级党委对依法治军的坚强领导作用，将法治作为考核评价党委班子业绩的重要内容；抓住领导干部这个"关键少数"，督促领导干部认认真真讲法治、老老实实抓法治；建设一支德才兼备的高素质法治队伍，发挥法治工作部门的主导作用，推动良法善治落地见效；坚持官兵主体地位，使官兵掌握法律、遵守法律、运用法律，真正激发官兵推动全面依法治军的蓬勃力量。

第七章

# 继承和弘扬中华优秀传统文化

在社会历史进程中，传统文化是一种巨大的精神力量。恩格斯指出："我们自己创造着我们的历史，但是第一，我们是在十分确定的前提和条件下进行创造的。"① 这种"前提和条件"，包括"经济的前提和条件"，这是起"决定性"作用的，但同时，"那些萦回于人们头脑中的传统，也起着一定的作用，虽然不是决定性的作用"②。能否正确地对待传统，取其精华、弃其糟粕，使之转化为对现实具有重要指导和推动作用的精神文化力量，是一个政党、一个国家能否驾驭历史、推进经济社会能动发展的重要因素。

中华民族是具有 5000 多年文明历史的伟大民族。博大精深的中华优秀传统文化，是中华民族最深层的精神追求，是代表中华民族独特品格的精神标识。这样一种文化传统和文化资源，极其深刻地影响着近现代中国的一切社会变革。作为近代以来中国社会变革中作用最大、影响最广的政治实体，作为引领中华民族历经艰难斗争走向伟大复兴的最核心政治力量，中国共产党从一诞生起，就与中华优秀传统文化有着不可割裂的联系。如何对待中华民族历史悠久的传统文化，成为中国共产党

---

① 《马克思恩格斯选集》第 4 卷，人民出版社 1995 年版，第 696 页。

② 《马克思恩格斯选集》第 4 卷，人民出版社 1995 年版，第 696 页。

发展进程中始终萦绕的一个重大问题。

## 一、继承和弘扬中华优秀传统文化是中国共产党人一贯秉持的科学态度

党的十八大以来，在统筹推进"五位一体"总体布局、协调推进"四个全面"战略布局中，习近平总书记把传承和弘扬中华优秀传统文化提到更加突出的位置，深刻指出："中国共产党人是马克思主义者，坚持马克思主义的科学学说，坚持和发展中国特色社会主义，但中国共产党人不是历史虚无主义者，也不是文化虚无主义者。我们从来认为，马克思主义基本原理必须同中国具体实际紧密结合起来，应该科学对待民族传统文化，科学对待世界各国文化，用人类创造的一切优秀思想文化成果武装自己。在带领中国人民进行革命、建设、改革的长期历史实践中，中国共产党人始终是中国优秀传统文化的忠实继承者和弘扬者，从孔夫子到孙中山，我们都注意汲取其中积极的养分。"[①] 这一精辟论述，可以说是关于中国共产党与中华优秀传统文化关系问题的最科学的回答，是我们在新的历史征途上继承和弘扬中华优秀传统文化的根本指南。

有一种疑问：中国共产党是在五四新文化运动激进的反传统思想文化背景下诞生的，新中国成立后又发动了以"文化大革命"为核心的反传统文化运动，怎么能说中国共产党是中华优秀传统文化的忠实继承者和弘扬者呢？回答这一疑问，需要坚持历史的观点、确立时代的眼光，即

---

① 习近平：《在纪念孔子诞辰 2565 周年国际学术研讨会暨国际儒学联合会第五届会员大会开幕会上的讲话》，人民出版社 2014 年版，第 13 页。

从党走过的 100 多年的光辉历程中，从党肩负的革命、建设、改革的历史使命中进行本质性的审视。在中国共产党走过的历史进程中，在如何对待中华优秀传统文化这一重大问题上，经历了从党成立早期的全盘否定，到党逐步走向成熟后的基本肯定；从改革开放背景下的传统文化回归，到全球化背景下的创造性继承与创新性发展——党在对待中国传统文化上的不平凡历程，既反映了时代主题的转换和中心任务的变化对党的深刻影响，又体现了党的思想认识的不断与时俱进。而就本质和总体而言，中国共产党人的确始终是中华优秀传统文化的忠实继承者和弘扬者。

中国共产党成立初期的领导人，虽然大部分都具有一定的国学功底，但几乎是清一色的五四新文化运动所哺育的知识分子，加上党成立之后即肩负起反封建的革命任务，因而当时对中国传统文化的否定性评价在党内占主导地位，从一定意义上说这也是一种顺乎逻辑的现象。陈独秀认为："国故、孔教、帝制，本来是三位一体"，"像这样的文化，不但没有维护的必要，还应令他速死"。瞿秋白写道："中国的旧社会旧文化是什么？是宗法社会的文化，装满着一大堆的礼教纲常，固守着无量数的文章词赋；礼教伦常其实是束缚人性的利器，文章词赋也其实是贵族淫昏的粉饰。"① 这种对中国传统文化一概否定的文化激进主义，有着复杂的党内外环境因素，从总体上说是党在早期不够成熟的一个重要表现，也是党在如何领导中国革命问题上屡遭挫折的一个重要原因。

随着党及其所领导的事业不断发展壮大，特别是以毛泽东同志为主要代表的一批真正的马克思主义者掌握党的领导权后，在如何对待中国传统文化问题上，党逐步走向成熟与自信。其基本特征是，在继承和延续五四新文化精神的同时，对中国传统文化作出愈益理性的分析与评价。1938 年 10 月，毛泽东同志在党的六届六中全会上发表重要讲话，

---

① 《瞿秋白文集·政治理论编》第二卷，人民出版社 2013 年版，第 7 页。

鲜明提出"学习我们的历史遗产"的任务。他说："我们这个民族有数千年的历史，有它的特点，有它的许多珍贵品。对于这些，我们还是小学生。……从孔夫子到孙中山，我们应当给以总结，承继这一份珍贵的遗产。"① 这一重要论述，不啻是中国共产党人在如何对待中国传统文化问题上走出偏激走向正确的一个重要标志。1940 年 1 月，毛泽东同志在《新民主主义论》的著名演讲中，更加凝练地指出："我们必须尊重自己的历史，决不能割断历史。"②"中国的长期封建社会中，创造了灿烂的古代文化。清理古代文化的发展过程，剔除其封建性的糟粕，吸收其民主性的精华，是发展民族新文化提高民族自信心的必要条件。"③ 正是由于确立了对中国传统文化进行批判性吸收、扬弃性继承的科学态度，形成了党的新民主主义文化纲领，引领和指导中国革命取得了辉煌胜利。

新中国成立后，虽然发生了"文化大革命"的挫折，但是就本质和总体而言，在如何对待中国传统文化的问题上，我们党仍然坚持了批判地继承的科学态度。1956 年春，毛泽东同志提出了著名的"双百"方针。同年 8 月，他在同音乐工作者的谈话中强调，外国的一切科学原理和长处都要学，但学习的目的是为了"创造出中国自己的、有独特的民族风格的东西"④，"创造出中国独特的新东西"⑤。可以说，立足中华民族优秀文化的发扬光大，是毛泽东同志在中外文化关系问题上的基本出发点和落脚点。20 世纪 60 年代初期，毛泽东同志多次谈到，对中国的文化遗产，应当充分地利用、批判地利用。他说："中国几千年的文化，主要是封建时代的文化，但并不全是封建主义的东西，有人民的东西，有反

———————————

① 《毛泽东选集》第二卷，人民出版社 1991 年版，第 533—534 页。

② 《毛泽东选集》第二卷，人民出版社 1991 年版，第 708 页。

③ 《毛泽东选集》第二卷，人民出版社 1991 年版，第 707—708 页。

④ 《毛泽东文集》第七卷，人民出版社 1999 年版，第 83 页。

⑤ 《毛泽东文集》第七卷，人民出版社 1999 年版，第 82 页。

封建的东西。"① 况且"封建主义的东西也不全是坏的","反封建主义的文化也不是全部可以无批判地利用的"②。这样一种科学分析,从总体上体现了我们党一贯坚持和倡导的科学态度。

改革开放以来,尤其是进入 21 世纪之后,中国共产党人在如何对待中华优秀传统文化问题上,升华到一个新的认识制高点。党的十六大明确提出"坚持弘扬和培育民族精神";党的十七大鲜明提出"弘扬中华文化,建设中华民族共有精神家园";党的十八大明确提出"三个倡导","培育和践行社会主义核心价值观"。尤其是党的十八大以来,习近平总

书法与电子字库的跨时空相遇。2019 年 8 月 24 日,参观者在电子屏前观看大屏幕展示的书法内容。 　　　　　　　　　　　　　　　　　　　　　　　　　　　　　　　　　　(沈伯韩摄)

---

① 《毛泽东文集》第八卷,人民出版社 1999 年版,第 225 页。
② 《毛泽东文集》第八卷,人民出版社 1999 年版,第 225 页。

书记对中华优秀传统文化的高度评价，深刻表明：中国共产党人愈益将中华优秀传统文化同中国特色社会主义有机联系在一起，在增强民族文化自信的基础上坚定中国特色社会主义的道路自信、理论自信、制度自信。正是这种民族文化自信，使中华优秀传统文化获得了广阔的传承与弘扬空间，正在不断释放出凝魂聚力、提神扬气的时代价值。

纵观我们党走过的100多年的光辉历程，对待中华优秀传统文化的科学态度，突出体现在三个方面：一是扬弃性继承。这就是加以科学总结，取其精华、弃其糟粕，立足现实、为我所用。二是创造性转化。这就是深入挖掘和把握中华优秀传统文化的精髓，使之转化为我们共有的精神家园和推进中国特色社会主义的巨大精神力量。三是创新性发展。这就是着眼时代变化和实践发展，把跨越时空、超越国度、富有永恒魅力的优秀文化基因大力弘扬起来，使之在新的历史进程中发扬光大。

## 二、马克思主义中国化的历史性飞跃深深扎根于中华优秀传统文化沃土

中国共产党人是中华优秀传统文化的忠实继承者、弘扬者，不仅体现在党的认识与态度上，而且渗透在党的理论与实践中。其中，党致力于领导和推进的马克思主义中国化的历史进程及其历史性飞跃，尤其鲜明地体现了对中华优秀传统文化的创造性运用和创新性发展。

马克思主义中国化，是中国共产党人的伟大创造，是党领导中国革命、建设、改革全部理论与实践的集中体现。何谓马克思主义中国化？1938年10月毛泽东同志在党的六届六中全会上作出精辟概括，这就是：把马克思主义基本原理同中国具体实际相结合，按照中国特点去运用马克思主义，"使之在其每一表现中带着必须有的中国的特性"，是"新鲜

活泼的、为中国老百姓所喜闻乐见的中国作风和中国气派"①。而要使马克思主义在中国运用带有中国特性、中国作风、中国气派乃至中国语言，就必须深深扎根于中华优秀传统文化沃土，汲取中华优秀传统文化智慧，从而使中国百姓喜闻乐见，赢得广大人民的自觉认同，成为解决中国现实问题的根本理论指南和锐利思想武器。

2018 年 5 月 5 日，"真理的力量——纪念马克思诞辰 200 周年主题展览"在京开幕，全景式展示了马克思的生平、革命实践、理论贡献和精神境界，展现了马克思主义在中国传播运用和丰富发展的光辉历程。　　　　　　　　　　　　　　　　　　　　　　　　　　　（金良快摄）

党的理论与实践深刻表明，构成马克思主义中国化主要有三大要素：一是马克思主义的根本立场、科学方法和基本原理，这是根本指

①　《毛泽东选集》第二卷，人民出版社 1991 年版，第 534 页。

导，是"魂"；二是一定历史阶段的时代主题和中国国情，这是根本依据，是"体"；三是历史悠久博大精深的中华优秀传统文化，这是根本基础，是"根"。这三大要素，相互联系、相互作用、相得益彰，从而使马克思主义中国化具有了鲜明的时代性、民族性、大众性等本质特征。

马克思主义中国化的三次历史性飞跃，深刻而鲜明地体现了中国化的马克思主义是如何汲取中华优秀传统文化智慧、扎根中华优秀传统文化沃土的。

马克思主义中国化的第一次历史性飞跃，是在社会主义革命和建设时期进行的。这次飞跃所解决的根本问题，是在半殖民地半封建社会性质的中国，要进行什么样的革命、怎样进行革命的重大课题，成功开辟了一条中国新民主主义革命道路，并初步探索了社会主义建设道路，形成了毛泽东思想这一伟大成果。这次历史性飞跃之所以能够取得辉煌成功，一个根本性原因就是形成了党的实事求是的思想路线。实事求是，是毛泽东思想的精髓，是党的优良作风，是党团结和带领人民克敌制胜、排除万难的根本法宝。而实事求是，就来自中华优秀传统文化的思想宝库。

"实事求是"，最早见于班固所著《汉书·河间献王传》。书中记载：河间献王刘德，是汉景帝的第三个儿子，他十分好学，从民间收集、抄录了大批古书、善本，认真阅读、研究，鉴别真伪，去伪存真。所以班固称赞他"修学好古，实事求是"。在延安整风中，毛泽东同志古为今用，结合党的思想作风建设，对"实事求是"作出新的阐释。他说："'实事'就是客观存在的一切事物，'是'就是客观事物的内部联系，即规律性，'求'就是我们去研究。"① 这样，就赋予"实事求是"以全新的内

---

① 《毛泽东选集》第三卷，人民出版社 1991 年版，第 801 页。

涵，这就是："不凭一时的热情，不凭死的书本，而是凭客观存在的事物，详细地占有材料，在马克思列宁主义一般原理的指导下，从这些材料中得出正确的结论。"① 正是由于以毛泽东同志为主要代表的中国共产党人坚持实事求是的思想路线，着力于从中国具体实际出发探索中国革命规律，从而成功实现了马克思主义中国化的第一次历史性飞跃。

马克思主义中国化的第二次历史性飞跃，是在世界格局发生重大变化、和平与发展的时代主题日渐形成并深入发展的时代条件下和社会实践中进行的。这次飞跃所解决的根本问题，是在处于社会主义初级阶段的中国，要建设什么样的社会主义、怎样建设社会主义，建设什么样的党、怎样建设党，实现什么样的发展、怎样发展等重大课题，成功开创了一条中国特色社会主义道路，形成了包括邓小平理论、"三个代表"重要思想、科学发展观在内的中国特色社会主义理论体系。这次历史性飞跃之所以能够取得巨大成功，有力开创了中国现代化建设新局面，一个基础性因素，就是确立了以"小康社会"为核心的中国现代化发展战略。而"小康社会"，直接来自中华优秀传统文化的智慧。

"小康"，源远流长，最早源出《诗经·大雅》："民亦劳止，汔可小康。"意思是说，民众劳累了，期待休养生息。中国儒家思想赋予"小康"以社会意义，把比"大同"社会较低级的社会称为"小康"。中国儒家思想经典《礼记·礼运》中描绘了理想化的"小康"社会："今大道既隐，天下为家。各亲其亲，各子其子，货力为己。……以正君臣，以笃父子，以睦兄弟，以和夫妇，以设制度，以立田里……是谓小康。"小康，是中华民族对美好生活的向往，是中国百姓对安定幸福的守望。邓小平同志将这一通俗易懂且寓意深刻的概念引进我国的改革开放，形成了著名的"三步走"发展战略，生动表达了"中华民族的雄心壮志"。经

---

① 《毛泽东选集》第三卷，人民出版社 1991 年版，第 801 页。

过 40 多年的运用、丰富和发展，"小康"这一中华民族的朴素愿望已经上升为国家战略并且已经全面实现，成为建设富强民主文明和谐的现代化国家的重要基础，锻造成实现中华民族走向伟大复兴的重要支点。从改革开放之初邓小平同志明确提出的"小康之家"，到几年之后邓小平同志反复论述的"小康社会"；从党的十六大关于"全面建设小康社会"战略目标的谋划，到党的十八大关于"全面建成小康社会"奋斗目标的确立，"小康"这一中华优秀传统文化智慧的结晶，在新的历史条件下和社会实践中愈益彰显出深刻的人文内涵和巨大的政治价值，"小康"思想在实现马克思主义中国化第二次历史性飞跃中具有不可磨灭的基础性意义。

在马克思主义中国化前两次飞跃的基础上，习近平新时代中国特色社会主义思想又实现了马克思主义中国化新的飞跃。党的十九届六中全会审议通过的《中共中央关于党的百年奋斗重大成就和历史经验的决议》明确指出："习近平新时代中国特色社会主义思想是当代中国马克思主义、二十一世纪马克思主义，是中华文化和中国精神的时代精华，实现了马克思主义中国化新的飞跃。"习近平新时代中国特色社会主义思想既立足于现实的中国，又植根于历史的中国，它以中华文明为源头活水，从 5000 多年璀璨文明中承继人文精神、道德价值、历史智慧的精华养分，把马克思主义的思想精髓与中华优秀传统文化的精神特质融会贯通起来，成为中华优秀传统文化创造性转化、创新性发展的生动典范。它深刻揭示和自觉遵循中华民族传承发展的历史逻辑，深刻反映中华民族自古以来的梦想和追求，特别是近代以后实现中华民族伟大复兴的梦想，凝结着中国人民的伟大创造精神、伟大奋斗精神、伟大团结精神、伟大梦想精神。正因为如此，习近平新时代中国特色社会主义思想充盈着浓郁的中国味、深厚的中华情、浩然的民族魂，具有强大的历史穿透力、文化感染力、精神感召力，是彰显文化自信、饱含历史自觉、赓续中华文脉的理论。

### 三、中华优秀传统文化中蕴含着深邃的文化自信品格，这是坚定中国特色社会主义道路自信、理论自信、制度自信的重要基础

中国共产党在新时代的最重大实践是领导全国各族人民坚持和发展中国特色社会主义，在中国特色社会主义道路上，实现中华民族伟大复兴的中国梦。党的十八大指出："发展中国特色社会主义是一项长期的艰巨的历史任务，必须准备进行具有许多新的历史特点的伟大斗争。"为此，全党必须坚定中国特色社会主义的"道路自信、理论自信、制度自信、文化自信"。

中国特色社会主义不是凭空产生的，它既是我们党在新时期领导人民坚持改革开放的直接产物，又是中华民族在长期历史进程中奋斗求索的必然结果；中国特色社会主义，既具有面向新时代、顺应时代潮流的创新性，又具有立足中国历史、继承优秀传统的传承性。习近平总书记深刻指出："数千年来，中华民族走着一条不同于其他国家和民族的文明发展道路。我们开辟了中国特色社会主义道路不是偶然的，是我国历史传承和文化传统决定的。"[1]"独特的文化传统，独特的历史命运，独特的国情，注定了中国必然走适合自己特点的发展道路。我们走出了这样一条道路，并且取得了成功。"[2]中华民族5000多年文明史，中国人民近代以来180多年斗争史，中国共产党100多年奋斗史，中华人民共和

---

① 中共中央文献研究室编：《习近平关于协调推进"四个全面"战略布局论述摘编》，中央文献出版社2015年版，第84页。

② 习近平：《在布鲁日欧洲学院的演讲》，《人民日报》2014年4月2日。

国 70 多年发展史，改革开放 40 多年探索史，这些历史一脉相承，不可割裂。脱离了中国历史，脱离了中华优秀传统文化，很难正确认识当代中国，很难正确坚持和发展中国特色社会主义。

坚定道路自信、理论自信、制度自信，从本质上说是一种文化自信。深入继承和弘扬中华优秀传统文化，坚定和增强民族文化自信，是坚定中国特色社会主义道路自信、理论自信、制度自信的重要基础。中华优秀传统文化中蕴含着丰富的民族文化自信元素和深邃的民族文化自信品格，这是我们党领导人民在新的历史征途上坚定道路自信、理论自信、制度自信，不断夺取中国特色社会主义新胜利的弥足珍贵的思想文化资源。

——自强不息。"天行健，君子以自强不息。"这是中华优秀传统文化中最鲜明的文化自信元素，也是中华民族最宝贵的文化传承基因。中华民族之所以源远流长、历久弥坚，创造了 5000 多年的中华文明，从根本意义上说就是因为有了这样一种自强不息的文化自信。自强不息精神，就是一种奋发图强、独立自主、孜孜不倦、坚韧不拔、百折不挠、锲而不舍的精神。这种精神状态，体现在个人价值方面，就是自我超越、持之以恒；体现在社会价值方面，就是锐意进取、革故鼎新；体现在国家价值方面，就是发愤图强、民族振兴。中国共产党人历来崇尚自强不息精神，为谋求民族独立、国家富强、人民幸福而前赴后继、不懈奋斗，尝尽艰辛而无悔，历尽挫折而不馁。自强不息，内在地融入我们党的宗旨与追求，成为在新的历史条件下领导人民坚定"中国自信"，不断夺取中国特色社会主义新胜利的坚固精神支撑。

——厚德载物。"地势坤，君子以厚德载物。"与天道运行体现出的刚健自强相对应，大地之势表现出的是博大宽厚。君子应当效法大地的这种德性，具有宽广的胸怀、深厚的修养，包容万物、博采众长。厚德载物精神渗透于中国传统文化的方方面面，成为民族文化自信的标识。

在人与人关系方面，体现为虚怀若谷、宽以待人；在人与自然关系方面，体现为善待万物、和谐共处；在国与国、民族与民族关系方面，体现为协和万邦、和睦共容；在思想文化方面，体现为兼容并包、海纳百川……继承和弘扬厚德载物精神，是中国共产党人之所以能赢得广大人民和社会各界的拥护和信任，由小到大、由弱变强，从胜利不断走向胜利的重要原因。今天，以习近平同志为核心的党中央立足中国大地，情系广大人民，以博大的文明胸怀包容各方智慧，以宽广的文明视野博采各国所长，更加体现了厚德载物的优秀品格和价值追求。厚德载物，内在地融入我们党的行为与作风，成为在新的历史条件下领导人民坚定"中国自信"，不断夺取中国特色社会主义新胜利的强大精神动力。

——锐意革新。"苟日新，日日新，又日新。""革故鼎新，与时俱进。"这是中华优秀传统文化的重要价值追求。中华民族之所以是一个自强不息、厚德载物的优秀民族，中华文明之所以是世界上延续时间最长、最具有历史穿透力和现实影响力的先进文明，就是因为中华民族是一个锐意改革的民族，中华文明是一种与时俱进的文明。古往今来，多少仁人志士，为着寻求社会变革真理而上下求索、奔走呼号，耗尽一腔热血；多少改革先行者，为着探索社会变革之路而披荆斩棘、冲锋陷阵，不惜牺牲自己的生命。中国共产党正是在忠实继承和弘扬这种锐意变革、革故鼎新的民族精神中成长壮大起来的，因而成为"中华民族的脊梁"。正是因为有了这种民族文化自信的传承基因，我们党才会屡遭艰险而愈强，历经苦难而辉煌。今天，我国正处在全面深化改革的重要历史时期。全面深化改革的重要任务和宏伟目标，更加需要我们党站在改革前列，以"明知山有虎，偏向虎山行"的勇气，领导全国人民不断把改革推向前进。锐意革新，内在地融入我们党的理论与实践，成为在新的历史条件下领导人民坚定"中国自信"，不断夺取中国特色社会主义新胜利的鲜明精神标志。

## 四、中华优秀传统文化中蕴含着鲜活的核心价值元素，这是培育和弘扬社会主义核心价值观的重要资源

明确把"富强、民主、文明、和谐，自由、平等、公正、法治，爱国、敬业、诚信、友善"确定为社会主义核心价值观的核心内容，是中国共产党人思想觉醒的又一重大成果，是政治自信的又一重要体现。价值观自信是保持民族精神独立性的重要支撑，是坚定"中国自信"的基础和灵魂。党的十八大以来，习近平总书记对社会主义核心价值观的地位、本质、内涵、特点、功能作出精辟论述，对在新的历史条件下如何培育和弘扬社会主义核心价值观作出规律性的揭示，深刻指出："价值观是人类在认识、改造自然和社会的过程中产生与发挥作用的。""一个民族、一个国家的核心价值观必须同这个民族、这个国家的历史文化相契合，同这个民族、这个国家的人民正在进行的奋斗相结合，同这个民族、这个国家需要解决的时代问题相适应。"[1] 培育和弘扬社会主义核心价值观，"有效整合社会意识，是社会系统得以正常运转、社会秩序得以有效维护的重要途径，也是国家治理体系和治理能力的重要方面"[2]。因此，我们必须"把培育和弘扬社会主义核心价值观作为凝魂聚气、强基固本的基础工程"，"不断夯实中国特色社会主义的思想道德基础"。[3]

社会主义核心价值观，既是我们党顺应时代潮流、遵循人类文明规律的产物，又是传承优秀传统、扎根中华文明沃土的结果。中华民族自古就是一个富有价值追求的民族。中国封建社会之所以能够维系 2000

---

[1] 《习近平谈治国理政》第一卷，外文出版社 2018 年版，第 171 页。

[2] 《习近平谈治国理政》第一卷，外文出版社 2018 年版，第 163 页。

[3] 《习近平谈治国理政》第一卷，外文出版社 2018 年版，第 163 页。

多年，创造和延续了具有强大生命力的东方文明，一个重要因素就是形成了具有特定内涵和鲜明特色的核心价值观。以儒家思想为主体的中国传统文化，蕴藏着丰富的关于调理社会关系、规范个体行为、劝人向上向善的价值文化，从而构成了以"仁"为核心内容的中国封建社会核心价值观。以"仁"来塑造社会、以"仁"来教化人生，是儒家思想文化的内核，也是贯穿中国封建社会始终的核心价值取向。2000多年的中国封建文化的理论与实践，赋予"仁"以十分丰富的价值内涵："仁"是政治纲领，是国家层面的价值目标，所谓"克己复礼为仁"；"仁"是调理社会关系的价值准则，所谓"仁者爱人"；"仁"是理想追求和道德境界，所谓"不成功便成仁"；"仁"是完美人格的价值体现，所谓"仁至义尽""杀身成仁"……正是这样一种以"仁"为核心内涵的价值观，使中国封建社会得以维系、变革与发展，形成至今仍然具有重要现实意义和借鉴作用的价值标准和价值规范。同时我们也必须清醒地认识到，以"仁"为核心内涵的中国封建社会核心价值观，是建立在以小农经济为主要形式的封建社会生产关系和以皇权政治为主要形式的封建社会政治关系基础之上的，因而具有极大的历史局限性和狭隘性，对于今天我们社会的思想道德和行为规范仍然会产生一些消极影响。因此，对于中国封建主义核心价值观及其影响下的封建文化，只能批判地继承而绝不能简单地复制。

社会主义核心价值观，正是我们党以积极扬弃的态度对待中国封建社会价值文化的产物，是在积极学习和批判继承的基础上，对封建主义核心价值观和资本主义核心价值观的重大超越，是具有丰富内涵和远大目标的重大创新。社会主义核心价值观的各个层面，内化和凝聚着我们党对中华优秀传统文化的继承与弘扬。

"富强、民主、文明、和谐"，集中体现了建设现代化国家的价值功能，是国家层面的价值目标。这一国家价值目标的确立，凝聚着中华优秀传统文化中内涵丰富的国家价值追求。在中华文明发展史上，国家价值目标占有十分重要的位置。强烈的国家意识、浓郁的家国情怀，可以说是贯穿几千年中华文明发展史的一条精神主线。国泰民安、国富民丰，寄托着中华儿女对国家状态的企望；精忠报国、以身许国，表达着中华儿女对国家利益的奉献；国家兴亡、匹夫有责，渗透着中华儿女对国家安危的忧思……如此等等具有深邃内涵和广袤张力的价值观念和价值追求，伴随着历史的步伐连绵不断，深深地融化在中华儿女的血液中，成为凝聚中华民族的坚韧精神纽带、砥砺中华民族的强大精神力量。今天，历经改革开放洗礼的社会主义新中国，在传承优秀历史传统的基础上，正展示着前所未有的国家意志和国家力量。神州崛起，沧海横流。今天的中国，如果说有什么价值共识能够始终将亿万中华儿女凝聚在一起的话，那就是建设现代国家、实现民族复兴。"富强、民主、文明、和谐"，作为国家层面的核心价值目标，正是我们党在继承和弘扬中华优秀传统价值观基础上形成的价值共识，是激励全国各族人民向着美好目标共同奋斗的强大价值力量，是推进国家治理现代化的根本价值内涵。

"自由、平等、公正、法治"，集中体现了构架现代社会的价值功能，是社会层面的价值取向。这一社会价值取向的凝练，继承了中华优秀传统文化中特色鲜明的社会价值追求。向往自由、平等、公正、法治，是中华优秀传统文化中一种重要的价值元素。"不自由，毋宁死"，表达了人们对自由社会的渴望；"王侯将相，宁有种乎"，反映了人们对不平等社会的愤慨；"天下为公，归于大同"，寄托了人们对公平公正社会的向往……正是在继承和弘扬中华优秀传统文化中关于社会发展取向的基础上，积极借鉴和吸纳现代社会民主法治的价值元素，我们党将"自由、平等、公正、法治"作为当今中国社会的核心价值取向，成为凝聚社会力量、增进社会共识、推进社会治理、建设现代社会的根本价值遵循。

　　"爱国、敬业、诚信、友善",集中体现了培育现代公民的价值功能,是公民个体层面的价值准则。这一价值准则的形成,更是彰显了我们党对中华优秀传统文化的忠实继承与大力弘扬。爱国主义历来是凝结中华民族的核心力量。千百年来,无数仁人志士、英雄儿女为着祖国的安危奔走呼号、抛洒热血,为着祖国的强大辛勤劳作、无私奉献。"位卑未敢忘忧国",这样一种价值追求,深深地融化在每一个中华儿女的血液中。爱岗敬业历来是中华民族的优秀品格,是源远流长的优良传统,"功崇惟志,业精于勤",成为每一个有良知的中华儿女的价值追求

　　图为河北省唐山市古冶区雷锋精神纪念馆义务讲解员为前来参观的小学生们讲述雷锋事迹。近年来,河北省唐山市古冶区将当地雷锋精神纪念馆打造为中小学德育教育与社会主义核心价值观教育的有效载体,以其为依托定期开展"道德讲堂""邻里守望""雷锋标兵评比"等主题实践活动。

（牟宇摄）

和行为准则。诚实守信历来是中华民族的最优秀品德，是我们的先人留给我们的最珍贵精神财富，"人无诚不实，人无信不立"，是否诚实守信，内在地成为衡量一个人品行如何的最重要价值尺度。友善历来是中华民族最优秀的遗传基因，是每一个中华儿女的为人处世之道，"忠厚传家久""积善有余庆"，成为千百年来一代又一代中国人修身齐家的价值境界。在全社会褒扬友善之举、吹动友善之风，历来是一个社会和谐向上的重要标志。今天，我们将"爱国、敬业、诚信、友善"凝练为公民个体的核心价值准则，进一步彰显了中华民族优秀传统美德的当代价值。

## 五、中华优秀传统文化蕴含着丰富的治国理政智慧，这是我们党领导人民在新的历史征途上领导推进中国发展的重要法宝

我们的先辈十分注重对治国理政之道的求索，"修身、齐家、治国、平天下"，成为无数有识之士的最高价值理想。习近平总书记深刻指出："在漫长的历史进程中，中华民族创造了独树一帜的灿烂文化，积累了丰富的治国理政经验，其中既包括升平之世社会发展进步的成功经验，也有衰乱之世社会动荡的深刻教训。"[1] 中华优秀传统文化中"最基本的文化基因，是中华民族和中国人民在修齐治平、尊时守位、知常达变、开物成务、建功立业过程中逐渐形成的有别于其他民族的独特标识"[2]。

---

① 《牢记历史经验历史教训历史警示　为国家治理能力现代化提供有益借鉴》，《人民日报》2014 年 10 月 14 日。
② 习近平：《在纪念孔子诞辰 2565 周年国际学术研讨会暨国际儒学联合会第五届会员大会开幕会上的讲话》，人民出版社 2014 年版，第 12 页。

在 100 多年的发展历程中，尤其是在 70 多年的执政生涯中，我们党高度重视对历史上治国理政经验教训的总结，充分继承和汲取古人治国理政的政治智慧，并与我们党的宗旨和任务相契合，从而形成了内涵丰富、独具特色的治国理政智慧与方略。这是我们党极其珍贵的思想理论财富。

党的十八大以来，以习近平同志为核心的党中央深入总结和传承中华优秀传统文化中治国理政的政治智慧与经验，古为今用，推陈出新，提出了一系列治国理政的重大战略思想，卓有成效地将中国特色社会主义推向前进。在纪念孔子诞辰 2565 周年国际学术研讨会上的重要讲话中，习近平总书记如数家珍地对"中国优秀传统文化中蕴藏着解决当代人类面临的难题的重要启示"进行了系统总结。比如，关于道法自然、天人合一的思想，关于天下为公、大同世界的思想，关于自强不息、厚德载物的思想，关于以民为本、安民富民乐民的思想，关于为政以德、政者正也的思想，关于苟日新日日新又日新、革故鼎新、与时俱进的思想，关于脚踏实地、实事求是的思想，关于经世致用、知行合一、躬行实践的思想，关于集思广益、博施众利、群策群力的思想，关于仁者爱人、以德立人的思想，关于以诚待人、讲信修睦的思想，关于清廉从政、勤勉奉公的思想，关于俭约自守、力戒奢华的思想，关于中和、泰和、求同存异、和而不同、和谐相处的思想，关于安不忘危、存不忘亡、治不忘乱、居安思危的思想。如此等等优秀传统文化要素，体现了博大精深的哲学思想、人文精神和道德追求，"可以为人们认识和改造世界提供有益启迪，可以为治国理政提供有益启示，也可以为道德建设提供有益启发"。[1]

---

[1] 习近平：《在纪念孔子诞辰 2565 周年国际学术研讨会暨国际儒学联合会第五届会员大会开幕会上的讲话》，人民出版社 2014 年版，第 7 页。

党的十八大开启了"夺取中国特色社会主义新胜利"的新征程，开辟了实现"两个一百年"的奋斗目标和中华民族伟大复兴的中国梦的新阶段，也开始了继续推进马克思主义中国化的历史新飞跃。党的十八大以来，逐步形成的全面建成小康社会（后改为全面建设社会主义现代化国家）、全面深化改革、全面依法治国、全面从严治党的"四个全面"战略布局，则是以习近平同志为核心的党中央带领全国各族人民为实现中华民族伟大复兴的中国梦、为实现马克思主义中国化的新飞跃而坚持的重大战略目标和采取的重大战略举措，也是重大战略思想。在习近平总书记关于继承和弘扬中华优秀传统文化系列重要讲话精神指引下，在着力推进"四个全面"战略布局中，中国传统文化中的许多珍贵思想和智慧，与中国共产党人的理论和实践更加有机地结合在一起，获得了历史性的传承和弘扬，实现了创造性转化和创新性发展。

在以习近平同志为核心的党中央一系列治国理政重大战略中，鲜明地渗透和体现着许多优秀传统文化要素。比如，民为邦本、以民为本，这是治国理政的根本基础；为政以德、政者正也，这是治国理政的关键环节；礼法合治、德主刑辅，这是治国理政的根本路径；居安思危、改易更化，这是治国理政的强大动力；勤政为民、夙夜在公，这是治国理政的基本精神；廉洁奉公、两袖清风，这是治国理政的根本保障。如此等等优秀传统文化要素，经过习近平总书记的大力倡导和全党的躬身实践，已经有效地内化为党的执政理念、外化为党的执政形象，成为全面建设社会主义现代化国家、全面深化改革、全面依法治国、全面从严治党的强大精神力量。

中华优秀传统文化在统筹治国理政、推进中国发展中的重要基础和强大动力作用，尤其凸显在中国道路的进一步开拓前进上。道路问题是根本性的问题、第一位的问题。道路选择关乎国家前途、民族命运、人民幸福。我们正在行进中的中国特色社会主义道路，具有深厚的历史和文化基础。这条道路来之不易，它是在改革开放 40 多年的伟大实践中走出来的，是在中华人民共和国成立 70 多年的持续探索中走出来的，是在对近代以来 180 多年中华民族发展历程的深刻总结中走出来的，是在对中华民族 5000 多年悠久文明的传承中走出来的。中国道路深蕴着厚重的中华优秀传统文化因素。比如，"知行合一""实事求是"，对中国道路的进一步开拓前进，发挥着重要的思想方法作用；"以民为本""民惟邦本"，对中国道路的进一步开拓前进，发挥着重要的价值取向作用；"小康社会""大同世界"，对中国道路的进一步开拓前进，发挥着重要的行为主体作用；"自强不息""厚德载物"，对中国道路的进一步开拓前进，发挥着重要的精神支柱作用；"锐意变革""革故鼎新"，对中国道路的进一步开拓前进，发挥着重要的内在动力作用，如此等等。党的十八大以来，正是由于以习近平同志为核心的党中央高度重视对中华优秀传统文化进行创造性转化和创新性发展，从而不断增生了中国道路的历史文化内涵，使中国道路越走越宽广。

在中华优秀传统文化的精神宝库中，历史悠久、内涵丰富、博大精深、思想独到的齐鲁文化，不啻是价值极大、影响极广的传世瑰宝。齐鲁大地是儒家文化的重要发源地，儒家思想是齐鲁文化的主体组成部分。习近平总书记指出："儒家思想和中国历史上存在的其他学说既对立又统一，既相互竞争又相互借鉴，虽然儒家思想长期居于主导地位，但始终和其他学说处于和而不同的局面之中。""儒家思想和中国历史上存在的其他学说都是与时迁移、应物变化的，都是顺应中国社会发展和时代前进的要求而不断发展更新的，因而具有长久的生命力。""儒家思想和中国历史上存在的其他学说都坚持经世致用原则，注重发挥文以化人的教化功能，把对个人、社会的教化同对国家的治理结合起来，达到相辅相成、相互促进的目的。"① 这几个重要特点，是我们深入研究、发掘、传承、弘扬齐鲁文化的重要依据。齐鲁文化具有包容互鉴、慎思笃行的科学精神，具有德法互济、讲信修睦的治国主张，具有崇尚气节、自强不息的爱国精神，具有以德立人、以仁化人的人文情怀。齐鲁文化不仅在历史上发挥了无可替代的重要作用，对世界文明产生了深远影响，而且在今天依然具有巨大的现实价值，对中国特色社会主义具有重大的借鉴作用。我们应当秉承党的光荣传统，深入挖掘、精心研究、大力弘扬齐鲁优秀传统文化，让这一历史瑰宝在新的历史条件下和新的社会实践中释放出更加绚丽夺目的光彩！

---

① 习近平：《在纪念孔子诞辰 2565 周年国际学术研讨会暨国际儒学联合会第五届会员大会开幕会上的讲话》，人民出版社 2014 年版，第 5 页。

第八章

# 创新社会治理与维护社会安全

社会安全是国家总体安全的重要保障，创新社会治理是实现社会安全的必由之路。创新社会治理，提高社会治理水平，维护社会安全，全面推进平安中国建设，是以习近平同志为核心的党中央提出的一个重大战略举措。

## 一、充分认识创新社会治理的重要价值和必然性

党的十八届三中全会通过的《中共中央关于全面深化改革若干重大问题的决定》在党的文献中首次提出了"社会治理"的概念和"创新社会治理"的战略任务，党的十九届六中全会通过的《中共中央关于党的百年奋斗重大成就和历史经验的决议》七次提到"社会治理"，这是我们党对社会建设规律认识不断深化的重要体现，意义十分重大。

### （一）创新社会治理是党的社会建设理论与实践的重大创新

党的十八届三中全会之前，我们习惯使用"管理"一词，三中全会将"管理"改为"治理"，一字之差，意义重大。

如果纯粹从词源学的角度看，中国传统文化早就有"治理"这一词，

其基本含义是指统治者治理国家、处理政务、处理公共事务及其成效。从我们党的历史看，也提出了诸多与治理相关的提法，如治党治国治军、从严治党、民族区域自治、社会治安综合治理、基层群众自治等。尽管"治理"的术语古已有之、早已有之，但毕竟都还属于传统治理的范畴。直到最近二三十年，治理这个概念才被赋予了新的时代内涵，逐步形成了现代治理的范畴。

从国际上看，作为现代治理范畴的"治理"，较早来源于20世纪90年代西方的治理理念和善治理论。它针对的是政府包办和代替社会事务的"政府本位"倾向，奉行的是"社会本位"和"公民本位"，倡导的是多元主体共同治理社会和处理公共事务的主张。20世纪90年代以来，治理和善治的理念在国际社会逐渐流行起来。现在，现代治理已经成为许多国家处理国内事务的基本理念，同时也已成为国际组织处理国际事务的普遍趋势。在我国，社会治理是指在党的领导下，由政府主导，吸纳社会组织等多方面治理主体参与，对社会公共事务进行治理的活动。

社会治理与社会管理并不是根本对立的，不能因为我们现在强调社会治理，就简单地说以前的社会管理错了。实际上，社会治理与社会管理既有联系又有区别。之所以要从社会管理转向社会治理，是因为社会治理是对社会管理的重大超越。

社会治理与社会管理的主要区别在于：一是主体不同。管理的主体是一元的，即政府；治理的主体是多元的，既包括政府，也包括社会组织、企业、私人机构和公民个人等。二是结构不同。管理是单向度的自上而下的纵向管理、单向管理、垂直管理；治理是扁平化、多向度、复合式的，是一个上下左右多向互动的协同治理过程。三是方式不同。管理的强制性和简单命令式的色彩比较浓厚，政府通过发号施令、制定政策和实施政策，对社会公共事务实行管控；治理的基本方式是法治，同时通过协商合作建立伙伴关系，实施对公共事务的治理。四是手段不同。管理一般采用的是行政手段；治理采用多种手段，包括经济的、市场的、政策的、法律的、道德的、教育的、习俗的等多种手段。

社会管理和社会治理，一个是"管"，一个是"治"，虽然只有一字之差，但两者的内涵却有着重大区别，是两种不同的理念和思路。治理更加彰显了现代法治理念和公平正义的价值取向。《中共中央关于全面深化改革若干重大问题的决定》的出台，意味着党和政府更加重视社会治理，这是我们党在治国理政方面从传统到现代的一次历史性跨越。

### （二）创新社会治理是党长期探索社会建设规律的必然结论

从政府与社会互动关系的角度考察，新中国成立至今，政府治理社会的模式大体上可以分为四个阶段。

第一阶段：从 1949 年新中国成立到 1978 年改革开放前，以高度一元化的"社会管控"为主要特征。这种模式主要是通过城市里的单位制和户籍制、农村的人民公社制对社会进行管控。这种模式一方面大大促进了社会事业的发展与进步，并为中国的现代化提供了一个稳定有序的社会环境；另一方面也抑制了社会的活力和社会自组织能力。

第二阶段：从 1978 年改革开放之初到 2002 年党的十六大，以"社会整治"为基本特征。在这一阶段，党和国家的工作重心从阶级斗争转向经济建设，发展经济是中心任务，社会建设处于从属地位和停滞状态。原有的公社制解体和单位制逐渐松动，政府对社会的管控处于边缘地带。然而随着市场经济和社会转型加速推进，各种新的社会问题和社会矛盾开始出现。对此，政府往往通过临时性的集中整治手段来加以应对。

第三阶段：从 2002 年党的十六大到 2013 年党的十八届三中全会之

前，以"社会管理"为基本特征。经过 20 多年的改革，经济体制、利益格局、社会结构和人们的思想观念发生了深刻变化，社会矛盾日益凸显。在此背景下，党的十六大将政府的职能从原来专注于经济建设调整为"经济调节、市场监管、社会管理、公共服务"。由此，社会管理日益受到党和政府的高度重视。

第四阶段：以 2013 年党的十八届三中全会为标志，我国开始进入"社会治理"新阶段。

用唯物史观分析我国社会治理的变迁，可以得出一个结论：社会治理模式变迁和演进的根本原因，源于经济社会结构的深刻变化。以 1978 年党的十一届三中全会为起点，中国社会开始了从传统社会向现代社会的转型。这场转型，使中国社会发生了全面的、广泛的、深刻的变化。经济社会前所未有的巨大变化，对传统的社会管理模式提出了前所未有的巨大挑战。第一，政府之外市场力量和社会力量的兴起，使传统的政府独家管控一切的格局难以为继。第二，超大超新的现代社会所伴生的超繁社会事务急剧增加，使传统的简单管理办法难以招架。第三，民众日益增长的多样化发展型需求，使传统的管理模式难以有效满足。第四，现代化所带来的诸多新的社会风险，使传统的管理方式难以有效应对。可见，从社会管理转向社会治理，是我国经济社会发展规律的必然要求，是我们党认真探索规律、充分尊重规律、善于运用规律的重要体现。

## （三）创新社会治理是全面推进国家治理现代化的客观需要

党的十八届三中全会通过的《中共中央关于全面深化改革若干重大问题的决定》明确提出："全面深化改革的总目标是完善和发展中国特色社会主义制度，推进国家治理体系和治理能力现代化。"这个改革总目标的设定和提出，在我国社会主义的改革史和治理史上，都具有里程碑式的标志性意义。相对于社会治理来说，国家治理更为宏观、更为根本。我们只有把社会治理置于国家治理现代化这个全局中加以考察，才能进一步加深对创新社会治理的认识。

国家治理，简单地说，就是国家治理主体对国家各项事务的处置或处理。"国家治理体系和治理能力现代化"有三个关键词："国家治理体系"，是在党领导下管理国家的制度体系，包括经济、政治、文化、社会、生态文明和党的建设等各领域体制机制、法律法规安排，也就是一整套紧密相连、相互协调的国家制度。"国家治理能力"，是运用国家制度管理社会各方面事务的能力，包括党的执政能力，国家机构履职能力，人民群众依法管理国家事务、经济社会文化事务的能力等。其中，党的执政能力是国家治理能力的重点。国家治理体系和治理能力"现代化"，包括治理制度化、治理科学化、治理民主化、治理法治化、治理高效化等。

我们党在提出"工业、农业、国防和科学技术的现代化"的"四个现代化"以后，现在又提出国家治理现代化，这使我们对什么是现代化、如何实现现代化有了新的认识。

近代以后，中华民族遭受深重苦难，面临亡国灭种的危险。为了改变这种境况，中国人民和无数仁人志士进行了不断探索和顽强斗争，结果是都试过了，却都失败了。当时我国的落后表面上是军事、科技等的落后，实质上则是治理体系和治理能力的落后。现在看来，一个国家的现代化，应该包括国家建设现代化和国家治理现代化，前者是有形的硬件现代化，后者是无形的软件现代化，两者缺一不可。中日甲午战争中，清政府失败的根本原因就是制度的落后。甲午之战后120多年过去了，国家竞争的形式虽然发生了变化，但是竞争的本质没有变，依然是国家治理现代化的竞争。改革开放以来，我们已经创造了世所罕见的经济快速发展奇迹和社会长期稳定奇迹。现在，我们正在打造同样令世人

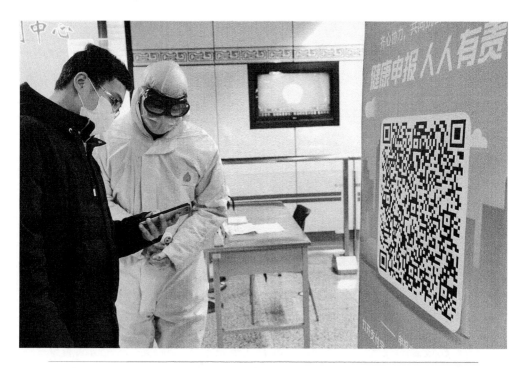

图为工作人员在郑州地铁人民路站核验市民的扫码结果。河南省郑州市统一上线公共交通及商超健康扫码系统，施行居民扫码乘车、购物，并与小区健康登记系统打通，所得数据实时汇集到一体化疫情防控数据平台，为郑州智能防控提供数据支撑，保障公众健康。　　　　　　　　（李安摄）

瞩目的"治理奇迹"。

推进国家治理现代化，必然要求创新社会治理。在整个国家治理体系中，执政党治理、政府治理、社会治理，具有举足轻重的地位和作用，这里我们姑且称之为"国家治理三脚凳"。执政党治理，包括党的制度体系和制度执行能力，两者构成了党的执政能力；政府治理，包括政府自身治理和政府对经济、政治、文化、社会、生态等的治理；还有就是社会治理。在这个"三脚凳"结构中，党的治理是统领，政府治理是中坚，社会治理是基础。只有把这个基础打牢了，国家治理现代化才能获得牢固支撑。

## 二、创新社会治理维护社会安全的主要着力点

我们党提出，创新社会治理，必须"坚持系统治理""坚持依法治理""坚持综合治理""坚持源头治理"。这四个"治理"，为我们创新社会治理方式指明了方向和路径。

### （一）坚持系统治理，完善治理格局

坚持系统治理，是要进一步完善治理格局，即明晰社会治理的主体及其相互关系。要"加强党委领导，发挥政府主导作用，鼓励和支持社会各方面参与，实现政府治理和社会自我调节、居民自治良性互动"①。

1. 坚持多元主体共同治理，是系统治理的总体要求

在过去的社会管理格局中，政府几乎是唯一的管理主体，扮演着全能政府"独角戏"的角色，承担着几乎所有社会事务的责任，其结果必定是力不从心，管了很多不该管、管不好、管不了的事。按照系统治理的要求，治理主体要从一元转向多元。这个多元大体包括"党、政、企、社、民、媒"。党，指中国共产党和各民主党派；政，指国务院及各级地方政府；企，指各类市场企业；社，指各类社会组织；民，指广大人民群众；媒，指各类媒体。在多位一体的治理格局中，执政党要发挥好领导作用，政府要发挥主导作用，企业要承担相应的社会责任，社会组织要发挥协同作用，人民群众要发挥积极参与的基础作用，媒体要发挥监督引导作用。

2. 充分激发全社会的活力，是系统治理的中心议题

在计划经济时期，政府与社会的关系，是政府包办社会、主宰社

---

① 《中共中央关于全面深化改革若干重大问题的决定》，人民出版社、中国盲文出版社 2013 年版，第 60 页。

会甚至取代社会，社会几乎没有任何生长的空间。改革开放特别是进入 21 世纪以来，随着市场经济的深入发展，社会也逐步发育成长起来，广大民众公民意识增强。但是，在社会治理格局上，大政府小社会或强政府弱社会的状况仍然没有从根本上扭转。要改变这种状况，必须实现"两个转变"。

首先，在治理理念上，要克服社会疑恐症，从政府本位向社会本位转变。"政府本位论"的本质是政府决定社会。"社会本位论"的本质是社会决定国家、社会决定政府，其理论基础是马克思主义关于社会关系决定政治关系、经济基础决定上层建筑的基本原理。要从怀疑社会转向信任社会，从俯视社会转向尊重社会，从排斥社会转向接纳社会，从管制社会转向服务社会。与此同时，政府也要坚持和加强对社会的调控、引导和整合。

其次，在治理实践上，政府要放权于社会，从全能政府向有限政府转变。政府要向社会放权，达到有限政府和激发社会活力的双重目标。一是通过购买服务，政府向社会转移部分管理职能。二是通过基层自治，政府向村居组织归还管理空间。三是通过协商民主，切实做到问政于民、问需于民、问计于民。

## （二）坚持依法治理，强化法治权威

坚持依法治理，关键是要"运用法治思维和法治方式化解社会矛盾"。

1. 确立法治思维，是依法治理的思想基础

法治思维，是按照法治价值观和法治逻辑来观察、分析和解决社会问题的思维方式。具体包括合法性思维、公正性思维、规则性思维、程序性思维。合法性思维是凡事要分清是否合法，守住"合法"的底线。合法性思维是法治思维的出发点，它要求我们在分析和处理社会矛盾的

过程中，应始终思考和关注目的是否合法、权限是否合法、内容是否合法、手段是否合法、程序是否合法。公正性思维是坚持法律面前人人平等，促进社会公平正义。公正性思维是法治追求的目标，也是区分以严刑峻法为特征的传统法制思维与以民主公正为特征的现代法治思维的根本标志。规则性思维是凡事有预制规则，靠规则办事。规则具有确定性、可预期、可执行等特点，是人们对事物理性期待的体现。没有规则或者有规则而不按规则办，理性就变成感性，心安就变成恐惧，有序就变成无序，社会就要乱套。程序性思维是将办事纳入法定程序和正当程序之内，以程序公正实现实体公正。程序的本质是一种形式合理性。只有严格按程序办事，相应的矛盾纠纷才有可能在法治轨道上得到解决。法治思维的对立面是人治思维和权力思维。确立法治思维，就必须破除"权大于法、言大于法、领导大于法"的思维惯性。

2. 运用法治方式，是依法治理的实践要求

法治方式是在法治思维的基础上，按照法律规定和法律程序处理和解决问题的实践过程和工作方式。一要坚持直接依法与间接依法相结合。直接依法，是指依照现成的有明文记载的法律法规，提出或采取相应的处理措施。间接依法，是指虽然没有直接可依的法律根据，但要按照法律原则和法律精神，提出或采取相应的处理措施。在没有直接的具体的法律依据的情况下，那就要看上位法、宪法中有没有原则性的规定；对于全新的问题和矛盾，也要按照法律基本原理和党的路线方针政策的基本精神，进行比照处理；对于法律规则之间相互冲突的情况，则要按照下位法服从上位法的原则，依照法定程序来处理。二要破解法治方式与维稳压力的纠结。在近年来的维稳实践中，面对一些棘手问题和激烈的矛盾冲突，常常使执法者特别是各级领导干部面临着是"优先平息事态"还是"严守法律底线"的两难选择。为了维护真正持久的社会稳定，必须把维稳纳入法治轨道，从法外维稳转向依法维稳。三要依法

解决涉法涉诉信访问题。首先是诉访分离。信访的归信访，诉讼的归诉讼。把涉及民商事、行政、刑事等诉讼信访事项从普通信访体制中分离出来，由政法机关依法处理。普通信访事件由行政机关办理。信访部门对涉法涉诉信访问题将不受理、不交办、不协调。其次是依法终结。对已经穷尽法律程序，经中央或省级政法机关审核，认定涉法涉诉信访人反映的问题已经得到公正处理，符合法律规定的，依法不再启动复查程序。最后是司法救助。健全国家司法救助制度，对因遭受犯罪侵害或民事侵权，无法经过诉讼获得有效赔偿，造成当事人生活困难的，按规定及时给予司法救助。

### （三）坚持综合治理，提升整体效应

#### 1.善用多种手段治理

社会治理是一个综合系统，需要多种手段和方法协同使用。主要包括七大治理手段：第一，法律手段。这是社会治理的基本手段，也是首先需要采用的方法。要科学立法、严格执法、公正司法、全民守法。第二，道德手段。要强化道德约束，规范社会行为，调节利益关系，协调社会关系，解决社会问题。第三，行政手段。面对错综复杂、层出不穷的社会问题和社会矛盾，适时采取高效的行政命令、指示、规定等措施，依然具有一定的必要性。第四，经济手段。要通过经济法规、经济政策和经济措施处理好国家、集体和个人三者利益的关系，处理好社会成员之间和不同利益群体之间的关系。第五，调解手段。要建立和完善包括人民调解、仲裁调解和行业调解在内的多元社会调解机制，以有效预防和化解各种社会矛盾纠纷。第六，教育手段。倡导社会主义核心价值观，加强和改进思想政治工作，注重人文关怀和心理疏导，培育自尊自信、理性平和、积极向上的社会心态。第七，协商手段。按照民主协商的总要求，建立健全多主体协商机制，疏通利益表达渠道，扩大民主

参与，促进社会公平发展。

2. 注重首尾衔接治理

所谓首尾衔接治理，是指在探索社会风险、社会矛盾、社会冲突形成和发展规律的基础上，按其发展时序，构建多位一体、首尾贯通的综合治理体系。一是建立健全社会稳定评估机制，预防和减少利益冲突。二是建立健全社会风险预警机制，通过对社会异常事件的早期识别与苗头治理方案，来改变以往反应滞后的被动局面。三是建立健全社会矛盾常态治理机制，建立健全完整、系统、有效的应对办法，使问题及时得到解决，使矛盾及时得到化解，使冲突及时得到消除。四是建立健全社会危机应急机制，突出科学应急、有序应急理念，守住最后一道防线。

3. 创新跨界跨域治理

当前，我国的社会矛盾从空间范围考察，多数矛盾和问题一般发生在某一相对固定的空间或领域，但也有很多矛盾和问题是发生在不同空间、不同领域的交叉地带。对此，我们把它称为"跨界跨域性矛盾和问题"。这种矛盾和问题，主要有三大类：第一类是跨越不同行政区划的矛盾和问题，第二类是跨越不同政府部门的矛盾和问题，第三类是跨越不同领域的矛盾和问题。从社会治理的实际情况看，这三类跨界跨域性矛盾和问题，或者因为画地为牢，"铁路警察，各管一段"；或者因为职能交叉、权责不清、相互推诿；或者因为"好事抢着管、坏事不愿管"等原因，导致出现一些治理漏洞和治理真空。因此，探索和创建一种"有分有合、互联互通、互动互治"的跨界跨域治理机制势在必行。

（四）坚持源头治理，着力关口前移

1. 大力改善民生，是源头治理的基础大计

民生，顾名思义，就是民众的生计，包括基本生存状况、基本的发展机会和发展能力，以及社会福利状况，具体指衣食住行教和生老病死

等。对于一个人和一个家庭来说，生计无疑是头等大事；对于一个社会来说，民众的生计同样是头等大事。民生问题自古以来就是一个首要的社会问题。民生连着民心，民生保则社会安，民生苦则社会乱，这是历史发展的一般规律。习近平总书记强调："要增强发展的全面性、协调性、可持续性，加强保障和改善民生工作，从源头上预防和减少社会矛盾的产生。"[①] 新常态下的经济发展，不仅要遵循经济规律，而且要遵循自然规律和社会规律。要将稳增长、促改革、调结构的聚焦点放在惠民生上，让更多的发展成果落实到群众身上。

2. 切实保障民权，是源头治理的根本之道

民权，是指公民依法享有的权能和利益，包括宪法规定的公民享有经济、政治、社会、文化和人身等各项基本权利。我们党维护民权的指导思想十分明确，基本态度十分坚定。为了维护社会安全与和谐稳定，必须高度重视保障民权在社会治理中的重要地位和作用。在治理理念上，要从重"术"轻"道"向更加重"道"转变。所谓"术"，是指处理社会矛盾、处置社会冲突的具体方法和技巧。所谓"道"，是指维护民众合法权益。只有抓住这个根本之道，才能从源头上预防和减少社会矛盾和社会冲突的产生。在治理实践上，要从重"稳"轻"权"向更加重"权"转变。习近平总书记指出："从人民内部和社会一般意义上说，维权是维稳的基础，维稳的实质是维权。人心安定，社会才能稳定。对涉及维权的维稳问题，首先要把群众合理合法的利益诉求解决好。单纯维稳，不解决利益问题，那是本末倒置，最后也难以稳定下来。"[②]

3. 促进公平正义，是源头治理的长远之策

公平正义是中国特色社会主义的核心价值追求，社会不公对社会

---

① 《习近平谈治国理政》第一卷，外文出版社 2018 年版，第 204 页。

② 中共中央党史和文献研究院编：《习近平关于总体国家安全观论述摘编》，中央文献出版社 2018 年版，第 134 页。

为方便居住在高山峡谷里的农村群众，云南省怒江傈僳族自治州贡山县人民法院法官邓兴和同事们一起背着国徽，组建巡回法庭。每年足迹遍及 50 多个村镇，行程近万公里。　　　（江文耀摄）

安全的威胁是致命性的。习近平总书记指出："'理国要道，在于公平正直'。老百姓讲'一碗水端平'，如果不端平、端不平，老百姓就会有意见，就会有怨气，久而久之社会和谐稳定就难以实现。"①进入 21 世纪以来，我国在经济建设取得举世瞩目伟大成就的同时，社会公平正义建设也取得一系列重大进展。同时我们也必须看到，由于历史遗留、体制障碍和观念束缚等因素，社会公平正义也面临着严峻挑战。为了维护社会的长治久安，必须坚决维护和促进社会公平正义。一是正确认识和处理

---

①　中共中央文献研究室编：《习近平关于社会主义建设论述摘编》，中央文献出版社 2017 年版，第 30 页。

发展与公正的关系。在把"蛋糕"不断做大的同时，还要把"蛋糕"分好，在不断发展的基础上尽量把促进社会公平正义的事情做好。二是把公平正义作为全面深化改革的主旨追求。对社会不公问题进行有效调整，不断克服各种有违公平正义的现象，推动发展成果更多更公平惠及全体人民。三是进一步加强和推进维护公平正义的制度建设。逐步建立以权利公平、机会公平、规则公平为主要内容的社会公平保障体系，努力营造公平的社会环境，保证人民享有平等参与、平等发展的权利。

第九章

# 坚持和完善生态文明制度体系的科学纲领

建立和完善生态文明制度体系，是实现生态文明领域国家治理体系和治理能力现代化的内在要求和重要任务。党的十九届四中全会通过的《中共中央关于坚持和完善中国特色社会主义制度　推进国家治理体系和治理能力现代化若干重大问题的决定》（以下简称《决定》）明确提出，必须"坚持和完善生态文明制度体系，促进人与自然和谐共生"。《决定》为进一步加强我国的生态文明制度建设和推动生态文明制度创新指明了方向，是坚持和完善生态文明制度体系的科学纲领。

## 一、坚持和完善生态文明制度体系的战略意义

坚持和完善生态文明制度体系，既是我国社会主义生态文明建设的重要任务，又是我国社会主义生态文明建设的重要支撑，具有重大的战略意义。

### （一）克服生态环境问题制度成因的创新之举

我国是人口众多而人力资本实力薄弱、人均资源占有量少、地理区域发展不平衡的发展中社会主义大国，在发展中又遇到了严重的环境污

染。改革开放以后，党日益重视生态环境保护。同时，生态文明建设仍然是一个明显短板，资源环境约束趋紧、生态系统退化等问题越来越突出，特别是各类环境污染、生态破坏呈高发态势，成为国土之伤、民生之痛。党的十八大以来，党中央以前所未有的力度抓生态文明建设，全党全国推动绿色发展的自觉性和主动性显著增强，美丽中国建设迈出重大步伐，我国生态环境保护发生历史性、转折性、全局性变化。需要清醒地看到，污染重、损失大、风险高，仍然是我们面临的重大压力和挑战。我国之所以在相当长的时期内一直面临上述严峻压力和挑战，是由一系列复杂的原因造成的，在很大程度上与我国生态文明领域的体制不健全、制度不严格、法治不严密、执行不到位、惩处不得力有很密切的关系，在很大程度上与生态文明领域的国家治理体系和治理能力现代化水平偏低有很直接的关系。由于制度问题更带有根本性、全局性、稳定性和长期性，因此，为了切实解决我国现实存在的生态破坏和环境污染成本低而生态环境治理成本高、惩处生态破坏和环境污染力度小而生态环境损失大的问题，必须继续攻坚克难，加强生态文明制度建设和制度创新。在此基础上，经过奋斗，才能建成美丽中国。

## （二）继续推进生态文明制度建设的创新之举

针对上述问题，党的十八大强调，必须"加强生态文明制度建设"。按照这一精神，2013 年 11 月，党的十八届三中全会提出，在全面深化改革中，必须坚持用制度保护生态环境，实行最严格的源头保护制度、损害赔偿制度、责任追究制度，完善环境治理和生态修复制度，建立系统完整的生态文明制度体系。同时，必须健全自然资源资产产权制度和用途管制制度、划定生态保护红线、实行资源有偿使用制度和生态补偿制度、改革生态环境保护管理体制。这样，就正式拉开了生态文明领域国家治理体系和治理能力现代化的序幕。2014 年 10 月，党的十八届四中全会提出，在全面推进依法治国中，必须坚持用严格的法律制度保护生态环境，加快建立生态文明法律制度。2015 年 4 月，《中共中央　国务院关于加快推进生态文明建设的意见》提出，为了加快推进生态文明建设，必须加快建立系统完整的生态文明制度体系，引导、规范和约束各类开发、利用、保护自然资源的行为，用制度保护生态环境。2015 年 9 月，中共中央、国务院印发的《生态文明体制改革总体方案》进一步提出，为了实现生态文明领域国家治理体系和治理能力现代化，必须推进生态文明体制改革。

2017 年 10 月，党的十九大报告明确提出，在新时代必须坚持人与自然和谐共生的基本方略，必须树立和践行绿水青山就是金山银山的科学理念，改革生态环境监管体制，加强生态文明体制改革，实行最严格的生态环境保护制度。这样，就明确了我国新时代生态文明制度建设的指导思想和主要任务。为了贯彻和落实上述精神，2018 年 5 月，全国生态环境保护大会召开。根据这次大会的精神，2018 年 6 月，中共中央和国务院提出："保护生态环境必须依靠制度、依靠法治。必须构建产权清晰、多元参与、激励约束并重、系统完整的生态文明制度体系，让制度成为刚性约束和不可触碰的高压线。"①2018 年 7 月，《全国人民代表大会常务委员会关于全面加强生态环境保护　依法推动打好污染防治攻坚战的决议》提出，必须建立健全最严格最严密的生态环境法律制度，必须大力推动生态环境保护法律制度全面有效实施。当下，只有继续推进生态文明制度建设，才能为生态文明建设提供强有力的制度支撑和保障。

---

① 《中共中央国务院关于全面加强生态环境保护　坚决打好污染防治攻坚战的意见》，人民出版社 2018 年版，第 5 页。

## （三）贯彻落实习近平生态文明思想的创新之举

党的十八大以来，在科学回答"为什么建设生态文明、建设什么样的生态文明、如何建设生态文明"这一重大课题过程中，在带领中国人民大力推进社会主义生态文明建设的伟大实践中，以习近平同志为核心的党中央提出了一系列关于生态文明建设的新理念新思想新战略，最终形成和确立了习近平生态文明思想。习近平生态文明思想是习近平新时代中国特色社会主义思想的重要内容，对社会主义生态文明建设进行了顶层设计和系统部署，推动我国生态环境保护和生态文明建设发生历史性、转折性、全局性变化，是走向社会主义生态文明新时代的科学指南和根本遵循。

习近平生态文明思想高度重视生态文明制度建设问题。2013 年 5 月，习近平总书记在主持十八届中共中央政治局以生态文明建设为主题的第六次集体学习时指出，只有实行最严格的制度、最严密的法治，才能为生态环境保护和生态文明建设提供强有力的制度保障。2017 年 5 月，习近平总书记在主持十八届中共中央政治局以推动形成绿色发展方式和生活方式为主题的第四十一次集体学习时指出，生态文明建设，重在建章立制。必须加快自然资源及其产品价格改革，完善资源有偿使用制度；要健全自然资源资产管理体制，加强自然资源和生态环境监管，推进环境保护督察，落实生态环境损害赔偿制度，完善环境保护公众参与制度。2018 年 5 月，习近平总书记在全国生态环境保护大会上将"坚持用最严格制度最严密法治保护生态环境"确立为新时代加强生态文明建设必须坚持的原则。在总体上，习近平生态文明思想要求尽快将生态文明制度的"四梁八柱"建立起来。现在，亟须将之转化为制度设计和治理效能。

## 二、坚持和完善生态文明制度体系的总体要求

在新时代的中国，建立和完善生态文明制度体系是一项复杂的社会系统工程，必须加强顶层设计。根据党的十九届四中全会的精神，必须坚持如下总体要求。

### （一）践行绿水青山就是金山银山的理念

"绿水青山就是金山银山"的理念（简称"两山论"），是习近平生态文明思想的突出成果，是新时代生态文明建设的基本原则。在总结人民群众协调环境和发展关系经验的基础上，习近平总书记在浙江省工作期间提出了"两山论"。党的十八大以来，习近平总书记反复强调，必须把生态环境保护摆在更加突出的位置，建设生态文明，建设美丽中

近年来，四川省甘孜藏族自治州巴塘县大力实施天然林保护修复，加强生物多样性保护，提升森林覆盖率、草原综合植被盖度，生态环境持续向好。图为 2021 年 10 月 24 日在四川甘孜巴塘县措普沟景区内拍摄的措普湖。

（胥冰洁摄）

国。在党的十九大上，我们党将"两山论"明确写入党的政治报告和党的章程中。《中共中央　国务院关于全面加强生态环境保护　坚决打好污染防治攻坚战的意见》提出："坚持绿水青山就是金山银山。绿水青山既是自然财富、生态财富，又是社会财富、经济财富。保护生态环境就是保护生产力，改善生态环境就是发展生产力。"目前，必须将"两山论"贯彻和落实在生态文明制度建设和创新中。

### （二）坚持节约资源和保护环境的基本国策

节约资源和保护环境的基本国策，既是我国生态文明制度的重要构成部分，又是生态文明制度建设的重要制度保障。针对我国人均资源占有量少、环境污染严重的实际，改革开放以来，我国先后将节约资源、保护环境确立为我国的基本国策。党的十八大以来，我们党始终强调要坚定不移地贯彻和落实上述基本国策。党的十九大报告提出，坚持人与自然和谐共生，必须"坚持节约资源和保护环境的基本国策"。总体上，将节约资源和保护环境确立为我国的基本国策，是我国生态文明制度创新的重大成果，为我国可持续发展提供了基本国策上的正确导向。因此，我们要像保护眼睛一样保护生态环境，像对待生命一样对待生态环境，推动形成绿色发展方式和生活方式，协同推进人民富裕、国家强盛、中国美丽。

### （三）坚持节约优先、保护优先、自然恢复为主的方针

作为影响可持续发展的自然要素，资源、环境、生态自身存在着固有的客观规律，存在着是否可持续的问题。节约优先、保护优先、自然恢复为主的方针，既是我国生态文明建设的方针，又是我国生态文明制度建设的方针。针对这种情况，习近平总书记在十八届中共中央政治局第六次集体学习时指出，必须坚持节约优先、保护优先、自然恢复为主

的方针。《中共中央 国务院关于加快推进生态文明建设的意见》和《生态文明体制改革总体方案》都强调要坚持这一方针。党的十九大报告提出,"必须坚持节约优先、保护优先、自然恢复为主的方针"。习近平总书记在全国生态环境保护大会上进一步重申了这一点。因此,必须按照这一方针坚持和完善生态文明制度体系。

### (四) 坚定走生产发展、生活富裕、生态良好的文明发展道路

坚持和完善生态文明制度体系的直接目标是建设高度发达的生态文明。在提出可持续发展战略的同时,我们党已经扩展了其内涵,将生产发展、生活富裕、生态良好确立为其要求和目标。党的十八大以来,习近平总书记反复强调,要全面推进经济建设、政治建设、文化建设、社会建设、生态文明建设,不断开拓生产发展、生活富裕、生态良好的文明发展道路。党的十九大在提出坚持人与自然和谐共生基本方略的过程中强调,"坚定走生产发展、生活富裕、生态良好的文明发展道路"。《中共中央 国务院关于全面加强生态环境保护 坚决打好污染防治攻坚战的意见》进一步重申了这一点。这条道路是我国社会主义生态文明建设必须坚持的道路,坚持和完善生态文明制度体系必须沿着这条道路进行。

## 三、实行最严格的生态环境保护制度

生态环境是人类活动的场所。为了维持和实现生态环境的可持续性,我们要像对待生命一样对待生态环境,从制度上统筹生态保护和环境保护,实行最严格的生态环境保护制度。

## （一）建立和完善生态环境保护体系

生态环境的承载能力、涵容能力、自我净化的能力存在着生态阈值（极限），人类行为维持在其之内就具有可持续性，否则，就是不可持续的。因此，习近平总书记在全国生态环境保护大会上提出了"加快构建生态文明体系"的任务。《决定》进一步提出：我们要"坚持人与自然和谐共生，坚守尊重自然、顺应自然、保护自然，健全源头预防、过程控制、损害赔偿、责任追究的生态环境保护体系"。一方面，必须把生态保护和污染防治统筹起来考虑。就其关系来看，生态保护就像是分母，污染防治就像是分子，我们要对分母做好加法扩大环境容量，要对分子做好减法降低污染物排放量，使二者协同发力，这样，才能从单纯的、分割的生态保护和环境保护转向生态环境保护。另一方面，必须努力打通地上和地下的生态环境保护、岸上和水里的生态环境保护、陆地和海洋的生态环境保护、城市和农村的生态环境保护，既防治一氧化碳又防治二氧化碳，这样，才能贯通生态保护和污染防治，加强生态环境保护统一监管。

## （二）建立和完善国土空间开发保护制度

国土是生态文明建设的空间载体。针对国土空间开发无序的问题，按照党的十八大精神，党的十八届三中全会将建立和完善国土空间开发保护制度作为生态文明制度建设的重要任务。《决定》进一步提出：必须"加快建立健全国土空间规划和用途统筹协调管控制度，统筹划定落实生态保护红线、永久基本农田、城镇开发边界等空间管控边界以及各类海域保护线，完善主体功能区制度"。为此，要切实做好以下工作：第一，建立和完善空间规划体系。空间规划体系是合理保护和有效利用国土空间的规划体系，要通过"多规合一"的方式，保护空间资源、统筹空间要素、优化空间结构、提高空间效率、实现空间正义。第二，建立和完善空间管控边界和各类海域保护线。就是要将红线思维和底线思维贯彻和落实其上。其中，生态保护红线制度是具有基础性的制度。这一制度指的是在维护国家和地区生态安全的过程中，对于提升基础生态功能、保障生态系统服务功能的可持续保障能力所划定的最小资源数量、生态容量和空间范围，涉及水源涵养、土壤保持、防风固沙、灾害防护以及生物多样性等方面的保护和服务。第三，建立和完善主体功能区制度。主体功能区制度就是要根据不同区域的自然资源禀赋、社会经济特征等要素确定其主体功能，促使各种要素布局向均衡方向发展的制度。

## （三）建立和完善推动绿色发展的制度

为了改变传统的"大量生产、大量消耗、大量排放"的生产方式和生活方式，使资源、生产、消费等要素相匹配相适应，促进经济社会发展和生态环境保护的协调统一，促进人与自然和谐共生，必须坚持绿色发展。在党的十八届五中全会创造性地提出绿色发展科学理念的基础上，《决定》进一步提出，要"完善绿色生产和消费的法律制度和政策导向，发展绿色金融，推进市场导向的绿色技术创新，更加自觉地推动绿色循环低碳发展"。为此，重点要做好以下工作：第一，大力推动绿色政策创新。要完善相关法律规定和政策设计，推动绿色生产和绿色消费。尤其是要通过支持和鼓励绿色消费的法律和政策，推动用生活方式的绿色化倒逼生产方式的绿色化。第二，大力发展绿色金融。绿色金融又称生态金融。要通过创新性金融制度安排，有效抑制浪费资源、污染环境、破坏生态的黑色投资，引导和激励更多社会资本投入绿色产业。同时，应该充分利用绿色信贷、绿色债券、绿色股票指数和相关产品、绿色发展基金、绿色保险、碳金融等绿色金融工具为绿色发展服务。第三，大力推动绿色技术创新。绿色技术是技术生态化的成果。目前，

2021年1月3日，在位于孟加拉国首都达卡郊区的利德成集团厂区，工人们在房顶组装光伏模组。从2020年开始，中资制衣类企业利德成集团在其位于孟加拉国达卡的厂区内建设光伏电站，以降低对传统能源的依赖，减少碳排放，从绿色发展的角度助力"一带一路"建设。

"绿色科技成为科技为社会服务的基本方向，是人类建设美丽地球的重要手段"①。为此，要将绿色化的理念融入技术结构、技术体系、技术功能中，最终将之转化为绿色产业。

## （四）建立和完善生态环境治理体系

针对我国生态环境污染严重的现实，党的十八大以来，发起污染防治三大攻坚战。在此基础上，《决定》进一步提出："构建以排污许可制

---

① 中共中央文献研究室编：《习近平关于科技创新论述摘编》，中央文献出版社2016年版，第98页。

为核心的固定污染源监管制度体系，完善污染防治区域联动机制和陆海统筹的生态环境治理体系。加强农业农村环境污染防治。"为此，重点要做好以下工作：第一，建立和完善污染物排放许可制。排污许可证属于生态环境保护许可证中的重要组成部分。广义上，这一制度是指有关排污许可证的申请、审核、颁发、中止、吊销、监督管理和罚则等一系列规定的总称。在此基础上，要形成固定污染源监管制度体系。第二，建立和完善污染防治区域联动机制。由于环境污染往往存在跨地域性和跨流域性的特征，因此，结合国家区域协调发展战略，要完善京津冀、长三角、珠三角等重点区域的污染防治联防联控协作机制，同时要形成长江流域、黄河流域的污染防治的联动机制。第三，建立和完善陆海统筹的生态环境治理体系。立足于陆海空的整体关联，要形成统筹陆地生态文明建设和海洋生态文明建设的机制，协调进行陆海生态环境治理。第四，建立和完善城乡统筹的生态环境治理体系。按照统筹城乡协调发展的要求，要加强农村环境污染防治，切实推进农村生态环境治理。

### （五）完善生态环境保护法律体系和执法司法制度

在生态文明建设已经实现入宪的前提下，按照依法治国的基本方略，要进一步完善生态环境保护法律体系和执法司法制度。从总体上来看，要统筹山水林田湖草保护治理，加快推进生态环境保护立法，完善生态环境保护法律法规制度体系，推动形成生态文明领域的法律体系。从环境污染防治的主要领域来看，要建立健全覆盖水、气、土、声、渣、光等各种环境污染要素的法律规范，构建科学严密、系统完善的污染防治法律制度体系，为打赢蓝天保卫战、着力打好碧水保卫战、扎实推进净土保卫战提供法律依据和法律支撑。从法律之间的配套举措来看，要抓紧开展生态环境保护法规、规章、司法解释和规范性文件的全面清理工作，加快制定、修改与生态环境保护法律配套的行政法规、部门规章，及时出台并不断完善生态环境保护标准。从执法和司法的层面来看，必须"牢固树立法律的刚性和权威，决不允许作选择、搞变通、打折扣，决不允许搞地方保护。要加强备案审查工作，及时纠正违反上位法规定的法规、规章、司法解释，维护社会主义法制统一"。这样，才能将依法治理的原则彻底贯彻和落实到生态文明领域中，推动生态治理。

## 四、全面建立资源高效利用制度

自然资源是生产和生活所需的物质原料的基本来源。在自然资源管理领域中，要建立和完善资源高效利用制度。

### （一）完善资源产权、总量管理和全面节约制度

为了推动资源节约和保护，党的十八届三中全会提出，要健全自然资源资产产权制度。《决定》进一步提出："推进自然资源统一确权登记法治化、规范化、标准化、信息化，健全自然资源产权制度，落实资源有偿使用制度，实行资源总量管理和全面节约制度。"为此，重点要做好以下工作：第一，建立和完善自然资源资产产权制度。按照自然资源统一确权登记法治化、规范化、标准化、信息化的原则和要求，必须坚持资源公有、物权法定，清晰界定全部国土空间各类自然资源资产的产权主体，明确自然资源资产所有者、监管者及其责任。第二，建立和完善自然资源有偿使用制度。要全面建立覆盖各类全民所有自然资源资产的有偿出让制度，严禁无偿或低价出让；要进一步深化矿产资源有偿使用制度改革，调整矿业权使用费征收标准。第三，资源总量管理和全面节约制度。为了节约资源、提高资源利用效率，"既要通过完善价格形

成机制，扩大竞争性出让，发挥市场配置资源的决定性作用，又要通过总量和强度控制，更好发挥政府管控作用"①。

## （二）健全资源节约集约循环利用政策体系

为了保证资源的可持续性和促进废物的循环利用,2015 年印发的《中共中央国务院关于加快推进生态文明建设的意见》提出，要全面促进资源节约循环高效使用，推动资源利用方式实现根本转变。习近平总书记在全国生态环境保护大会上提出，要推进资源全面节约和循环利用，实现生产系统和生活系统的循环链接。《决定》进一步提出："健全资源节约集约循环利用政策体系。普遍实行垃圾分类和资源化利用制度。"目前，重点应做好以下工作：第一，在生产环节，要大力推进清洁生产和循环经济，大力培育壮大节能环保产业、清洁生产产业、清洁能源产业，大力发展现代高效农业、先进制造业、现代服务业。第二，在流通环节，要推行产品的全生命周期设计理念，大力推行绿色包装和绿色运输，预防和减少流通环节造成的资源浪费和环境污染。第三，在消费环节，要大力倡导简约适度、绿色低碳的生活方式，坚决反对奢侈浪费和不合理消费，促进在全社会形成节约集约循环的良好社会风气。第四，在垃圾排放和处理上，必须全面禁止洋垃圾入境，严密防控垃圾焚烧产生的生态环境风险和有效解决垃圾围城的问题，实行垃圾分类和资源化利用，将垃圾分类排放、分类收集、分类处理、分类利用统一起来。

## （三）大力推进能源革命

为了保证能源的可持续性，切实推进节能减排，必须推进能源革

---

① 《关于统筹推进自然资源资产产权制度改革的指导意见》，人民出版社 2019 年版，第 10 页。

命。2014 年 6 月，习近平总书记在中央财经领导小组会议上提出了能源革命的要求。党的十九大和全国生态环境保护大会进一步强调要切实推进能源革命。《决定》进一步提出："推进能源革命，构建清洁低碳、安全高效的能源体系。"目前，要重点做好以下工作：第一，推动能源消费革命。为了解决能源消费总量大和浪费严重的问题，必须大力落实节能优先的方针，形成节约能源的生产方式和生活方式，建设能源节约型社会。为此，必须通过控制能源消费总量和强度的"双控"行动，形成倒逼机制。第二，推动能源供给革命。在结构上，必须推动传统能源安全绿色开发和清洁低碳利用，发展绿色能源，不断提高其在能源结构中的比重。从产地来看，必须优化产地来源，立足国内保证供应安全，形成多种类能源多轮驱动的能源供应体系。第三，推动能源技术革命。面对国际能源技术革命浪潮，必须从我国国情出发，以清洁低碳、安全高效为方向，分类推动能源技术、产业、商业等模式的创新，结合其他高新技术成果，把能源技术和产业培育成带动我国高质量发展的增长点。第四，推动能源体制革命。为了解决能源体制不顺的问题，必须坚持改革不动摇，还原能源商品属性，构建有效竞争的市场结构和体系。同时，为了防范市场失灵，防止国有能源资产贬值和流失，政府必须依法加强能源监管，充分运用经济和法律手段进行监管。此外，还要加强能源国际合作。这样，才能构建起清洁低碳、安全高效的能源体系。

### （四）健全海洋资源开发保护制度

海洋是国土资源不可分割的部分，海洋环境保护是生态环境保护的重要领域，海洋生态文明建设是生态文明建设的重要任务。2013 年 7 月，习近平总书记在中共中央政治局第八次集体学习时提出，要把海洋生态文明建设纳入海洋开发总布局当中，统筹陆海空生态文明建设。党的十九大和全国生态环境保护大会都强调了这一点。《决定》进一步提出，要健全海洋资源开发保护制度。目前，重点要做好以下工作：第一，根据海洋资源环境的生态阈值，科学编制海洋功能区划，确定不同海域的主体功能，分类推进海洋资源的开发利用。第二，坚持"点上开发、面上保护"的方针，控制海洋开发强度，严格生态环境评价，提高资源集约节约利用和综合开发水平，最大限度减少开发行为对海域生态环境的负面影响。第三，按照海洋资源的可持续规律，科学完善海洋渔业资源总量管理控制制度，严格执行休渔禁渔等可持续渔业资源管理制度，推行近海捕捞限额管理，控制近海和滩涂养殖规模。这些工作始终要以维护国家的海洋主权权益为前提和核心。

为加强中韩渔业合作、共同养护和恢复黄海渔业资源，2019 年中韩联合增殖放流活动在山东省青岛市举行，图为现场放流中国对虾、三疣梭子蟹等苗种 40 万尾。　　　　　　　（张进刚摄）

### （五）健全自然资源监管体制

自然资源监管不到位是造成资源浪费和环境污染的重要原因。习近平总书记在党的十八届三中全会上提出："要完善自然资源监管体制，统一行使所有国土空间用途管制职责，使国有自然资源资产所有权人和国家自然资源管理者相互独立、相互配合、相互监督。"① 自此，围绕建立和完善自然资源监管体制，进行了大量工作。在此基础上，《决定》进一步提出，必须"加快建立自然资源统一调查、评价、监测制度，健全自然资源监管体制"。第一，开展自然资源统一调查监测评价。要充分利用大数据等现代信息技术，掌握重要自然资源的数量、质量、分布、权属、保护和开发利用状况，建立统一的自然资源数据库，提升监督管理效能。第二，健全自然资源资产监管体系。在加强党的领导的前提下，要综合发挥人大、政府、司法、审计和社会的监督作用，创新管理方式方法，形成监管合力，完善监管体系。同时，要完善自然资源资产产权信息公开制度，强化社会监督。第三，加强自然资源监管工作。要建立科学合理的自然资源资产管理考核评价体系，在开展领导干部自然资源资产离任审计的基础上，落实完善党政领导干部自然资源资产损害责任追究制度。同时，要完善自然资源资产督察执法体制，严肃查处自然资源资产产权领域重大违法案件。

## 五、健全生态保护和修复制度

生态安全是国家安全的自然前提和重要组成部分。为了维护生态系

---

① 《习近平谈治国理政》第一卷，外文出版社 2018 年版，第 85 页。

统的整体性、多样性、稳定性，必须健全生态保护和修复制度。

## （一）建立健全生态保护和修复（恢复）制度

为了维护生态安全，必须建立和完善生态保护和修复制度。生态修复涉及水土保持、林业、农业、园林、矿业等与生态系统有关联的各种领域，包括受损农地再利用、废弃矿井资源再开发、合理开发和保护未利用废弃地、地质灾害防治、生态景观建设等方面的内容。《决定》进一步提出："统筹山水林田湖草一体化保护和修复，加强森林、草原、河流、湖泊、湿地、海洋等自然生态保护。"2021 年 3 月，十三届全国人大四次会议表决通过的《中华人民共和国国民经济和社会发展第十四个五年规划和 2035 年远景目标纲要》强调："坚持山水林田湖草系统治理，着力提高生态系统自我修复能力和稳定性，守住自然生态安全边界，促进自然生态系统质量整体改善。"[1] 目前，主要应做好以下工作：第一，按照"山水林田湖草是一个生命共同体"的科学理念，坚持保护优先、自然恢复为主的方针，坚持生态自然修复和人工修复相结合，推进重点区域和重要生态系统保护与修复，实施重大生态修复工程。第二，按照系统修复的原则，针对国家生态安全屏障进行保护修复，开展山体生态修复，加强矿产资源开发集中地区地质环境治理和生态修复，加强水产品产地保护和环境修复，建立湿地生态修复机制，统筹点源、面源污染防治和河湖生态修复，推进备用水源建设、水源涵养和生态修复等。第三，实施山水林田湖生态保护和修复工程，构建生态廊道和生物多样性保护网络，全面提升森林、河湖、湿地、草原、海洋等自然生态系统稳定性和生态服务功能，筑牢生态安全屏障。

---

[1] 《中华人民共和国国民经济和社会发展第十四个五年规划和 2035 年远景目标纲要》，人民出版社 2021 年版，第 110 页。

### （二）建立和完善国家公园保护制度

为了有效解决自然保护地管理和体制上的分割问题，我国推出了国家公园制度。党的十八大以来，我国在国家公园制度建设方面已经取得了重要进展。2017 年 9 月，中共中央办公厅、国务院办公厅印发了《建立国家公园体制总体方案》。《决定》进一步提出："加强对重要生态系统的保护和永续利用，构建以国家公园为主体的自然保护地体系，健全国家公园保护制度。"《中华人民共和国国民经济和社会发展第十四个五年规划和 2035 年远景目标纲要》强调："科学划定自然保护地保护范围及功能分区，加快整合归并优化各类保护地，构建以国家公园为主体、自然保护区为基础、各类自然公园为补充的自然保护地体系。……完善国家公园管理体制和运营机制，整合设立一批国家公园。"[①] 为此，主要应做好以下工作：第一，加强对重要生态系统的保护和永续利用，改革各部门分头设置自然保护区、风景名胜区、文化自然遗产、地质公园、森林公园等的体制，对上述各类保护地进行功能重组，构建以国家公园为代表的自然保护地体系，合理界定国家公园范围。第二，国家公园实行更严格保护，除不损害生态系统的原住民生活生产设施改造和自然观光科研教育旅游外，禁止其他开发建设，保护自然生态和自然文化遗产原真性、完整性。第三，加强对国家公园试点的指导，加强国家公园方面的立法，强化国家公园管理机构的自然生态系统保护主体责任，按照国家公园体制总体方案推进国家公园建设。截至 2021 年 10 月，我国建有各类自然保护地近万处，正式设立三江源、大熊猫、东北虎豹等第一批国家公园，涵盖近 30% 的陆域国家重点保护野生动植物种类，国

---

① 《中华人民共和国国民经济和社会发展第十四个五年规划和 2035 年远景目标纲要》，人民出版社 2021 年版，第 112 页。

家级自然保护区达 474 个，各类自然保护地的面积占到陆域国土面积的18%。90% 的陆地生态系统类型和 71% 的重点保护野生动植物物种得到有效保护，部分珍稀濒危物种野外种群逐步恢复。①

### （三）加强大江大河生态保护和系统治理

为了加强长江、黄河等大江大河的生态保护和系统治理，党的十八大以来，习近平总书记就长江、黄河等大江大河的生态保护和系统治理发表了一系列重要讲话。2016 年 1 月和 2018 年 4 月，习近平总书记在主持召开的两次长江经济带发展座谈会上都明确提出，长江经济带要共抓大保护，不搞大开发。2019 年 9 月，习近平总书记在郑州主持召开了黄河流域生态保护和高质量发展座谈会并发表重要讲话。在此基础上，《决定》提出，要"加强长江、黄河等大江大河生态保护和系统治理"。目前，重点要做好以下工作：第一，加强大江大河的生态保护。在推行"河长制"的基础上，应该建立全流域的生态环境治理的机构，加强系统治理。第二，探索实现生态产品价值实现机制。在长江、黄河等大江大河流域，应该积极探索推广绿水青山转化为金山银山的路径，选择具备条件的地区开展生态产品价值实现机制试点，探索形成可持续的生态产品价值实现路径。第三，大力推进横向生态补偿政策。为了在整体上推进长江、黄河等大江大河的生态环境治理，在强化纵向生态补偿的基础上，要大力推进横向生态补偿，实现公平正义，促进上下游、左右岸的协同治理。只有保护好母亲河，才能确保中华民族永续发展。从 2021 年 1 月 1 日起，长江流域重点水域"十年禁渔"全面启动。11.1 万艘渔船、23.1 万名渔民退捕上岸，万里长江得以休养生息。2021 年 10 月，中共中央、国务院印发《黄河流域生态保护和高质量发

---

① 孙秀艳、常钦：《以自然之道 养万物之生》，《人民日报》2021 年 10 月 8 日。

展规划纲要》，共同抓好大保护，协同推进大治理，促进全流域高质量发展。①11 月，最高人民法院发布《最高人民法院贯彻实施〈长江保护法〉工作推进会会议纪要》和《最高人民法院服务保障黄河流域生态保护和高质量发展工作推进会会议纪要》，围绕长江、黄河流域环境资源审判中存在的法律适用问题，明确审判规则，用最严格制度最严密法治保护好长江、黄河生态环境。

### （四）建立和完善生态安全体系

现在，生态安全问题已经逐渐成为关系国家长治久安和永续发展、关乎百姓福祉的重大问题。生态安全指的是建立在生态系统完整和健康的基础上，生态系统各项功能能够正常发挥的状态，即人类生存和发展的必要资源、健康生活所依赖的生态要素，以及适应环境变化的能力不受威胁、得以保障的安全状态。简言之，生态安全是指对生态系统的整体性、多样性、稳定性的维护。党的十八大以来，习近平总书记十分重视生态安全工作。在全国生态环境保护大会上要求将生态安全体系作为生态文明体系的重要构成部分。在此基础上，《决定》提出，要"开展大规模国土绿化行动，加快水土流失和荒漠化、石漠化综合治理，保护生物多样性，筑牢生态安全屏障。除国家重大项目外，全面禁止围填海"。目前，要做好以下工作：第一，要通过保护优先、自然恢复为主的方针，不断促进生态系统的整体性、多样性、稳定性和服务型水平的提升，构建生态安全体系。第二，要形成高度的风险意识，协调推进维护资源安全、环境安全、生态安全、核安全、国土安全等方面的工作，科学防范生产安全、交通安全、食品安全、药品安全等方面的事故及其有可能引发的生态风险，要科学防范自然灾害可能引发的生态安全问

---

① 刘毅等：《共建人与自然和谐共生的美丽家园》，《人民日报》2021 年 12 月 9 日。

2016—2021 年，纳帕海共恢复湿地面积 6300 余亩。随着管护工作不断加强，湿地生态环境持续向好，黑颈鹤、黑鹳等国家一级保护动物数量不断增加。　　　　　　　　　　（江文耀摄）

题。第三，要严格控制开发行为，维护海洋生态环境安全。

## 六、严明生态环境保护责任制度

为了保证生态文明建设的责任到人，落实党政主体责任，必须严明生态环境保护责任制度。

### （一）建立和完善生态文明目标评价考核制度

为了有效克服长期占主导地位的 GDP 考核带来的生态环境弊端，必须建立和完善生态文明目标评价考核制度。党的十八大以来，习近平总书记反复强调，不能简单地以 GDP 论英雄，应该强化生态环境保护等方面的考核。2016 年 12 月，中共中央办公厅、国务院办公厅印发《生态文明建设目标评价考核办法》。《决定》进一步提出：要"建立生态文明建设目标评价考核制度，强化环境保护、自然资源管控、节能减排等约束性指标管理，严格落实企业主体责任和政府监管责任"。为此，主要应做好以下工作：第一，把资源能源消耗、生态环境损害、生态环境效益等指标纳入经济社会发展综合评价体系，建立和完善绿色 GDP 体系，大幅增加考核权重，强化指标约束，引导绿色发展。第二，完善政绩考核办法，根据区域主体功能定位，实行差别化的考核制度。对限制开发区域、禁止开发区域和生态脆弱的地区，取消地区生产总值考核；对农产品主产区和重点生态功能区，分别实行农业优先和生态保护优先的绩效评价；对禁止开发的重点生态功能区，重点评价其自然文化资源的原真性、完整性。第三，根据考核评价结果，对生态文明建设成绩突出的地区、单位和个人给予表彰奖励。同时，要强化考核问责，实现生态文明建设评价的一岗双责、党政同责、考核监督和舆论监督一体化，将生态文明绩效评价制度、自然资源资产离任审核制度和生态环境损害责任追究制度等有机统一起来。

## （二）建立和完善自然资源资产离任审计制度

为了落实生态文明建设的责任，必须建立和完善自然资源资产离任审计制度。自然资源资产离任审计制度是指以领导干部任期内辖区自然资源资产变化状况为基础，通过审计，客观评价领导干部履行自然资源资产管理责任情况，依法界定领导干部应当承担的责任，加强审计结果运用的制度设计。党的十八大以来，习近平总书记强调，必须实行自然资源资产离任审计。2017 年 6 月，中共中央办公厅、国务院办公厅印发《领导干部自然资源资产离任审计规定（试行）》。在此基础上，《决定》提出，要"开展领导干部自然资源资产离任审计"。第一，从审计对象来看，主要是地方各级党委和政府主要领导干部。这项工作主要根据各地主体功能区定位及自然资源资产禀赋特点和生态环境保护工作重点，结合领导干部的岗位职责特点，确定审计内容和重点。第二，从审计内容来看，主要包括土地资源、水资源、森林资源以及矿山生态环境治理、大气污染防治等领域。主要围绕被审计对象任职期间履行自然资源资产管理和生态环境保护责任情况进行审计评价，界定审计对象应承担的责任。第三，从审计方法来看，不仅要运用查账、对图、核表、实地勘查等常规审计方法，而且将利用卫星影像、遥感测绘、大数据等先进技术和手段，以科学准确地掌握自然资源资产的变化情况。

### （三）落实中央生态环境保护督查制度

为了切实推进生态文明领域的国家治理体系和治理能力现代化，必须强化中央生态环境保护督查的权威。这一制度是指中央设立专职生态环境保护督查机构，对地方党委和政府、国务院有关部门以及有关中央企业等组织开展生态环境保护督查，以压实生态环境保护责任。习近平总书记指出："要加大环境督查工作力度，严肃查处违纪违法行为，着力解决生态环境方面突出问题，让人民群众不断感受到生态环境的改善。"①2019 年 6 月，中共中央办公厅、国务院办公厅印发了《中央生态环境保护督察工作规定》。《决定》进一步提出，"推进生态环境保护综合行政执法，落实中央生态环境保护督察制度"。目前，重点应做好以下工作：第一，从督查内容来看，应该从单方面的生态环境保护督查转向促进绿色发展的督查上，推动形成人与自然和谐共生的现代化建设格局。第二，从督查对象来看，在加强对党政部门和企事业督查的同时，要加大对生态文明建设事务的督查。第三，从督查手段来看，在采

---

① 《习近平谈治国理政》第二卷，外文出版社 2017 年版，第 393 页。

用例行督查、专项督查和"回头看"等手段的基础上，应该实现督查的常态化、制度化、法治化、程序化。同时，要加强科学化和民主化，注重发挥专家和群众的作用。

### （四）健全生态环境监测和评价制度

为了落实生态文明建设的主体责任，必须建立和完善生态环境监测和评价制度。这一制度以实际数据为科学依据，以最严格的形式将资源消耗、环境损害、生态效益等指标的情况反映出来，并形成科学的评价机制。《中共中央 国务院关于加快推进生态文明建设的意见》提出，要加强生态文明建设统计监测和执法监督。《决定》进一步提出，要"健全生态环境监测和评价制度"。目前，应做好以下工作：第一，加强生态环境监测工作。要加强生态环境方面的统计监测核算能力建设，提升信息化水平。同时，要利用卫星遥感等技术手段，对生态环境状况开展全天候监测，健全覆盖所有生态环境要素的监测网络体系。第二，加强生态环境评价工作。在掌握第一手数据的基础上，要健全环境与健康调查、监测和风险评估制度，定期开展全国生态环境状况调查和评估。

### （五）完善生态环境公益诉讼制度

由于生态环境问题涉及不特定的多数人的利益，因此，必须建立和完善生态环境公益诉讼制度。一般而言，公益诉讼是指对侵犯国家利益、社会利益、公共利益的行为提起诉讼，由法院依法追究侵犯者法律责任的行为活动。党的十八届四中全会提出了"探索建立检察机关提起公益诉讼制度"的要求。《决定》进一步提出，要"完善生态环境公益诉讼制度"。《中华人民共和国国民经济和社会发展第十四个五年规划和2035年远景目标纲要》强调："完善省以下生态环境机构监测监察执法垂直管理制度，推进生态环境保护综合执法改革，完善生态环境公益诉讼制度。"① 目前，要重点做好以下工作：第一，从其对象来看，应该将一切涉及公共利益和共同利益的生态环境行为纳入公益诉讼的范围中。第二，从其主体来看，必须鼓励和支持党政机关、检察机关、企事业单位、社会团体和公民个人等一切合法主体参与公益诉讼，必须鼓励和支持基层民主政权、人民团体、律师、新闻工作者代理利益受害者、受损者参与公益诉讼。第三，从其制约机制来看，必须明确对虚假诉讼、恶意诉讼、无理缠诉、谋求不当私利等诉讼行为的惩治规定，并加大实际惩治力度。

### （六）建立和完善生态补偿制度

为了实现生态文明领域的公平正义，必须建立和完善生态补偿制度。生态补偿制度指的是人类生产或生活活动所产生的对于生态环境的正外部性的补偿，也就是生态服务或产品的受益者对提供者所给予的经济上的补偿。党的十八届三中全会提出，要实施生态补偿制度。2016年5月13日，《国务院办公厅关于健全生态保护补偿机制的意见》发布。党的十九大提出，要建立市场化、多元化生态补偿机制。《决定》进一步提出，要"落实生态补偿制度"。目前，主要应做好以下工作：第一，进一步完善补偿范围，逐步实现草原、森林、湿地、荒漠、河流、海洋和耕地等重点领域和禁止开发区域、重点生态功能区等重要区域全覆盖。第二，逐步增加对重点生态功能区转移支付，完善生态保护成效与资金分配挂钩的激励约束机制，并鼓励各地区开展生态补偿试点。第三，要健全生态保护补偿机制，引导生态受益地区与保护地区之间、流域上游与下游之间，通过资金补助、产业转移、人才培训、共建园区等

---

① 《中华人民共和国国民经济和社会发展第十四个五年规划和2035年远景目标纲要》，人民出版社2021年版，第117页。

方式实施补偿。第四，在长江、黄河等重要河流探索开展横向生态保护补偿试点，通过试点地区生态保护补偿机制的建立，探索我国生态补偿制度的建设，进而推向全国。第五，要加快完善生态补偿配套基础制度建设，加强生态补偿标准体系建设、建立生态服务价值核算体系等。

## （七）建立和完善生态环境损害赔偿制度

生态环境损害危及公共利益和共同利益，因此，必须建立和完善生态环境损害赔偿制度。这一制度指的是将生态损害行为、范围和结果予以确定，依据相关法律和制度标准对生态损害行为作出评估，并通过生态恢复、损害赔偿等措施实现生态救济，保障人们的生态环境权益。2013 年 11 月，党的十八届三中全会提出，要实行损害赔偿制度。2015年 12 月，我国出台了《生态环境损害赔偿制度试点方案》。《决定》提出，要落实生态环境损害赔偿制度。2017 年 12 月，在总结各地区改革试点实践经验基础上，为进一步在全国范围内加快构建生态环境损害赔偿制度，中共中央办公厅、国务院办公厅印发《生态环境损害赔偿制度改革方案》。目前，重点工作是：第一，加强生态环境损害赔偿方面的基础理论、技术标准的研究，为实行这一制度提供理论依据。第二，加强生态环境损害赔偿立法工作，抓紧出台相关专项法律，为实行这一制度提供法律依据和支撑。第三，建立生态环境损害赔偿信托基金，为实行这一制度提供资金支持。

## （八）建立和完善生态环境损害责任终身追究制度

为了强化责任追究，必须建立和完善生态环境损害责任终身追究制度。这一制度指的是根据有关党内法规和国家法律法规，在依法依规、客观公正、科学认定、权责一致、终身追究的原则下，党政领导干部负起生态环境和资源保护职责；对于造成生态环境损害者，依规依法追究其责任，而且终身追究。2015 年 8 月，中共中央办公厅、国务院办公厅下发了《党政领导干部生态环境损害责任追究办法（试行）》。《决定》进一步提出，"实行生态环境损害责任终身追究制"。目前，主要应做好以下工作：第一，建立领导干部任期生态文明建设责任制，完善节能减排目标责任考核及问责制度。第二，严格责任追究，对违背绿色发展要求、造成资源环境生态严重破坏的要记录在案，实行终身追责，不得转任重要职务或提拔使用，已经调离的也要问责。第三，对推动生态文明建设工作不力的，要及时诫勉谈话；对不顾资源和生态环境盲目决策、造成严重后果的，要严肃追究有关人员的领导责任；对履职不力、监管不严、失职渎职的，要依纪依法追究有关人员的监管责任；对构成犯罪的依法追究刑事责任。第四，对领导干部离任后出现重大生态环境损害并认定其应承担责任的，实行终身追责。

第十章

# 在初心使命召唤下为人民打胜仗

　　初心，源出佛教经典《华严经》"不忘初心、方得始终"，引申为个人或组织干事创业的初衷和本心。使命，拉丁文意为"抛、放手或送出"，《左传·昭公十六年》用以阐述出使的人肩负的任务和责任，引申为组织要干些什么事、完成什么任务。2013年7月，台湾作家凌茜出版哲理散文集《不忘初心，方得始终》，讲为人处事要心静如水、雅致淡定，不要炫耀自己读过什么书、去过什么地方、有什么"低调奢华"的饰品，要做到有气质、不自卑。这在世俗的虚骄浮夸中注入了清新之气，引起强烈共鸣。

　　党的十八大后，初心成为党的政治建设命题。党的十九大把"不忘初心、牢记使命"纳入大会主题，强调"为中国人民谋幸福，为中华民族谋复兴，这就是中国共产党人的初心使命"，对这一经典格言作出最高政治定位，赋予全新时代内涵。党的十九大闭幕仅一周，习近平总书记率新一届中央政治局常委瞻仰上海中共一大会址和浙江嘉兴南湖红船，郑重宣示"不忘初心、牢记使命、永远奋斗"，为贯彻十九大精神校准了基调。2019年6月，习近平总书记在中央主题教育工作会议上，对"不忘初心、牢记使命"作出科学系统的阐述，这八个大字深深刻入党的伟大旗帜，更加清晰展示了我们党近百年从哪里走来，新时代向哪里走去，精准凸显了党的生命之根、兴业之道、执政之基和自信之本。

不忘初心、牢记使命，是党领导人民军队的"基因密码"，是克敌制胜"最深厚的伟力"所在。主题教育进深走实，方法有千万条，首要和根本的是把初心使命这个最大优势贯通于备战打仗主体实践，化为战场胜势。

## 一、在战斗力本源处领略初心使命

作为高度集中统一的武装集团，自古军队作战靠士气而不逞匹夫之勇，"打架靠力、打仗靠气"，凝聚力决定战斗力。无论武器装备怎么发展，士气都是"不可计量的变量"，再精确的算法也无法框定。列夫·托尔斯泰说："决定战斗胜负的不是最高指挥官命令，而是军队的精神。"《美国军事史（1607—2012）》作者阿伦·米利特说："统计数字、分类账目并不能赢得战争，后方前线英勇顽强和坚韧不拔的精神往往起着决定性作用。"古希腊把战斗精神理解为对地理障碍和世俗利益的超越，军队与军乐相伴而生就是这个道理，而主掌精神的力量则是"战神"。问题在于"战神"究竟是什么？不同军队谁的战神更强大？以色列军事史学家马丁·范·克勒韦尔德说，相同规模的军队间存在"战斗力"差异，而战斗力建立在精神、智力和组织之上。林肯讲："国家的安全并非基于军舰、军队或堡垒，而是将自由作为任何地方人们的遗产加以崇尚的精神。"第二次世界大战中美军感到1个苏军士兵能抵10个美军，因为他们知道打仗为什么。经过反复战争检验特别是在朝鲜、越南与中国军队交手后，美军得出的结论是：为价值观而战的军队是无敌的。麦克阿瑟在西点军校演讲时把"责任、荣誉、国家"作为军人的核心价值观。中国军队则用中国方式定位了"战神"，这就是初心和使命，首先要解决"为谁而战、为何而战"的问题。

第一，初心使命起于人民。得民心者得天下。雨果说："舞台上有两种东西能激发观众的热情，那就是向着伟大，向着真实。"作家萧伯纳指出："伟大梦想的缺失，将导致小人之道盛行。"党及其领导的军队"治国平天下"的宏伟抱负，奠定在"人民、只有人民，才是创造世界历史的动力"这个唯物史观基础之上，决定了"谋幸福""谋复兴"的中国梦绝不是神仙皇帝梦，也不是朋党行帮梦，而是为人民服务、获人民拥戴的"民心梦"，是人民自觉为之奋斗的美好生活愿景，"心若在，梦就在""历经风雨初心不改"。我军有两个鲜明特点：一是素以英勇善战闻名天下，迭创世界军事史奇迹；二是从未以装备优势作为标牌。1936 年 7 月 11 日，美国作家斯诺为采访红军长征事迹在延安见到毛泽东同志，形容看到的红军是"神奇的队伍"，具有"东方魔力"，闪

图为湖南省汝城县沙洲村广场上的"半条被子"雕塑。 （陈泽国摄）

烁着"兴国之光","上帝也征服不了""是无法打败的"。西方人解读"东方魔力"是"迁徙精神",这契合摩西带以色列人出埃及的圣经故事和欧洲移民新大陆的自由精神。但毛泽东同志的《论联合政府》大段阐述我军之所以有力量,就是为人民的利益而结合、而战斗,紧紧地同中国人民站在一起,全心全意为人民服务,是我军唯一的宗旨。习近平总书记解读长征精神的根本,是同人民风雨同舟、血脉相通、生死与共,"共产党就是自己有一条被子,也要剪下半条给老百姓的人"①。

人民战争、人民军队、人民战争战略战术,是解决中国军事问题的锁钥。民心定兵心,老百姓的小车推出淮海战役胜利,绝不是一个数量问题,我军领导指挥和内部关系一整套原则制度,都建立在坚持群众路线、尊重士兵主体地位和民主权利之上。济南战役中我军一个班长受伤被俘,国民党第二绥靖区中将司令官王耀武问他为什么到山东,班长回答:"毛主席让我打济南。"王耀武问能否打赢,班长回答:"能,我们人比你们多。"班长被杀害后,部队作为英勇就义典型上报,毛泽东同志让新华社改为我军实行高度民主、官兵一致原则,激发战士大无畏精神的事例发评论,国民党官兵大批倒戈投诚。"兵民是胜利之本",新型军队打没落军队,是根本的"非对称",是毛泽东同志用兵如"神"的奥秘。美国记者白修德和贾安娜写道:"共产党并不曾使用什么魔术,他们用意志和口号唤起了国民党以及日本人所不能想象得到的力量,这力量来自人民。"第二次世界大战后美军提出从"以敌人为中心"转到"以民众为中心"的战略,前者是"搜索并歼灭",后者是"清剿并占领"即"洗脑赢心",巴西学者班代拉在总结越战教训时指出,"拥有最现代化技术、电子武器和其他精良神秘的军事装备,能使其具备无限的摧毁力,但不能战胜与自然完美共生、能在最原始条件下生存、英勇善战并

---

① 《习近平谈治国理政》第二卷,外文出版社 2017 年版,第 52 页。

得到南越各地民众最广泛支持的军队"。民心是政治的精髓，也是军事的要义，是政治与军事的核心关联点。

第二，初心使命系于忠诚。初心使命要靠有组织的社会力量来实现，人民是具体历史的范畴，在科学理论和先进政党引领下组织起来的人民群众，才能充分发挥创造历史的能动作用。离开组织谈初心，就会流于空想主义；离开组织讲使命，就会沦为民粹主义。我们反民粹主义，是反"粹"爱"民"。衡量组织的坚强有力，标志在忠诚。忠诚度是权威存在的前提，林则徐写下"苟利国家生死以，岂因祸福避趋之"的诗句，透射出国运衰败、年老不支的暮年凄凉，但只要有慷慨赴难的忠诚之士在，国家民族就亡不了。忠诚度是内部团结巩固的基础，只要忠诚之心在，就能求同存异，组织的生机活力丢不了。忠诚度是严格纪律约束得以实行的保证，美国军事学者克里斯琴·波特霍尔姆说："什么是卓越的纪律？它不仅指服从命令或步伐整齐，而是涉及内部团结一致和个人对集体的忠诚。"基辛格也指出："学术性政治言论危害无穷，因为它为失误付出的代价十分有限。"

我们党是按民主集中制原则组织起来的先锋队，是人民利益的代表者和体现者，我们的忠诚，不同于宗族伦常和江湖义气，而是由初心使命构筑、具有共同理想信念和奋斗目标、最为深厚持久的精神支柱和博大情怀；作为有百年历史和9900多万名党员、执政70多个年头的世界第一大党，忠诚度是抗御风险、战胜强敌最宝贵的资源。党绝对领导下的人民军队，绝对忠诚是天经地义，必须保持忠于党、忠于国家、忠于社会主义与忠于人民的高度一致，对人民负责和对党的各级领导机关负责的高度一致，决不能在理论和实践上犯迷糊闹笑话；必须在增强"四个意识"、坚定"四个自信"、做到"两个维护"，贯彻军委主席负责制上走在前列，决不能在多元思潮和现实斗争面前显幼稚出闪失；必须把确保枪杆子掌握在忠诚可靠的人手里作为听党指挥的首要条件，决不能在事关国家民族兴衰存亡的问题上讲宽容招实祸。

第三，初心使命立于斗争。新生进步力量的发展轨迹总是由弱小变强大、从边缘到中心，决定因素是艰苦卓绝的斗争和坚忍不拔的毅力。在实现中国梦和强军梦中守初心、担使命，身处的是百年未有之大变局，走向的是世界舞台的中央，经历的是具有许多新的历史特点的伟大斗争，面对的是霸权主义国家千方百计、不遗余力，甚至没有底线地"打压、遏制、分化、围剿"带来的巨大风险挑战，更需要坚强的意志和必胜的自信。中美斗争被人喻为"修昔底德陷阱"，这一概念由哈佛大学肯尼迪学院教授格雷厄姆·艾利森提出，指新兴大国超越守成大国时，极有可能因守成大国的疑惧引发战争，依据是 500 年间有过 16 次这样的超越，12 次都发生了战争，另外 4 次因敌对双方作出重大调整才得以避免。这个结论是在霸权语境中导出的，引发这样的战争前提有三个，即资源稀缺下的零和博弈、一极独大下的二元对抗、综合国力动态变化下的安全困境。今天我们面对多极世界结构变化趋势、信息时代复杂领域竞争、人类命运共同体相互依存的问题，战争与和平、安全与发展、全球与地区、竞争与合作交汇制衡，简单用过去英美、英德和美日关系比照中美两国的关系显然不成立，把复杂历史归结为某个单一法则是危险的，反而会把我们引入高成本、低效益的竞争陷阱。

清醒认识新的世界格局，丝毫不否定斗争的极端严峻和艰巨。冷战结束 31 年来，美国经历了从解脱老对手到锁定新对手的过程，中美关系定位，2005 年是"历史上最好时期"；2009 年奥巴马说美国只能做世界老大，决不能做老二，制定"重返亚太"战略；2017 年特朗普上台，提出"自由开放的印度洋—太平洋"，战略指向由抢占中东石油源头转向亚洲。这个转向绝不为能源，而是关乎美国领导世界的"巧实力"能否维系，资本虹吸全球利润的秩序能否延续，中国大基数人口、大规模消费、大份额能耗的崛起会否危及美国独享的生活方式。美国更惧怕中国军事实力 30 年间增长了 8 倍，2017 年 9 项常规军事能力指标中有 6 项优于或接近美国。基辛格说，"有些国家放弃自己的承诺或特性，择易而行，但历史不会善待他们"。习近平总书记指出，"历史只会眷顾坚定者、奋进者、搏击者，而不会等待犹豫者、懈怠者、畏难者"①，唯一选择是丢掉幻想、敢于斗争。像萧伯纳所说："这是生命中真正的喜悦，你在被一个崇高伟大的目标所利用……而不是头脑发热的、自私的、疾病和怨恨缠身的渺小的呆子，总在抱怨这个世界没有全心全意让你幸福。"

第四，初心使命成于恒久。《华严经》紧随"不忘初心，方得始终"的是"初心易得，始终难守"，《诗经·大雅·荡》也有"靡不有初，鲜克有终"的箴言，都是讲不是没有良好初心，但很少有人能坚守到最后。这是历史的检验，从共产党人确定自己初心使命起就一刻也没有停止过，无论是在血与火的战场，还是在治国理政的每一天。抗战胜利前夕，黄炎培先生在延安与毛泽东同志进行了有名的"窑洞对"，探讨的是"一人，一家，一团体，乃至一国，其兴也勃焉，其亡也忽焉"的"历史周期率"，毛泽东同志回答，我们已经找到一条新路，就是民主，让人民监督政府防止松懈、各负其责，避免"人亡政息"。习近平总书记站在新时代，提出"以党的自我革命来推动党领导人民进行的伟大社会革命"②，对这条新路作出新解读，指出时代是出卷人，我们是答卷人，人民是阅卷人。如果说"隆中对"应对"得天下"，"窑洞对"应对"治天下"，习近平总书记则给出了新时代"利天下"的"大考对"。

在历史天空中持之以恒守初心、担使命，至关重要的是代际传承，确保党和军队永葆性质本色不变。经济学上所谓"委托代理问题"，指

---

① 《习近平谈治国理政》第三卷，外文出版社 2020 年版，第 54 页。

② 《习近平谈治国理政》第三卷，外文出版社 2020 年版，第 71 页。

代理人出于自身利益损害委托人利益。事业好比家业，也会出现后代脱离前辈创业情境，产生价值偏离和初心转移，中国有"自古忠臣多逆子""君子之泽五世而斩"的说法，杜勒斯把"和平演变"希望寄托于中国的第三代、第四代。1995 年布热津斯基在旧金山费尔蒙特饭店会议提出"奶头乐战略"，中心是为消解全球化背景下 80% 边缘人口的不满情绪，给他们嘴里塞一个奶头，使之在量身定做的娱乐信息中丧失抗争、思考和判断力，这就是仍在进行中的"政治战"。守初心、担使命，需要一代接一代努力，前辈对来者负有历史责任。毛泽东同志 24 岁写《心之力》，26 岁创办《湘江评论》，写出："天下者我们的天下。国家者我们的国家。社会者我们的社会。我们不说，谁说？我们不干，谁干？"①郭沫若给一位欲轻生女青年书赠对子一副："有志者，事竟成，破釜沉舟，百二秦关终属楚；苦心人，天不负，卧薪尝胆，三千越甲可吞吴。"这些励志典范告诫的是："士不可以不弘毅，任重而道远。"军队历来讲"带兵先带心"，要站上初心使命的新起点，把握"新生代"官兵新特点，把强军真理、打仗机理、制度法理、做人道理融入基因、永续血脉。

## 二、在交战面岗位上锚定初心使命

位置赋能量、岗位定作为。现代组织学要求我们，需要消除复杂系统岗位边界不明的低效和自扰危险。组织坚强有力是我军传统优势，守初心担使命的时代重任，靠作坊式的落后组织是支撑不起的，由于历史

---

① 中共中央文献研究室编：《文献和研究（一九八四年汇编本）》，人民出版社 1986 年版，第 463 页。

原因，我们习惯从党的系统这个政治层面理解组织，编制调整也局限于算编配争员额，对工作组织和岗位设置的道理研究需进一步深透。岗位是事业的比照点，如同陆标、天体、"波赛点"，是定位、授时、导航、打仗的基准，关键要解决"怎样工作、如何尽责"问题。

第一，矫正"心不在位"，把工作融入事业。对于岗位的态度，反映眼界和胸襟，概括起来是三句话：进入岗位，站到里头适应。有基本的"知己之明"，懂得"天下大事必作于细"，心无旁骛专心干事，决不能心猿意马、见异思迁，更不能瞄着下个位置搞自我设计。克罗地亚学者斯尔丹·勒拉斯说："最明显的事实之一可能最终是，人们开始时都拥有过 1000 种以上生活的天赋能力，但最终仅仅过了一种生活。"跳出岗位，站到外头反思。有清醒的"知事之明"，增强忧患、应对挑战，绝不能满足于应付过关。战争年代我军技侦和密码破译是很出色的，国民党密码技术规律按汉字古韵排列，天天变化，但我军一个干部能把整本《康熙字典》背下来；还有个干部为精通文言文，专门研究明清的尺牍，这就是小人物非凡的职业精神，如美国历史学家帕林顿所说，"愚蠢的人喜欢探究不平常的事物，有智慧的人则探究平常事物"。塑造岗位，站到上头提领。有远大的"知变之明"，把职业要求和事业追求联系起来，决不能甘于平庸。英国诗人罗伯特·勃朗宁说："人的成就应该超越他的极限，不然要天堂干什么？"张思德的"烧炭精神"，雷锋的"螺丝钉精神"，本质是"把有限的生命投入到无限的为人民服务之中"，这是守初心、担使命生生不息的时代精神，不仅是士兵，更是领导干部特别是高级干部的榜样典范。

第二，矫正"行不适位"，把标准融入文化。岗位标准是社会专业化分工的产物，是个人职业行为评判尺度和组织效率提升基础，也是复杂系统安全运行、"风险外包"的保险机制。我军尚未实现现代化，有的岗位"准入门槛低、专业水准低、适岗比率低、后备力量弱"，必须防止岗位标准不实不硬的问题，防止"地球缺谁都能转""位置谁上都能干"成为见怪不怪的"亚文化"。强化岗位能力重在"学习"，这在中国语境中指"研究"和"练习"，印欧语系中指路径或犁沟，即终身循路而行、获得经验，共同点是跳出"跟着感觉走"的陷阱，确信能力的绝大部分来自间接经验，找到"标准立业"的正路子。

第三，矫正"责不对位"，把担当融入品质。责任是威信之基，在岗就要担责。美国历史学家帕林顿说："自由是没有限制的，责任是限制。"问责制奠基人西蒙·察德克说："问责制是文明社会的 DNA。"建立在守初心担使命之上的"积极责任"，不同于官僚制的"消极责任"，但官僚主义对组织机体的侵蚀是渗入细胞的，现实情况大致分两类：一类是不想担当。有的占位子过日子，得过且过、多一事不如少一事，甚至当甩脸、甩手、甩锅的"三甩"干部；有的精通"牌九"之道，张口就找"体制不顺""动力不足"等"根本原因"，支得越远越显深刻，放过自己不作为的"直接原因"；有的借首长"顶责"，分内之事频频请示，对错都是"首长指示"，工作失误借上级机关说辞为己辩护，甚至自己徇私让首长"躺枪"，这种做法已经有"小鬼弄权"之嫌。另一类是"错位"担当。有的领导沉不下心来深钻细谋本职，自家的"活"玩不转，便插手下面求"阻力小"，留点抓痕求有"实绩"，报个"边角材料"求出彩头，还把下属的成绩记到自己功劳簿上。对前一类情况，办法是"合适的人做合适的事"，防止"无过即功"的"守更"干部和滥竽充数的"南郭先生"；对后一类情况，办法是"各级干好各级的事"，防止无端越过"县官"抓"村官"搞"微管理"，导致组织失能。尤其要警惕的，是先进的信息网络系统在落后指挥方式下，成为干预战场指挥员的自扰"倍增器"，普鲁士军队毛奇时代就曾痛切指出过类似现象。美国军事分析家卡根认为，"大部分旅指挥官都确信他们能够比一名中尉更好地操控一个排"，但这样做，高层指挥官头脑可能塞满四面八方的信息而无法正常判断；通过士兵眼睛看战场的风险之一，是专注于战斗细节而丢失整体。美国向伊拉克增兵时，戴维·彼得雷乌斯将军说，"任务目标告诉军事指挥官怎么思考，而不是思考什么"。用史蒂夫·乔布斯的话讲："雇佣聪明人然后告诉他们如何行事是不明智的，我们雇佣聪明人，他们会告诉我们如何行事。"

第四，矫正"才不配位"，把创新融入常态。包括军队组织在内的一切组织，内含的基本矛盾是守成与创新，军队尤为突出。战争实践要求军队始终走在创新前沿、准备打未来的仗，现实中军人恰恰习惯按昨天的样式设计战争。美军感到，"伊拉克战争最初规划就是海湾战争的翻版，技术进步并没有提高我们预测某场具体战争的能力"。美军主流刊物《武装力量杂志》分析，现代先进的武器装备，从坦克（陆地铁甲舰）、轰炸机到原子弹、计算机及其给战争带来的革命性变化，都是科幻作家而不是科学家和军人预测的，军人从未准确预测过，原因在于预测是科学和想象力的结合，而科学家和军人容易陷入现成公式和路径依赖（比如力量、重心）。歌德说过："人们在知识很少的时候才有准确的知识，怀疑会随着知识一起增长。"物理学家马克斯·普朗克说："我们拥有数据越多、对历史了解越深，历史轨迹就变得越快，知识就过时得越快。"穿透"战争迷雾"，同时也在穿透"传统迷雾"，没有创造便没有传统，"一切历史都是当代史"，"龙的传人"故事也是现代人的言说。英国学者劳伦斯·弗里德曼说："历史显然是为教员和坐在轮椅里的战略家写的，政治家和战士往往是在黑暗中择路而行。"信息时代创新按摩尔定律呈指数式加快、按资本规律设计战争，美军的"抵消战略"，第一次用于核武器的发展竞赛，第二次用于发展精确打击技术和网络化体系，第三次实质是发展改变游戏规则的智能化技术和加速多域化作战，即"强烈暴力的完美融合"，机器人、自治系统和人工智能成为多域作战的潜力基础，无人化战场、蜂群化攻击、灵巧化战斗将即刻出现在交战界面，新特点、新规则、新样式会以突变方式涌现出来，我军在技术、指挥、经验、理论上单项跟跑，势必掉进"不战而屈兵于人"的陷阱，唯一出路是在没路处找路，用今天的创新为明天的再创新铺路。

## 三、在终身性大考前内化初心使命

列宁曾说过，实现共产主义，既不能靠现在的劳动生产率，也不能靠现在的庸人。① 守初心、担使命，归根结底是看什么人来干。唐朝军事理论家李筌的《太白阴经·数有探心》讲："探仁人之心，必以信，勿以财；探勇士之心，必以义，勿以惧；探智士之心，必以忠，勿以欺。"按李筌的逻辑，和愚人、不肖、好财之人讨论"初心使命"这类大问题，是文不对题。中国梦、强军梦是改造客观世界和改造主观世界的统一，是高起点上回归自我的革命性重塑，习近平总书记对我们既发出"价值拷问""胜战拷问"，也发出"修身拷问""人性拷问"。百年大计需要大批成非常之事的非常之人，根本上是要解决"书写何种人生、怎样写好人生"问题。

首先，以"公德"适配"公权"，提升政治品位。公私关系历来是政治领域"自相缠绕"的难题，权力必须姓"公"为"善"，否则就没有合法性；但权力要靠人掌，人性有"公"和"善"，也有"私"和"恶"，人性与权力会呈矩阵式组合：既可是公—公、善—善配，也可是私—公、恶—善配，产生公权私有、"性恶者掌权"的悖论。走出困境，需要不断在扎紧制度"笼子"上下力，又要从人性本身用劲。英国学者乔治·克劳德说："自律的个人是他自己生活的创造者，个人自律的理念

---

① 《列宁全集》第 34 卷，人民出版社 2017 年版，第 293 页。

想象人们在某种程度上掌握着他们自己的命运。"习近平总书记引用康熙年间河南内乡知县高以永写的楹联"穿百姓之衣，吃百姓之饭，莫以百姓可欺，自己也是百姓；得一官不荣，失一官不辱，勿道一官无用，地方全靠一官"，警示党员领导干部的境界是"公私分明，先公后私，公而忘私，大公无私"，这种基于初心使命的"公私观"，是政治铁律和执政天条，罪莫大于公私不分、假公济私、损公肥私、以权谋私。要紧扣"公私关系"这个核心纽结，审视自己处理关系、用人办事、花钱报账的每个细节，探究"微腐败"的内伤，触到"公心可鉴""问心无愧"的底座。对于20世纪五六十年代的党员领导干部，还要摒弃军事共产主义和计划经济体制下的遗风，使工资袋里花钱缴费成为习惯本能。反观贪腐罪犯的"忏悔"，共同的"坐标之误"在于：以人性自利为假设，以亲情家庭为"痛"点，以腐败害己、得不偿失为标尺，骨子里还是不讲"公"道秀"私"情，反证了他们对共产党的"政治"不入门。

其次，以"大道"成就"大我"，匡正价值取向。承载守初心、担使命这样的大事业，需要人生大格局；"撑"大格局，羁绊在利益。在中国，这被归结为"义利"关系，有舍生取义之士，也有见利忘义之徒，曹操评价袁绍就是"干大事而惜身，见小利而忘命"。对于共产党人，则是"得失观"问题，它以初心使命论取舍，人民利益高于一切，党和军队没有也从不谋取自身私利。"论至德者不和于俗"，大格局高境界决定我们必须行大道、利天下，绝不屑于搞阴谋诡计、玩弄自作聪明的权术把戏；决定我们必须靠理想和纪律推进事业，绝不能言不及义、好行小惠，以给官给好处笼络人心、树自己威信；决定我们必须用正当手段实现崇高目标，坚持军事"诡道"服从政治"正道"，始终成为威武文明之师，绝不许践踏人类道义原则。《美国陆军军官荣誉守则》规定：第一，我们绝不撒谎；第二，我们绝不欺骗；第三，我们绝不偷窃；第四，也绝不允许我们当中任何人这样做。但2019年4月5日美国时任国务卿蓬佩奥在得克萨斯州农工大学演讲时，直言不讳地说："我曾担任 CIA 局长，我们撒谎、欺骗、偷窃，还有一门课程专门教这些，这才是美国不断探索进取的荣耀。"个人道德与国家道德断裂，为大国一己之利不择手段，是美国式实用主义和霸权主义的卑劣逻辑，多行不义必自毙。

再次，以法规遏制陋规，恪守行为准则。影视里，国民党军喊"弟兄们给我冲"，我军喊"同志们跟我冲"，称呼看似细微，却反映了本质区别——不同的共同体理念。大共同体讲求志同道合、靠法规维系大凝聚力，小共同体亲情笼罩，但不堪一击。唐代学问大家韩愈在《柳子厚墓志铭》中这样描述市井俗态：初见面曲尽恭迎，酒桌间豪饮比爽，装笑脸吹嘘奉承，握别时指天抹泪，肝胆起誓至死不相背负；而为点毛头微利却反目为仇六亲不认，见落井不伸手相救还挤推下石，禽兽不如自以为得计。这就是"熟人社会"，潜规则是报恩、报答、报怨。加拿大学者马修·弗雷泽认为，"可能到最后，一个良好社会的评定是依据人们如何对待陌生人，而不是如何对待熟人"，陌生人社会的准则是信誉、信用、信任。我国从半殖民地半封建社会脱胎而来，现代组织发育不良，时有陈腐陋规侵蚀组织机体的"返祖现象"，比如上面搭个"天线"好行"关照"，手下拉个圈子称作"团队"，相互称兄道弟显得"仗义"，私下讲点小话才算"换心"，甚至得了好处不谢组织谢哥们儿。根除这些致命恶习，根本在于强化法规理念。美国管理学家彼得·圣吉说："思想比规则更强大，因为思想能够影响更多行为，'人人生而平等'并未规定任何行为，但为行为的判断以至制约提供了基础。"康德也说过："小鸟想象，如果没有受到空气阻力的阻碍，它就会飞得更快——而支撑着它的正是空气。"重点在于领导率先守法。法是权力与权利的契约，领导干部要彻底跳出"土老大"做派误区和反理性不良冲动，塑造依法领导依规指挥的禀赋。标志在于"格调"引领"情调"。对"法不容情"

的说法要做分析，法不容的是害法"私"情，"天地本宽而鄙者自隘"，基于"大共同体"的遵规守法，与同志情战友爱完全一致。2019 年 8 月 30 日中央政治局会议修订、审议了《中国共产党党内法规制定条例》等 3 个重要文件，把执行党内法规确定为党组织和党员领导干部的政治责任，必将更加优化党内政治和组织生态。

最后，以人格管住风格，涵养名节操守。注重人格修养是党的优良传统，刘少奇就写了《论共产党员的修养》一书。老百姓对我党我军的本真评价就是两个字——好人；拿枪杆子必须人格完美，更是现代军队治军的通则。从军队高级领导干部腐败案来透视，会发现一个奇特现象："庸人"出事，"能人"出大事。根源是对领导干部的人格认知存在误区：用结果倒推动机，能干事就算好人，把人格尊严功利化，扭曲为对我有用就行，有些品行不良的"能人"，制造问题比解决问题还要多。守初心、担使命，职位晋升与人格提升必须统一。有人讲"叮咛损君德，无言真有功"，领导干部的人格力量弥足珍贵。"伟大组织的标志，是坏消息向上传播的速度"，实事求是、表里如一才是最好的风格，切勿以任性"充"风格，用怪异"憋"风格，东施效颦式"仿"风格，更不能用自身痼癖"伪"风格误人子弟。钱锺书说："一个人的缺点正像猴子尾巴，猴子蹲在地面时，尾巴看不出来，直到它向树上爬，就把后部供大众瞻仰，可是这红臀长尾巴本来就有，并非地位爬高的新标识。"歌德说："你就是你的表现，带上卷曲的假发，将鞋跟提高几寸，你还是你，不是别的。"多一些朴实无华的人，事业就灿烂辉煌。

第十一章

# 加强党的政治建设　推进新的伟大工程

　　党的十九大正式提出"党的政治建设"这个重大命题。习近平总书记在党的十九大报告中指出，要以党的政治建设为统领，把政治建设摆在首位，强调党的政治建设是党的根本性建设，决定党的建设方向和效果。在十九届中央政治局第六次集体学习时，习近平总书记强调加强党的政治建设任重道远，必须常抓不懈。2019年1月，《中共中央关于加强党的政治建设的意见》强调，加强党的政治建设是全面从严治党向纵深发展的内在需要，是解决党内各种问题的治本之策。这些有关党的政治建设的重要论述是以习近平同志为核心的党中央关于党的建设的最新理论成果，开辟了马克思主义党建理论的新境界。

## 一、党的政治建设的重要意义

　　政党是有共同政治纲领、政治路线、政治目标的政治组织。任何政党都应重视政治、研究政治，都应按政治规律进行政治活动。中国共产党作为马克思主义政党，如果在政治上的先进性丧失了，党的先进性和纯洁性就无从谈起。

## （一）加强党的政治建设是马克思主义执政党的基本原则

我们党无论从党的名称、党的指导思想，还是从党的奋斗目标、党的根本政治立场等方面，都从不讳言自己的政治属性和政治使命。政治属性是政党第一位的属性，政治建设是政党建设的内在要求。只有加强党的政治建设，才能保证党的政治方向对头、政治原则坚定、政治路线正确，才能统一全党意志、凝聚全党力量，为实现党的纲领和目标而共同奋斗。加强党的政治建设，以党的政治建设为统领加强党的各项建设，就能把党建设得坚强有力，推动党的事业快速发展，从而实现党的执政使命。在党的建设中，政治建设是最重要的，是统领、是核心，是其他建设的着眼点和落脚点。

## （二）加强党的政治建设是对党的建设历史经验的深刻总结

虽然在党的十八大之前，我们党尚未明确提出党的政治建设这个概念，但讲政治一直贯穿党的建设实践。自成立以来，我们党坚持以马克思主义为指导思想、以实现共产主义为远大理想、以全心全意为人民服务为根本宗旨，建立了新中国、确立了社会主义制度、开创和发展了中国特色社会主义，取得了举世瞩目的成就。在 100 多年的光辉历程中，讲政治一直是我们党的优良传统。早在 1929 年 12 月的古田会议上，毛泽东同志就提出思想建党、政治建军的重大政治原则，要求从思想上政治上把党的队伍组织起来、武装起来。毛泽东同志多次强调："革命的政治工作是革命军队的生命线。"[1] 邓小平同志明确指出，"到什么时候都得讲政治"。[2] 随着我们党领导中国人民进行革命、建设和改革的伟大

---

[1]　中共中央文献研究室编：《毛泽东著作专题摘编》（下），中央文献出版社 2003 年版，第 1217 页。

[2]　《邓小平文选》第三卷，人民出版社 1993 年版，第 166 页。

事业不断向前发展，党的建设的内涵与外延、内容与形式都与时俱进地不断扩展和丰富，但讲政治始终是不变的主题。正是在深刻总结党的建设历史经验的基础上，习近平总书记明确提出"党的政治建设是党的根本性建设"。①

### （三）加强党的政治建设是党的建设理论的重大创新

党的十八大以来，党的建设从"新的伟大工程"发展为"新时代新的伟大工程"，从"讲政治"发展为"以政治建设为统领""把政治建设摆在首位"。加强党的政治建设的核心要义是，坚定共产党人对马克思主义和共产主义政治理想的坚定信念。这一重大理论，既是对马克思、恩格斯为代表的经典作家党建思想的继承和发展，也是对以毛泽东同志为主要代表的中国共产党人党建思想的继承和发展。进入新时代，明确党的政治建设是根本性建设，要求把政治建设摆在首位，形成了以党的政治建设为统领的党的建设新局面，标志着我们党的建设理论进入一个新阶段。

### （四）加强党的政治建设是推进全面从严治党的内生动力

加强党的政治建设，在现阶段有极强的现实针对性和紧迫性。党的十八大以来，全面从严治党取得显著成效。但也要看到，我们党面临的"四大考验""四种危险"是长期的、尖锐的，影响党的先进性、弱化党的纯洁性的因素也是复杂的，党内存在的思想不纯、政治不纯、组织不纯、作风不纯等突出问题尚未得到根本解决。从本质上看，新时代我们党面临的一切矛盾问题和严峻挑战，归根结底都是政治上的挑战。习近平总书记指出，"党内存在的很多问题都同政治问题相关联，都是

---

① 《习近平谈治国理政》第三卷，外文出版社 2020 年版，第 48 页。

2018 年 6 月 12 日，河北省沙河市纪委监察委工作人员在蝉房乡口上村向村民了解扶贫资金落实情况。　　　　　　　　　　　　　　　　　　　　　　　　　　　　（朱旭东摄）

因为党的政治建设没有抓紧、没有抓实"①。实践证明，政治问题任何时候都是根本性的大问题。全面从严治党，必须注重政治上的要求。

## 二、党的政治建设的实践与成效

党的十八大以来，以习近平同志为核心的党中央坚持和加强党的全面领导，坚持党要管党、全面从严治党，严明党的政治纪律和政治规

①　《习近平谈治国理政》第三卷，外文出版社 2020 年版，第 92 页。

矩，严肃党内政治生活，党的政治建设取得显著成效。

### （一）强化政治引领，坚决维护以习近平同志为核心的党中央权威和集中统一领导

党的十八大以来，党中央对加强党的领导、坚决维护党中央权威和集中统一领导提出明确要求。各级党组织和广大党员认真贯彻中央精神，牢固树立政治意识、大局意识、核心意识、看齐意识，坚决维护习近平总书记党中央的核心、全党的核心地位，坚决维护以习近平同志为核心的党中央权威和集中统一领导，在政治立场、政治方向、政治原则、政治道路上同党中央保持高度一致。党的十九届六中全会决议强调："党确立习近平同志党中央的核心、全党的核心地位，确立习近平新时代中国特色社会主义思想的指导地位，反映了全党全军全国各族人民共同心愿，对新时代党和国家事业发展、对推进中华民族伟大复兴历史进程具有决定性意义。"[①] 经过几年的持续努力，全党的"四个意识"明显增强、"四个自信"明显坚定，形成了维护"两个确立"、践行"两个维护"的政治氛围。

### （二）保持政治定力，深入学习贯彻习近平新时代中国特色社会主义思想

全党高举中国特色社会主义伟大旗帜，全面贯彻执行党的基本理论、基本路线、基本方略，把以经济建设为中心同坚持四项基本原则、坚持改革开放这两个基本点统一于中国特色社会主义伟大实践。思想建设是党的基础性建设，各级党组织和广大党员干部强化思想理论武装，

---

① 《中共中央关于党的百年奋斗重大成就和历史经验的决议》，人民出版社 2021 年版，第 26 页。

深入学习贯彻习近平新时代中国特色社会主义思想，扎实推进"两学一做"学习教育常态化制度化，精心组织理论中心组学习和干部教育培训，始终做到信念坚定。在实践中，坚持和加强党的领导，坚持党要管党、全面从严治党，毫不动摇坚持以经济建设为中心，聚精会神抓好发展这个党执政兴国的第一要务；毫不动摇坚持四项基本原则，坚持党的领导，坚持中国特色社会主义道路、理论体系、制度、文化；毫不动摇坚持改革开放，推进理论创新、实践创新、制度创新、文化创新以及其他各方面创新。全党坚决捍卫党的基本路线，旗帜鲜明地反对和抵制一切违背、歪曲、否定党的基本路线的言行，贯彻执行党的基本路线的坚定性和自觉性显著增强。

（三）严明政治纪律，引导广大党员牢固树立党章意识，自觉维护党的团结统一

党中央高度重视解决无视政治纪律和政治规矩问题，提出防止"七个有之"、做到"五个必须"等要求，划出红线、底线、高压线，把违反政治纪律问题作为巡视和派驻纪律检查监察的重点，执纪审查首先检查对党是否忠诚。大力加强纪律教育，使广大党员充分认识到政治纪律是党最根本、最重要的纪律，遵守党的政治纪律是遵守党的全部纪律的基础，掌握党内法规关于政治纪律和政治规矩的各项规定，党的政治纪律实现了从"宽松软"到"严紧硬"的转变。在执纪监督上，坚持纪严于法、纪在法前，运用"四种形态"，正确处理严管和厚爱、激励与约束的关系。中央巡视工作聚焦坚持党的领导、全面从严治党，突出严肃党内政治生活，深化政治巡视，检查"四个意识"牢不牢、落实党的路线方针政策是否坚决、落实意识形态责任是否到位。各级党组织着力加强日常管理监督，引导广大党员牢固树立党章权威、增强党章意识，强化党员、干部遵守政治纪律和政治规矩的刚性约束，严肃通报违反政治

纪律和政治规矩典型案例，使党员、干部心有所畏、言有所戒、行有所止。

### （四）严肃政治生活，涵养政治生态，营造清正廉洁的良好政治环境

党的十八届六中全会审议通过《关于新形势下党内政治生活的若干准则》，为新形势下严肃党内政治生活提供了遵循。各级党组织自觉贯彻落实《关于新形势下党内政治生活的若干准则》规定，认真坚持"三会一课"制度，突出政治学习和教育，突出党性锻炼，创新形式载体，开展各类主题党日活动，不断增强组织生活的吸引力、感染力和实效性，有力防止党内政治生活随意化、平淡化、庸俗化、娱乐化。结合"两学一做"学习教育，着力加强对学习党章、遵守党章情况的督促检查，切实维护党章的权威性和严肃性，培育积极健康的党内政治文化，制定完善党内政治生活的制度规定，压缩消极腐败现象的生存空间和滋生土壤，不断修复净化政治生态，党内政治生活的政治性、时代性、原则性、战斗性不断增强。坚持民主生活会和组织生活会制度，开展党组织书记述职评议考核工作，推进"两个责任"落实，一级抓一级，取得了明显效果。开展党员民主评议，不断强化党员意识、增强党的观念、提高党性修养。

### （五）突出政治标准，提高政治能力，建设高素质专业化干部队伍

党的十八大以来，党中央始终把加强党性锻炼作为重中之重，不断提高全党的政治觉悟和政治能力，引导广大党员、干部把对党忠诚、为党分忧、为党尽职、为民造福作为根本政治担当，永葆共产党人政治本色。各级党组织树立正确选人用人导向，坚持把政治标准放在第一位，

完善干部选拔任用、激励引导、考核问责制度，引导干部干事创业、担当实干；积极开展党性教育，紧紧围绕党员、干部党性方面存在的突出问题，结合不同层次、不同行业党员、干部情况，有针对性地设置理论教学、党性锻炼、现场体验等，把党性分析作为必经环节，用党性分析的效果作为检验党性教育成效的重要标准。各级党组织把政治能力训练贯穿党员、干部党性锻炼全过程，推动全党同志特别是高级干部牢固树立政治理想，正确把握政治方向，坚定站稳政治立场，严格遵守政治纪律，加强政治历练，积累政治经验，使领导干部的政治能力与所担当的领导职责相匹配，确保党的事业始终沿着正确的政治方向前进。

## 三、加强党的政治建设的基本经验

党的十八大以来，在全面从严治党实践中，以习近平同志为核心的党中央把党的政治建设摆在突出位置，取得明显成效。总结党的十八大以来党的政治建设的主要经验，有以下几个方面。

### （一）必须高度重视政治建设在党建工作中的统领性地位

政治建设贯穿于党的各项建设之中，必须从政治高度认识党的各项建设。实践证明，党的政治建设抓好了，对党的思想建设、组织建设、作风建设、纪律建设就可以起到纲举目张的作用，抓好党的政治建设，就抓住了党的建设的"根"和"魂"。思想建设必须夯实维护党的政治灵魂和党的团结统一的思想基础，拧紧世界观、人生观、价值观这个"总开关"，培育健康的党内政治文化。组织建设必须坚持和完善民主集中制，保证全党集中统一，突出选人用人的政治标准，着力增强党组织的政治功能。作风建设必须始终围绕民心这个最大的政治，严肃党内政治生活。纪律建设必须重点强化政治纪律，把政治纪律挺在前面。制度建设必须贯彻政治要求，将政治建设成果转化为具体的制度与规范。

### （二）必须把做到"两个维护"作为党的政治建设的首要任务

事在四方，要在中央。实践证明，加强党的政治建设，首要任务就是坚决做到"两个维护"，即坚决维护习近平同志党中央的核心、全党的核心地位，坚决维护党中央权威和集中统一领导，教育引导广大党员干部牢固树立"四个意识"，在政治立场、政治方向、政治原则、政治道路上同以习近平同志为核心的党中央保持高度一致，以实际行动贯彻落实党的基本理论、基本路线、基本方略，贯彻落实党中央决策部署。只有坚持抓"关键少数"和管"绝大多数"相统一，教育引导全党牢记党的宗旨，挺起共产党人的精神脊梁，认真学习习近平新时代中国特色社会主义思想，才能不断增强"四个自信"。在军队强调"两个维护"，必须同时强调贯彻军委主席负责制。

### （三）必须坚持把"赢得民心民意、汇集民智民力"作为党的政治建设的重要着力点

一个政党，一个政权，其前途命运取决于人心向背。加强党的政治建设，要紧扣民心这个最大的政治，坚持全心全意为人民服务的价值取向，坚持以人民为中心的发展思想，坚持群众路线这一党的生命线和根本工作路线，不断增强人民群众的获得感、幸福感、安全感。党的十八大以来，我们党认真开展党的群众路线教育实践活动，坚决纠正"四风"，落实中央八项规定，通过改革发展给人民群众带来更多实惠。着力破解发展不平衡不充分问题，不断满足人民日益增长的美好生活需要。大力弘扬"幸福都是奋斗出来的"理念，尊重人民群众的首创精神，最大限度地激发人们的创造热情。实践证明，只有把人民群众满意作为

福建省永泰县纪委深入辖区内的旅游景点、餐馆等场所，对公款旅游、公款吃喝、公车私用等问题进行不间断的明察暗访，让"四风"问题无处遁形。　　　　　　　　　　　（张国俊摄）

检验工作的重要着力点，才能使党的政治建设落到实处。

### （四）必须把严肃党内政治生活作为政治建设的有力抓手

实践证明，各级党组织只有不断增强党内政治生活的政治性、时代性、原则性、战斗性，才能使每个党组织的政治功能得到发挥，每名党员、干部的政治觉悟和政治能力得到提高，党的政治建设各项要求才能得到有效落实。必须压实政治责任，层层落实全面从严治党的主体责任和监督责任，实现由"宽松软"到"严紧硬"的转变，使党的创造力、凝聚力、战斗力显著增强。要从领导体制层面，坚持政治领导、政治根基和政治体制一同坚守、一同巩固；从党内根本原则和规范层面，坚持政治方向、政治准则、政治纪律一起完善、一起执行；从党内政治建设的实践层面，坚持党内政治生活、政治生态、政治文化一同培育、一同建设；从党员干部个体层面，坚持政治忠诚、政治能力、政治自律一同强化、一同提升。

## 四、加强党的政治建设存在的问题及原因

在充分肯定党的十八大以来管党治党取得显著成效的同时，我们还要清醒认识到，近年来在党的政治建设方面一些地方和单位确实还存在一些问题。

### （一）对党的政治建设的重要性认识不够，缺乏应有的工作力度

长期以来，政治建设容易被一些党员干部认为太空、太抽象，不容易看到效果和成绩，不如党的思想建设、组织建设、作风建设、纪律建设有具体实在的方法和措施。一方面，个别领导班子容易把政治建设当作软任务、虚工作，认为抓不抓无所谓。具体落实工作时，往往出现仅限于口头要求、会议布置、文件强调，实际执行认真分析少，落实措施不够，注重形式而不重实效，人为弱化了政治建设。另一方面，片面的政绩观念、党的政治建设有效考核机制的缺位，导致政治建设不受重视。

### （二）对党的政治建设的系统性研究不够，缺乏明晰的理论指导

一是党的政治建设的基础理论研究有待深入。包括党的政治建设

的内涵，党的政治建设的特点、影响因素等问题，需要更多结合实践，不断丰富理论体系。二是对既往问题与成绩研究不够，尤其是对党的十八大以来从严治党的实践需要深入研究总结。党的十八大以来，党的政治建设取得了显著成绩，但同时也还存在一些问题，而且有些还是老问题。及时总结党的十八大以来党的政治建设的成功经验，剖析难治问题的根源，需要深入调查研究。三是对落实党的建设新要求的研究不够。落实党的十九大对党的政治建设的新要求是新时代党的建设新的重大课题，需要在加强党的建设的整体中系统考虑，不断丰富党的政治建设的理论体系，便于澄清观念、统一思想、提高认识、指导工作。

（三）对党的政治建设的要求把握不够，缺乏可操作的措施方法

新时代党的政治建设的要求是系统的、全面的、明确的。当前，需要的是如何全面准确把握，进而采取切实可行的措施。巡视中发现的党的领导弱化、虚化的问题，就是对政治建设要求把握不够、分析不透，缺乏落实要求的有效措施的问题，导致把党的政治建设做成简单的传达文件、召开会议的过场和形式，没有结合本地区、本部门、本单位实际的操作性方案，没有对落实要求的具体评价考核机制，导致工作无抓手，或抓而不紧、抓而不实。

## 五、加强党的政治建设的基本内容

党的政治建设关系着党的性质宗旨，影响着党的先进性、纯洁性，决定着党的政治路线的实现程度，其基本内容至少有以下六个方面。

## （一）坚持党中央权威和集中统一领导是党的领导的最高原则

坚持党的政治领导，最重要的是坚持党中央权威和集中统一领导，这是党的领导的最高原则。党的十八大以来，我们党之所以能够有效解决党内存在的突出问题，推动党和国家事业发生历史性变革，一个重要原因就是形成并确立了习近平总书记在党中央和全党的核心地位，并通过维护核心极大提升和确保党中央权威和集中统一领导。中国特色社会主义进入新时代，全党全国开启了全面建设社会主义现代化国家新征程，新时代和新征程的到来，必然会有许多具有新的历史特点的伟大斗争，这就需要全党同志在政治立场、政治方向、政治原则、政治道路上同党中央保持高度一致，不断增强拥护核心、追随核心、捍卫核心的思想自觉、政治自觉、行动自觉。

## （二）坚定政治信仰是夯实党的政治建设的思想根基

政治信仰是党生存发展第一位的问题，事关党的前途命运和事业兴衰成败。习近平总书记指出，"我们所要坚守的政治方向，就是共产主义远大理想和中国特色社会主义共同理想、'两个一百年'奋斗目标，就是党的基本理论、基本路线、基本方略"①。加强党的政治建设，必须坚持马克思主义指导地位，当前最重要的就是用习近平新时代中国特色社会主义思想武装全党、教育人民，坚定执行党的政治路线，坚决站稳政治立场，牢记初心使命，凝聚起同心共筑中国梦的磅礴力量。要坚持以党的旗帜为旗帜、以党的方向为方向、以党的意志为意志，始终做到在党言党、在党忧党、在党为党，任何时候都同党同心同德。要把各级党组织建设成为坚守正确政治方向的坚强战斗堡垒，教育广大党员、干

①《习近平谈治国理政》第三卷，外文出版社 2020 年版，第 93 页。

部坚定不移沿着正确政治方向前进。

### （三）严肃党内政治生活是加强党的政治建设的基本途径

严肃党内政治生活，既是党的政治建设的重要任务，又是加强党的政治建设的基本途径。党要管党必须从党内政治生活管起，从严治党必须从党内政治生活严起。要旗帜鲜明地讲政治，就必须严肃认真地进行党内政治生活，只有这样，才能自觉抵制不良风气对党内生活的侵蚀，真正做到政治信仰不变、政治立场不移、政治方向不偏。要严格执行《关于新形势下党内政治生活的若干准则》，坚持和完善民主集中制，特别是要坚持集体领导制度，坚持科学民主依法决策。要坚持不懈开展批评和自我批评，用好批评和自我批评这个武器，要大胆使用、经常使用、用够用好，使之成为一种习惯、一种自觉、一种责任。

### （四）营造良好政治生态是党的政治建设的基础性工作

习近平总书记指出，"党内政治生活、政治生态、政治文化是相辅相成的，政治文化是政治生活的灵魂，对政治生态具有潜移默化的影响"①。营造风清气正的政治生态，是党的政治建设的重大任务，有助于为党的治国理政、构建现代化治理体系扫清障碍。只有加强党内政治文化建设，实现党内政治生态的山清水秀，才能实现干部清正、政府清廉、政治清明。要坚持"三严三实"专题教育，大力弘扬忠诚老实、公道正派、实事求是、清正廉洁等价值观。坚决防止和反对个人主义、分散主义、自由主义、本位主义、好人主义，不断培厚良好政治生态的土壤，引导全党同志永葆共产党人政治本色。

---

① 中共中央文献研究室编：《习近平关于全面从严治党论述摘编》，中央文献出版社 2016 年版，第 74 页。

2018 年 1 月 17 日，浙江宁波市北仑区纪委干部在一家大型超市查看发票记录，核查是否有公务消费等情况。　　　　　　　　　　　　　　　　　　　　　　　　　　　　　　（黄宗治摄）

### （五）严格政治纪律政治规矩是党的政治建设的纪律保证

在所有党的纪律和规矩中，第一位的是政治纪律和政治规矩，政治纪律是最重要、最根本、最关键的纪律，是党的各级组织和全体党员必须遵守的行为规范。要认真落实加强纪律建设的政治责任，各级党组织特别是一把手必须把抓好纪律建设作为责无旁贷的责任，在管党治党上标准更高、要求更严、力度更大，更加注重纪律建设的长效性，当好纪律建设的领导者、执行者和推动者，不断提升纪律建设的质量和水平。要严格刚性执纪，对违反党的纪律特别是政治纪律的行为要一查到底，加强政治监督，严肃追究主体责任和监督责任，以严肃问责推动责任落实。

## 六、加强党的政治建设的对策思考

只有加强党的政治建设，才能统一全党意志、凝聚全党力量，确保党始终总揽全局、协调各方，把党建设成为始终走在时代前列、人民衷心拥护、勇于自我革命、经得起各种风浪考验、朝气蓬勃的马克思主义执政党。

### （一）牢固树立"四个意识"，保证全党服从中央

一个成熟的马克思主义执政党，必须有坚强的领导核心作保证。一是要加强理论培训，用习近平新时代中国特色社会主义思想武装党员干部头脑。政治上的坚定，源于理论上的清醒。教育引导党员干部增强"四个意识"，应加强精准化理论培训，促使党员干部重视马克思主义理论学习，掌握马克思主义基本原理，学好习近平新时代中国特色社会主义思想。二是要加强实践锻炼，教育引导党员干部在贯彻落实习近平新时代中国特色社会主义思想的实践中增强党性。党员干部的"四个意识"不是坐在办公室里就能自然形成的，只有经受实践风雨的洗礼，"四个意识"才会在思想深处扎根。履行职责、服务群众是党员干部的天职。每一名党员干部都要在贯彻落实习近平新时代中国特色社会主义思想中建功立业，努力创造一流业绩，在实践中砥砺党性。三是要加强党内监督，发挥制度和纪律的约束作用。要加强党内监督，健全相关制度，让纪律真正成为"带电的高压线"。"四个意识"不是与生俱来的，也不可能一劳永逸。要坚持不懈地进行党性教育，在严格党的纪律、严肃党内政治生活和营造良好政治生态中，使"四个意识"逐渐成为每一名党员干部的自觉，为我们党始终成为中国特色社会主义坚强领导核心提供政治保证和组织保证。

## （二）严明党的政治纪律，维护党的团结统一

党的纪律是多方面的，政治纪律是最重要、最根本、最关键的纪律，遵守党的政治纪律是遵守党的全部纪律的重要基础。一是严明党的政治纪律和政治规矩。要严格遵守党章，严格执行《关于新形势下党内政治生活的若干准则》，增强党内政治生活的政治性、时代性、原则性、战斗性，营造风清气正的政治生态。二是认真落实加强纪律建设的政治责任。各级党组织在全面从严治党、加强纪律建设上负有主体责任。在思想认识、责任担当、方法措施上必须贯彻党的十九大关于全面从严治党的要求，增强管党治党的使命感和紧迫感。各级党组织特别是一把手必须把抓好纪律建设作为责无旁贷的责任，在管党治党上标准更高、要求更严、力度更大，更加注重纪律建设的长效性，当好纪律建设的领导者、执行者和推动者，不断提升纪律建设的质量和水平。三是提高领导干部讲政治的底线意识。要严格刚性执纪，对违反党的纪律特别是政治纪律的行为要一查到底，决不允许党内有不受纪律约束的"特殊党员"。强化责任追究，紧紧围绕坚持党的领导、全面从严治党，加强政治监督，严肃追究主体责任和监督责任，以严肃问责推动责任落实。

## （三）坚持民主集中制，严肃党内政治生活

民主集中制是中国共产党在长期革命、建设和改革实践中始终坚持的根本组织原则，是党内政治生活正常开展的重要制度保障。一要坚决落实"四个服从"。"四个服从"最重要的是全党服从中央，自觉维护中央权威，坚决同以习近平同志为核心的党中央保持高度一致。各级领导班子、每个党员干部，都要牢固树立政治意识、大局观念，任何具有地方特点的工作部署，都必须以坚决贯彻中央精神为前提。二要抓住议事决策这个重要环节。坚持"集体领导、民主集中、个别酝酿、会议决

定"，真正把集体领导与个人分工负责结合起来，把统一意志与集思广益结合起来。民主讨论要畅所欲言，充分听取各方面的意见；集体作出的决定，要雷厉风行，不折不扣地落实。三要健全和落实民主集中制的各项具体制度。要健全和落实民主集中制的各项具体制度，结合新时代的新要求，加强民主集中制的教育培训，夯实全党的民主集中制素养，按照民主集中制办事，把民主集中制的各项具体制度落实到党内政治生活和具体工作中。

### （四）加强党内政治锻炼，净化党内政治生态

加强党的政治建设，必须动员全党同志自觉加强党性锻炼，经常进行党性分析，把对党忠诚、为党分忧、为党尽职、为民造福作为根本政治担当。一是永葆对党忠诚的政治品格。要忠诚党的宗旨，牢固树立马克思主义群众观点，始终把人民放在心中最高位置，始终把实现好、维护好、发展好最广大人民的根本利益，作为作决策、想问题、办事情的出发点和落脚点。要忠诚于党的组织，襟怀坦白、光明磊落，说老实话、办老实事、做老实人，坚决反对搞两面派、做两面人。二是强化敢于负责的担当精神。敢于担当是一种良好的政治品格、一种高尚的精神境界、一种过硬的工作作风，要强化责任意识，尽责守责，面对大是大非敢于亮剑，面对矛盾敢于迎难而上，面对危机敢于挺身而出，面对失误敢于承担责任，面对歪风邪气敢于坚决斗争，用行动诠释忠诚，用担当彰显信仰。三是以制度建设涵养政治生态。制度治党的意义在于以制度化、程序化、具体化方式治理党内政治生活，保证党的先进性和纯洁性。面对全面从严治党的重任和人民群众的期待，要做到"一扣接着一扣紧，一锤接着一锤敲"，破"潜规则"、立"明规矩"，通过体制改革和制度创新，进一步建立管党治党的长效机制，把制度的网织得更密、扎得更紧，让制度治党真正成为营造和养成良好政治生态最可靠的

保障。

### （五）提高政治能力，增强政治责任

进一步提高党的政治建设能力，是新时代的要求。进行伟大斗争、建设伟大工程、推进伟大事业、实现伟大梦想，仍需保持和发扬马克思主义政党与时俱进的理论品格，坚持和发展中国特色社会主义，坚持和巩固党的领导地位和执政地位，使我们的党、我们的国家、我们的人民永远立于不败之地。当前，要把政治能力训练贯穿党性锻炼全过程。一是思想引领筑牢政治能力。要突出党性教育、爱国主义教育，坚定党员理想信念宗旨，培养对党绝对忠诚的政治品格，在思想上政治上行动上自觉同以习近平同志为核心的党中央保持高度一致。二是严肃党内政治生活锤炼政治能力。要以民主生活会、组织生活会为载体，以落实"三会一课"等基本制度为保障，全面加强党性锤炼和政治历练，解决思想不纯、政治不纯、组织不纯、作风不纯等问题。当前，增强党内政治生活的战斗性，特别需要用好批评和自我批评这个武器。三是实践锻炼提升政治能力。要通过锤炼对党忠诚的政治品格、提升马克思主义理论素养、接受党内政治生活锻炼、做好深入细致的群众工作，在复杂斗争实践中积累政治经验，提高政治站位、政治觉悟，增强政治定力、政治担当。党组织要认真履行主体责任，党员干部要肩负起爱党忧党兴党护党的政治责任。

总之，加强党的政治建设是一项重大艰巨的政治任务，我们要进一步增强推进党的政治建设的自觉性坚定性，认真总结经验，直面存在的问题，增强斗争性，坚持自我革命，切实加强党的政治建设，不断推进党的建设这个新时代新的伟大工程。

第十二章

# 中国共产党百年奋斗的战略意志

　　中国共产党建党 100 多年来，在艰苦卓绝的伟大奋斗历程中，不惧万难、不畏强敌，顽强拼搏、砥砺奋进，铸就了坚忍不拔、无坚不摧的战略意志，创造了举世惊叹的人间奇迹，谱写了波澜壮阔的英雄史诗。当今世界正经历百年未有之大变局，国际环境日趋复杂，不稳定性、不确定性明显增强，我们面临的风险挑战、阻力压力前所未有。习近平总书记指出，"我们有坚强决心、坚定意志、坚实国力应对挑战，有足够的底气、能力、智慧战胜各种风险考验，任何国家任何人都不能阻挡中华民族实现伟大复兴的历史步伐。"① 这为我们坚定信心，保持定力，战胜挑战，排除万难，全面建设社会主义现代化国家、实现中华民族伟大复兴指明了方向。

## 一、中国共产党战略意志的实践伟力

　　任何奋斗目标都不会轻轻松松实现，前进道路从来不会一帆风顺。要实现战略目标，就要有战略意志。中国自古崇尚"天行健，君子以自

_____

① 《中共中央召开党外人士座谈会》，《人民日报》2020 年 7 月 31 日。

强不息；地势坤，君子以厚德载物"，讲求的是一种刚毅坚卓、勇毅笃行，奋发图强、励精图治的意志品质。战略是对全局的筹划和指导。实现战略目标、战胜艰难险阻，既靠足够的战略实力，也靠坚定的战略意志。战略意志是一个政党、一个国家、一个民族实现战略目标、维护战略利益的坚定决心、政治勇气和顽强毅力。

战略意志是战略精神的构成要素，也是战略能量聚集、倍增和释放的枢纽，贯穿于战略制定和战略实施始终。历史表明，确立与实现战略目标相适应、与战胜艰难险阻所必需的战略意志，是战略制胜的一个关键因素。在战略活动中，战略信心、战略意志、战略智慧、战略文化和民族血性、军队武德等属于战略精神要素。中国古代兵书从《孙子兵法》起，就强调"攻心夺气"。克劳塞维茨的《战争论》指出："意志力在任何时候都是构成力量乘积的一个因数。"毛泽东同志说，"意志也者，固人生事业之先驱也"[1]。在革命战争年代，他指出"统一的战略意志"是"红军部队的行动的重要关键"。新中国成立后，他强调"人是要有一点精神的"[2]。这里的"精神"，包含着由强大意志力量支撑的理想、信念、志向等。他还说，"在紧要的关头，就看你坚定不坚定，坚持不坚持。你咬紧牙关坚持一下，就可以取得胜利"[3]。

中国共产党的战略意志是一种遵循客观规律、依托物质实践的主观能动性。马克思主义强调世界的统一性在于它的物质性，物质决定精神，精神对物质也具有能动的反作用。意志作为精神力量，产生于社会实践又能推动社会实践，依托于物质力量又能激发物质力量。毛泽东

---

[1]  中共中央文献研究室编：《毛泽东传》第一册，中央文献出版社 2011 年版，第 35 页。

[2]  《毛泽东文集》第七卷，人民出版社 1999 年版，第 162 页。

[3]  中央文献研究室编：《毛泽东年谱（一九四九——一九七六）》第五卷，中央文献出版社 2013 年版，第 433 页。

同志指出："战争的胜负，主要地决定于作战双方的军事、政治、经济、自然诸条件，这是没有问题的。然而不仅仅如此，还决定于作战双方主观指导的能力。""军事家活动的舞台建筑在客观物质条件的上面，然而军事家凭着这个舞台，却可以导演出许多有声有色威武雄壮的活剧来。"① 习近平总书记指出："历史告诉我们，战争不仅是物质的较量，更是精神的比拼。没有顽强的意志，没有敢于牺牲的品质，再好的武器装备也不能保证胜利。"② 历史表明，中国共产党的战略意志牢牢置于唯物论、辩证法的基石之上，产生于社会实践，受到客观规律制约，注重在既定客观物质基础上充分发挥主观能动性去争取胜利。

中国共产党的战略意志在困苦磨难中砥砺，在坎坷挫折中升华。我们党经历的困苦磨难、风险挑战世所罕见，遇到的险境、危境、逆境和困境层出迭现。正是在惊世骇俗的万重磨难中，中国共产党人九死一生、百炼成钢，意志弥坚、斗志益增。习近平总书记说，"我们党在内忧外患中诞生，在磨难挫折中成长，在战胜风险挑战中壮大"③。百年来，中国共产党"为有牺牲多壮志，敢教日月换新天"，从建党开辟新天地到建立新中国，从开启新时期到跨入新世纪，从站上新起点到进入新时代，始终以坚毅顽强的战略意志，战胜了一个个难以想象的困难和挑战，绘就了一幅幅气势恢宏的历史画卷，谱写了一曲曲气壮山河的奋斗赞歌。

以毛泽东同志为主要代表的中国共产党人独立自主、不屈不挠，前赴后继、英勇奋斗，开创和领导了新民主主义革命和社会主义革命，成功实现了中国历史上最深刻最伟大的社会变革。在民族危难、国势飘摇

---

① 《毛泽东选集》第一卷，人民出版社1991年版，第182页。
② 习近平：《在庆祝中国人民解放军建军90周年大会上的讲话》，人民出版社2017年版，第9—10页。
③ 《习近平谈治国理政》第三卷，外文出版社2020年版，第96页。

之际，中国共产党开天辟地、建党立党，中国革命面貌焕然一新。面对反动派大屠杀，我们党临危不惧、血性奋起，毅然开展武装斗争。井冈山时期，党坚定理想信念，"下斗争的决心，有耐战的勇气"，为中国革命开辟出一条成功之路。在长征中，党领导红军以大无畏的英雄气概，战胜千难万险，征服人类生存极限，历尽苦难而淬火成钢，是"用意志和勇气谱写的人类史诗"。在抗日战争中，我们党以自己的政治主张、坚定意志、模范行动，支撑起全民族救亡图存的希望，挺身而出、向死而生，成为夺取抗战胜利的中流砥柱，全体中华儿女万众一心、众志成城，凝聚起抵御外侮、救亡图存的共同意志，誓死赴难、浴血奋战，铸就了战争史上的奇观、中华民族的壮举。在解放战争中，中国共产党面对国民党的疯狂军事进攻，针锋相对、殊死搏斗，展现了决死斗争的英雄气概。1950 年 10 月，党中央和毛泽东同志以伟大气魄和战略胆识作出抗美援朝的战略决断。当时新中国百废待兴，百业待举，迫切需要和平建设，出兵朝鲜困难重重。毛泽东同志坚定地说，不出兵的理由可以列出若干条，但"百条千条的理由不能抵住六个大字，就是'不能置之不理'"。"如果置之不理，美帝必然得寸进尺，走日本侵略中国的老路，甚至比日本搞得更凶。"[1]"中国人民志愿军代表着中国人民的伟大意志"[2]，不畏世界头号强敌，敢打必胜、英勇牺牲，以"钢少气多"力克"钢多气少"，打出了新中国的国威军威，立起了顶天立地的新中国。这一战，充分展示了不畏强暴的钢铁意志、敢打必胜的血性铁骨、万众一心的顽强品格、维护世界和平的坚定决心。"两弹一星"的研制同样展示了战略意志。毛泽东同志说："我们现在还没有原子弹。""在今天

---

① 中共中央文献研究室编：《毛泽东年谱（一九四九——一九七六）》第一卷，中央文献出版社 2013 年版，第 230 页。

② 《毛泽东文集》第六卷，人民出版社 1999 年版，第 183 页。

　　1950 年 10 月 19 日，中国人民志愿军雄赳赳、气昂昂跨过鸭绿江，和朝鲜人民一道共同抗击侵略者。　　　　　　　　　　　　　　　　　　　　　　　　　　　　　　　（新华社发）

的世界上，我们要不受人家欺负，就不能没有这个东西。"① 我们艰苦奋斗，独立自主研制出"两弹一星"，中国的国际威望空前提高。

　　改革开放后，以邓小平同志为主要代表的中国共产党人，审时度势、果断决策，锐意进取、开拓创新，成功开创了中国特色社会主义。党的十一届三中全会作出实行改革开放的重大决策，实现了党的历史上具有深远意义的伟大转折。邓小平同志以顽强的意志排除各种干扰，坚定不移推动正确路线方针政策的形成和实践。他强调改革是中国的第二次革命，我们要赶上时代，这是改革要达到的目的；强调坚持经济建设为中心要扭着不放，"顽固"一点，毫不动摇。他激励深圳经济特区为改革开放"杀出一条血路"。1982 年 9 月，邓小平同志与英国首相撒切

---

　　① 《毛泽东文集》第七卷，人民出版社 1999 年版，第 27 页。

尔夫人就香港前途问题进行会谈。面对撒切尔夫人要以非和平方式保留香港治权的威胁,邓小平同志不紧不慢地说,中国人穷是穷了点,但打起仗来还是不怕死的。充分显示出中国领导人坚定不移维护国家主权、民族尊严的战略意志。1989 年,面对西方制裁,邓小平同志叮嘱我们要维护我们独立自主、不信邪、不怕鬼的形象。1992 年,他的南方谈话掷地有声:"基本路线要管一百年,动摇不得。"① 展示了我们党改革开放的坚定意志。世纪之交,以江泽民同志为主要代表的中国共产党人坚持党的十一届三中全会以来的路线方针政策不动摇,从容应对来自各方面的困难和风险,成功把中国特色社会主义推向 21 世纪。新世纪新阶段,以胡锦涛同志为主要代表的中国共产党人面对世情国情党情深刻变化,坚持党的基本路线不动摇,战胜一系列重大挑战,成功在新的历史起点上坚持和发展了中国特色社会主义。

党的十八大以来,以习近平同志为核心的党中央不忘初心、牢记使命,攻坚克难、砥砺前行,以永不懈怠的精神状态和一往无前的奋斗姿态,奋力推进实现中华民族伟大复兴的宏伟目标,带领全党展现出目标坚定、信念执着,坚毅果敢、坚韧刚强,应对危局、开拓新局的战略意志,推动党和国家事业发生历史性变革、取得历史性成就,中国特色社会主义进入了新时代。习近平总书记明确指出,要时刻准备应对重大挑战、抵御重大风险、克服重大阻力、解决重大矛盾,"以'踏平坎坷成大道,斗罢艰险又出发'的顽强意志,应对好每一场重大风险挑战,切实把改革发展稳定各项工作做实做好"②。惟其艰难,方显勇毅;惟其磨砺,始得玉成。以习近平同志为核心的党中央以巨大的政治勇气和强烈的责任担当,坚持统筹推进"五位一体"总体布局、协调推进"四个

---

① 《邓小平文选》第三卷,人民出版社 1993 年版,第 370 页。

② 《习近平谈治国理政》第三卷,外文出版社 2020 年版,第 223 页。

全面"战略布局。在决胜全面建成小康社会上，扭住不放、务期必成。以必胜信念、坚毅行动战胜风险挑战，以新发展理念推动高质量发展，我国经济实力、科技实力和综合国力跃上新的大台阶。面对突如其来的新冠疫情，坚持统筹推进疫情防控和经济社会发展，扎实做好"六稳"工作、落实"六保"任务，确保完成决战决胜脱贫攻坚目标任务，全面建成小康社会，并乘势而上开启全面建设社会主义现代化国家新征程。在全面深化改革上，中流击水、奋楫前行。以改革关头勇者胜的坚毅魄力，明知山有虎，偏向虎山行，敢啃硬骨头，敢于涉险滩，坚定改革定力，增强改革勇气，中国特色社会主义制度更加完善，国家治理体系和治理能力现代化水平明显提高，中国共产党领导和我国社会主义制度优势进一步彰显，全社会发展活力和创新活力明显增强。在全面依法治国上，厉行法治、坚定不移。确立建设中国特色社会主义法治体系，建设社会主义法治国家的总目标，坚持党的领导、人民当家作主、依法治国有机统一，全面依法治国取得重大进展。在全面从严治党上，直击积弊、扶正祛邪。以顽强意志品质、雷霆万钧之力和零容忍态度正风肃纪、反腐惩恶，以刮骨疗伤的勇气、壮士断腕的决心、坚忍不拔的韧劲，消除严重隐患，党内政治生活气象更新，党内政治生态明显好转，全面从严治党取得重大成果。在维护国家主权上，意志如钢、敢于亮剑。强调不信邪也不怕邪，不惹事也不怕事，任何外国不要指望我们会拿自己的核心利益做交易，不要指望我们会吞下损害我国主权、安全、发展利益的苦果。以坚定的意志、充分的信心、足够的能力坚决打击各种分裂势力。在维护领土主权和海洋权益问题上寸土必争、寸海必争，以不可动摇的战略意志取得重大成果。在狠抓工作落实上，踏石留印、抓铁有痕。强调空谈误国、实干兴邦，撸起袖子加油干，解决了许多长期想解决而没有解决的难题，办成了许多过去想办而没有办成的大事，新时代中国特色社会主义乘风破浪、坚毅前行，中华民族伟大复兴向前迈出了新的一大步，社会主义中国以更加雄伟的身姿屹立于世界东方。

## 二、中国共产党战略意志的理论特质

战略意志历来是政治家、哲学家、战略家和军事家注重研究的问题。马克思主义以彻底唯物主义为科学基础，形成了马克思主义意志理论。中国共产党人把马克思主义基本原理同中国革命、建设和改革的具体实际结合起来，形成了具有鲜明中国特色的马克思主义战略意志理论。毛泽东同志说："我们中华民族有同自己的敌人血战到底的气概，有在自力更生的基础上光复旧物的决心，有自立于世界民族之林的能力。"① 这是从理论上对中华民族战略意志的高度概括和深刻揭示。党的十八大以来，习近平总书记从战略全局高度围绕"革命意志""斗争意志""顽强意志""进取意志"等，深刻阐述了党的战略意志品质。我们党关于战略意志的理论博大精深，形成了独创性的思想内涵、理论表达和鲜明品格。

### （一）坚如磐石的政治定力

政治定力是战略意志之魂，也是战略意志的核心要素和压舱之石。中国共产党的战略意志，说到底是坚守信仰之志。井冈山时期，"敌军围困万千重，我自岿然不动"。毛泽东同志为回答"红旗到底能打多久"的疑问，写下《星星之火，可以燎原》，瞻望中国革命前景，揭示必胜趋势，坚定了全党全军理想信心。正是秉持星火燎原的坚定

---

① 《毛泽东选集》第一卷，人民出版社 1991 年版，第 161 页。

信念和坚强定力，我们党历经千磨万击、战胜艰难险阻，不断走向胜利。邓小平同志说："对马克思主义的信仰，是中国革命胜利的一种精神动力。"① 习近平总书记指出，革命理想高于天。理想信念之火一经点燃，就永远不会熄灭。在中央苏区和长征途中，党和红军就是依靠坚定的理想信念和坚强的革命意志，一次次绝境重生，愈挫愈勇，最后取得了胜利，创造了难以置信的奇迹。② 坚定战略意志是一种有方向、有信念、有气节的心理状态和实践过程。信念如炬、九死未悔。只要有信仰、信念、信心，就会愈挫愈奋、愈战愈勇，否则就会不战自败、不打自垮。崇高的理想、坚定的信念，永远是党的政治灵魂。我们要始终方向坚定、意志笃定，临危不乱、临难不惧，"咬定青山不放松""乱云飞渡仍从容"，坚定不移发挥我国国家制度和国家治理体系的显著优势，筑牢信仰之基、补足精神之"钙"、把稳思想之舵。

## （二）民族复兴的雄心壮志

战略意志以战略志向为鲜明导向。中国共产党人的初心和使命，就是为中国人民谋幸福，为中华民族谋复兴。习近平总书记指出："正是由于始终坚守这个初心和使命，我们党才能在极端困境中发展壮大，才能在濒临绝境中突出重围，才能在困顿逆境中毅然奋起。"③ 李大钊同志在建党之际提出"中华民族之复活"概念。毛泽东同志年轻时就表达出"改造中国与世界"的雄心壮志。他一生以天下为己任，为着国家富强、人民富裕而奋斗。毛泽东同志说："中国人民有志气，

---

① 《邓小平文选》第三卷，人民出版社 1993 年版，第 63 页。

② 《贯彻新发展理念推动高质量发展　奋力开创中部地区崛起新局面》，《人民日报》2019 年 5 月 23 日。

③ 《习近平谈治国理政》第三卷，外文出版社 2020 年版，第 538 页。

有能力，一定要在不远的将来，赶上和超过世界先进水平。"① 改革开放后，邓小平同志带领我们党设计了分三步走基本实现社会主义现代化的宏伟蓝图。他在 1987 年指出：我们在本世纪末达到小康水平，下世纪用三十到五十年时间达到中等发达国家的水平。"这就是我们的战略目标，这就是我们的雄心壮志。"② 江泽民同志明确提出"实现中华民族伟大复兴"概念，胡锦涛同志继续强调实现中华民族伟大复兴。党的十八大以来，习近平总书记明确提出实现中华民族伟大复兴的中国梦，指出："我们这么大一个国家，就应该有雄心壮志。"③ 当前，中华民族迎来了从站起来、富起来到强起来的伟大飞跃，迎来了实现伟大复兴的光明前景。我们既要有"乱云飞渡仍从容"的战略定力，又要有"不到长城非好汉"的进取精神，在胜利和顺境时不骄傲不急躁，在困难和逆境时不消沉不动摇，奋力攀登、永不止歇，集中精力办好自己的事，为人类作出新的更大的贡献。党的十九届五中全会明确了"十四五"时期经济社会发展的主要目标、举措以及 2035 年远景目标。在全面建设社会主义现代化国家、实现中华民族伟大复兴的新征程上，社会主义中国将不断创造让世界惊叹的更大奇迹。

### （三）开拓创新的锐气胆魄

越是伟大的事业，越是充满艰难险阻，越是需要开拓创新。毛泽东同志是勇于开拓创新的光辉典范，具有无畏的政治勇气、巨大的创造魄

---

① 习近平：《在纪念毛泽东同志诞辰 120 周年座谈会上的讲话》，人民出版社 2013 年版，第 24—25 页。

② 《邓小平文选》第三卷，人民出版社 1993 年版，第 251 页。

③ 习近平：《在庆祝改革开放 40 周年大会上的讲话》，人民出版社 2018 年版，第 40 页。

力、罕见的开拓锐气。他创造性地解决了马克思列宁主义基本原理同中国实际相结合的一系列重大问题，在中国革命的道路问题、建设马克思主义政党问题、建成新型人民军队问题、建立革命统一战线问题、提出和实施正确战略策略等诸方面作出了独特的理论和实践创造。毛泽东同志说："马列主义者要善于独立思考来运用马列主义。"①要"有独创精神，学习与独创相结合"。邓小平同志提出"走中国自己的路，建设有中国特色的社会主义"②。指出："一个党，一个国家，一个民族，如果一切从本本出发，思想僵化，迷信盛行，那它就不能前进，它的生机就停止了，就要亡党亡国。"③强调"看准了的，就大胆地试，大胆地闯"，"走不出一条新路，就干不出新的事业"④。习近平总书记指出："要有逢山开路、遇河架桥的意志，为了创新创造而百折不挠、勇往直前。"⑤创新是引领发展的第一动力。我们必须坚持创新在我国现代化建设全局中的核心地位，把科技自立自强作为国家发展的战略支撑，以勇于开拓的坚定意志，激活创新的社会机制，真正形成天下英才聚神州、万类霜天竞自由的创新创造局面。

## （四）审时度势的果敢决断

战略决断是战略意志活动中最为惊心动魄、决定胜负存亡的关键。我们党的战略决断，是坚强党性、政治眼光、历史担当、坚毅果敢的意志结晶。毛泽东同志强调要审时度势，多谋善断，当机立断，果断决

---

①　中共中央文献研究室编：《毛泽东年谱（一九四九——一九七六）》第三卷，中央文献出版社 2013 年版，第 384 页。

②　《邓小平年谱（一九七五——一九九七）》下卷，中央文献出版社 2004 年版，第 1352 页。

③　《邓小平文选》第二卷，人民出版社 1994 年版，第 143 页。

④　《邓小平文选》第三卷，人民出版社 1993 年版，第 372 页。

⑤　《习近平谈治国理政》第一卷，外文出版社 2018 年版，第 52 页。

策。"单是谋不行，第一要多谋，第二还要能断。"①"不要多端寡要、多谋寡断。谋是要多，但是不要寡断，要能够当机立断。"②"多谋"需要睿智，"善断"需要魄力。毛泽东同志的战略决断彰显了审时度势、料敌制胜，运筹帷幄、决胜千里的雄韬伟略，引领我们党从危局困局、风险挑战中不断走向胜利。比如，在秋收起义原定计划严重受挫的情况下，毛泽东同志清醒判断客观形势，断然主张放弃进攻长沙，将起义军转向敌人统治力量薄弱的农村山区，保存力量，再图发展，形成了中国革命中具有决定意义的新起点。在解放战争中，面对国民党强大军队，毛泽东同志先后作出建立巩固的东北根据地、中原突围、转战陕北、千里跃进大别山、发起三大战略决战等战略决断，赢得了解放战争的伟大胜利。新中国成立后，毛泽东同志先后作出抗美援朝、炮击金门、中印边境自卫反击战等事关国运、维护主权的战略决断，无不石破天惊、彪炳史册。毛泽东同志评价邓小平同志时讲道："他办事比较果断。"③邓小平思想敏锐、目光远大，多谋善断、举要驭繁，善于在关键时刻作出战略决断。如领导我们党作出实行改革开放的重大决策、制定党在社会主义初级阶段的基本路线等。他在《关于追踪世界高技术发展的建议》上批示："宜速决断，不可拖延"，有力推动了我国高科技的发展。新时代，习近平总书记指出："关键是时机和决断"④。要"透过复杂现象把握本质，抓住要害、找准原因，果断决策"⑤。要"全面权衡，科学决断"。以习近平同志为核心的党中央，在改革发展稳定、内政外

---

① 中共中央文献研究室编：《毛泽东年谱（一九四九——一九七六）》第四卷，中央文献出版社2013年版，第8页。
② 中央文献研究室编：《毛泽东传》第五册，中央文献出版社2011年版，第1887页。
③ 张宝忠：《跟随邓小平四十年》，中央文献出版社2015年版，第88页。
④ 《习近平谈治国理政》第一卷，外文出版社2018年版，第122页。
⑤ 《习近平谈治国理政》第三卷，外文出版社2020年版，第223页。

交国防、治党治国治军各方面，作出一系列历史性重大战略决断。面对突如其来的新冠疫情，以习近平同志为核心的党中央统揽全局、果断决策，在关键时刻作出关键抉择，以非常之举应对非常之事。在千钧一发之时果断决定关闭离汉离鄂通道，实施史无前例的严格管控，有效阻断了疫情蔓延。这一重要战略决断，充分显示了巨大的政治勇气、果敢的历史担当。

### （五）敢战能胜的斗争精神

斗争是实现战略意志的重要路径和基本手段。古今中外的坚强战略意志，都是迎难而上、向战而行，敢于亮剑、血性搏击。我们党诞生于国家内忧外患、民族危难之时，一出生就铭刻着斗争的烙印，一路走来就是在斗争中求得生存、获得发展、赢得胜利。我们党反复强调战斗意志。毛泽东同志说："人民解放军的全体指挥员、战斗员，绝对不可以稍微松懈自己的战斗意志。"[1] 战略意志是靠战斗意志实现的。战斗意志是由民族骨气、军队血性、牺牲精神等形成的集体意志。毛泽东同志说："胜利的信念是打出来的，是斗争中间得出来的。"[2] 敢于斗争、敢于胜利，是我们党战略意志的闪亮刀锋，体现着无所畏惧的战略胆魄、勇于进取的使命担当、血战到底的英雄气概、敢打必胜的坚定信心。毛泽东同志提出"战略上藐视敌人，战术上重视敌人"[3]，"帝国主义和一切反动派都是纸老虎"[4]，"这个军队具有一往无前的精神，它要压倒一切敌人，而决不被敌人所屈服"[5]，"我赞成这样的口号，叫做'一

---

① 《毛泽东选集》第四卷，人民出版社 1991 年版，第 1424 页。

② 《毛泽东文集》第八卷，人民出版社 1999 年版，第 426 页。

③ 《毛泽东文集》第八卷，人民出版社 1999 年版，第 177 页。

④ 中共中央文献研究室编：《毛泽东著作专题摘编》（上），中央文献出版社 2013 年版，第 1135 页。

⑤ 《毛泽东文集》第三卷，人民出版社 1996 年版，第 1039 页。

不怕苦、二不怕死'"① 等思想，是强化斗争意志的理论指南。邓小平强调，各级领导干部要敢于负责、敢于斗争、敢字当头。习近平总书记指出："必须安不忘危、存不忘亡、乐不忘忧，时刻保持警醒，不断振奋精神，勇于进行具有许多新的历史特点的伟大斗争。"② 在前进道路上我们面临的风险考验只会越来越复杂，甚至会遇到难以想象的惊涛骇浪。特别是美国以遏制中国崛起为核心目标，日益疯狂冒险，无所不用其极，我们必须坚定斗争意志，不信邪也不怕邪，不惹事也不怕事，骨头要硬，敢于出击，敢战能胜。习近平总书记指出："我们决不会坐视国家主权、安全、发展利益受损，决不会允许任何人任何势力侵犯和分裂祖国的神圣领土。一旦发生这样的严重情况，中国人民必将予以迎头痛击！"③ 我们必须保持战略定力、战略自信、战略清醒和战略耐心，敢于斗争，善于斗争。如果霸权主义和强权政治肆意妄为，我们必须以战止战、以武止戈，用胜利赢得和平、赢得尊重。

## （六）愚公移山的顽强毅力

1945 年 6 月，毛泽东同志发表著名的《愚公移山》演讲，号召全党下定决心，不怕牺牲，排除万难，去争取胜利。他借这个寓言故事昭示全党，中国革命，前途是光明的，道路是曲折的，必须以刚强意志力量战胜一切困难。愚公移山精神，是毛泽东战略意志光彩夺目的标识，也是党战略意志坚韧顽强、刚毅不屈的生动写照。新时代，习近平总书记多次强调弘扬愚公移山精神，立下愚公移山志，咬定目标、苦干实

---

① 中共中央文献研究室编：《毛泽东年谱（一九四九——一九七六）》第六卷，中央文献出版社 2013 年版，第 248 页。

② 习近平：《在"不忘初心、牢记使命"主题教育总结大会上的讲话》，人民出版社 2020 年版，第 17 页。

③ 习近平：《在纪念中国人民志愿军抗美援朝出国作战 70 周年大会上的讲话》，人民出版社 2020 年版，第 14 页。

干。当前，我国由大向强，阻力压力陡然上升，风险挑战更加尖锐，战略冲突更加严峻，战略博弈更加复杂。我们现在所处的，是一个船到中流浪更急、人到半山路更陡的时候，是一个愈进愈难、愈进愈险而又不进则退、非进不可的时候。习近平总书记强调，我们已经进入"滚石上山、爬坡过坎的关键阶段"①。要求"党员、干部特别是领导干部要以居安思危的政治清醒、坚如磐石的战略定力、勇于斗争的奋进姿态，敢于闯关夺隘、攻城拔寨"。面对波谲云诡的国际形势、复杂敏感的周边环境、艰巨繁重的改革发展稳定任务，必须有滚石上山、攻坚克难的顽强意志，有迎难而上、挺身而出的担当精神，有逢山开路、遇水架桥的胆略锐气，有我将无我、不负人民的精神境界，有永不低头、永不气馁的刚健勇毅，始终具有压倒一切敌人而不被任何敌人所压倒、征服一切困难而不被任何困难所征服的英雄气概和革命精神。

### （七）坚忍持久的战略耐心

战略耐心是战略意志的至难境界。中国革命战争的一大特点是敌强我弱，弱军更要求忍耐待机和蓄势发力。毛泽东同志强调："中国的战争不能不以最大的忍耐性对待之，不能不以持久战对待之。"② 条件不利时"宁可退让、持重待机"③，"不为敌之其势汹汹所吓倒，不为尚能忍耐的困难所沮丧，不为某些挫折而灰心，给予必要的耐心和持久，是完全必要的"④。他特别强调一个"熬"字，指出"惧怕一时的不良的政治影响，就要以长期的不良影响做代价"⑤。抗日战争时，存在着"亡国论"和"速

---

① 《习近平在出席金砖国家领导人厦门会晤时的讲话》，人民出版社 2017 年版，第 7 页。

② 《毛泽东选集》第一卷，人民出版社 1991 年版，第 234 页。

③ 《毛泽东选集》第一卷，人民出版社 1991 年版，第 220 页。

④ 《毛泽东选集》第一卷，人民出版社 1991 年版，第 235 页。

⑤ 《毛泽东选集》第一卷，人民出版社 1991 年版，第 212 页。

胜论"等错误观点，毛泽东同志写下著名的《论持久战》，科学分析中日力量对比等因素，得出抗日战争是持久战、最后胜利是中国的科学结论。毛泽东同志强调，与强敌斗争时，执行有利决战，避免不利决战。"一切敌人的'挑战书'，旁人的'激将法'，都应束之高阁，置之不理，丝毫也不为其所动。""有这样的坚定性，才算是勇敢而明智的将军。"① 他还说："忍耐最难，但作一个政治家，必须练习忍耐。"② 邓小平同志也有着超乎寻常的忍耐力，一生"三落三起"。习近平总书记指出，要保持历史耐心、保持战略耐心，强调我们遇到的很多问题是中长期的，必须从持久战的角度加以认识。这是对战略意志的理论升华。耐心和持久意味着自信自强、冷静从容、沉稳克制及内心的刚强坚毅。总之，战略意志强调信心与恒心同在、决心与耐心同在。历史耐心、战略耐心的本质是尊重客观规律，坚持戒急用忍、持久蓄力，不浮不躁、久久为功，稳中求进、行稳致远。特别是当前，要坚持底线思维，做好较长时间应对外部环境变化的思想准备和工作准备，这是对我们党战略意志的时代大考。

### （八）众志成城的磅礴之力

《孙子兵法》说："上下同欲者胜。"《墨子》云：" 力同心，以治天下。"战略意志的显著主体特征是众志成城，即凝聚集体意志、实现全局利益。马克思主义历史合力论认为，无数个意志形成的合力，决定历史的结果。我们党的战略意志，本质上是人民意志、利益和力量的体现。毛泽东同志说："早已森严壁垒，更加众志成城。"③"兵民是胜利之本。"④ 抗日战争"动员了全国的老百姓，就造成了陷敌于灭顶之

---

① 《毛泽东选集》第二卷，人民出版社 1991 年版，第 509 页。
② 《毛泽东文集》第三卷，人民出版社 1996 年版，第 127 页。
③ 中共中央文献研究室编：《毛泽东诗词集》，中央文献出版社 1996 年版，第 14 页。
④ 《毛泽东选集》第二卷，人民出版社 1991 年版，第 509 页。

灾的汪洋大海"①，是众志成城取得胜利的典范。这些年来，从1998年抗洪抢险、2003年抗击非典、2008年汶川抗震救灾，到抗击新冠疫情斗争，无不显示着众志成城、万众一心的威力。习近平总书记指出，要凝聚起众志成城的磅礴之力，增强同心共筑中国梦的意志。他强调："只要我们万众一心、众志成城，就没有克服不了的困难"②。实践证明，上下同心者胜，众志成城者赢。面对突如其来的新冠疫情，党中央凝聚起举国同心、众志成城的磅礴力量，奏响了中华民族同舟共济、共克时艰的壮歌，一方有难、八方支援，万众一心、同甘共苦，抗击新冠疫情斗争取得重大战略成果，统筹推进疫情防控和经济社会

上下同心，守望相助。图为武汉体育中心方舱医院。　　　　　　　　　　　　　　（肖艺九摄）

① 《毛泽东选集》第二卷，人民出版社1991年版，第480页。
② 《习近平谈治国理政》第一卷，外文出版社2018年版，第5页。

发展工作取得积极成效。

# 三、中国共产党战略意志的哲学启迪

意志属于哲学范畴，战略意志是战略哲学的重要范畴。中国共产党战略意志的神韵，是蕴含其中的哲学精神。我们党的战略意志，是马克思主义世界观方法论在中国革命、建设和改革中的具体运用。学习领会党的战略意志，要从哲学精神的高位入手，领悟其哲学本质，把握党的战略意志生成的客观规律和运用的高超艺术。

## （一）中国共产党的战略意志，秉持的是实践意志论

马克思主义意志理论是实践意志论。马克思说，"全部社会生活在本质上是实践的"①，"哲学家们只是用不同的方式解释世界，而问题在于改变世界"②。实践是合规律性与合目的性的统一，是不以人的意志为转移的客观规律性与包括意志在内的主观能动性的统一。主观与客观、精神与物质、意志与实践的关系，是战略意志必须始终解决好的头等问题，是战略意志的生命所在，关系到一个政党、一个国家和一个民族的安危成败。实事求是，是马克思主义的根本观点和精髓。把它运用于实践，就是《实践论》所说："我们的结论是主观和客观、理论和实践、知和行的具体的历史的统一。"③辩证唯物主义认识论是能动的革命的反映论，强调充分发扬符合客观实际的自觉能动性。毛泽东同志说，怎样才能多打胜仗少打败仗？"这里的关键，就在于把主观和客观二者之间

---

① 《马克思恩格斯选集》第 1 卷，人民出版社 2012 年版，第 135 页。
② 《马克思恩格斯选集》第 1 卷，人民出版社 2012 年版，第 140 页。
③ 《毛泽东选集》第二卷，人民出版社 1991 年版，第 296 页。

好好地符合起来。"① 他强调，我们对规律的认识需要有个过程，自由是对必然的认识和对客观世界的改造，要坚持实事求是和雄心壮志相结合，坚持革命热情和科学精神相结合。这就告诉我们，要自觉坚持马克思主义实践意志论，实事求是、知行统一，防止主观主义、唯意志论，减少盲目性，避免"拍脑袋"、瞎指挥、乱决策。毛泽东同志说："唯心论和机械唯物论，机会主义和冒险主义，都是以主观和客观相分裂，以认识和实践相脱离为特征的。"② 邓小平同志常说自己是"实事求是派"，强调拿事实来说话。习近平总书记要求我们 "处理好尊重客观规律和发挥主观能动性的关系"③。我们必须在尊重和敬畏客观规律的基础上充分发挥积极性、主动性和创造性。要看到，马克思说过"物质的力量只能用物质的力量来摧毁"④。战略意志不能代替物质力量，必须转化为物质力量，激发物质力量。我们强调战略意志，一个重要的方面是要以坚强意志把国家实力搞强大。在国际较量中，政治运筹很重要，但说到底还是要看有没有实力、会不会运用实力。有足够的实力，政治运筹才有强大后盾，光靠三寸不烂之舌是不行的。我们必须以坚定意志和坚实国力、强大军力确保国家安全与发展。

## （二）中国共产党的战略意志，秉持的是人民意志论

我们党的战略意志，本质上是人民意志的体现，是人民利益的集中，是人民情怀的彰显。我们党和军队"一切以中国人民的意志为意志"。毛泽东同志阐明党全心全意为人民服务的根本宗旨，揭示了战略

① 《毛泽东选集》第一卷，人民出版社 1991 年版，第 179 页。

② 《毛泽东选集》第一卷，人民出版社 1991 年版，第 295 页。

③ 中共中央文献研究室编：《习近平关于协调推进"四个全面"战略布局论述摘编》，中央文献出版社 2015 年版，第 77 页。

④ 《马克思恩格斯全集》第 3 卷，人民出版社 2002 年版，第 207 页。

意志的价值追求；阐明人民群众是历史动力的唯物史观，揭示了战略意志的力量依托；阐明从群众中来到群众中去的领导方法，揭示了战略意志的认知基础。邓小平同志反复强调，要把人民拥护不拥护、赞成不赞成、高兴不高兴、答应不答应作为制定方针政策和作出决断的出发点和归宿。习近平总书记指出："老百姓是天，老百姓是地。忘记了人民，脱离了人民，我们就会成为无源之水、无本之木，就会一事无成。"① 人民情怀越深，战略意志越坚。人民情怀是战略意志最深厚的力量源泉。不忘初心，方得始终。党的根基在人民、血脉在人民、力量在人民。马克思主义认为，"人们奋斗所争取的一切，都同他们的利益有关"②。战略意志所要达成的战略目的或目标，本质上都是为了维护和实现战略利益。人民利益、民族利益和社会主义国家利益是高度统一的，国家利益是人民利益的集中表现。抗美援朝，是毛泽东同志一生中最难作出的决策。在敌我力量如此悬殊的情况下是否出兵，成为摆在新中国领导人面前的一道难题。毛泽东同志指出，"我们认为应当参战，必须参战，参战利益极大"，"对中国，对朝鲜，对东方，对世界极为有利"，反之，"不参战损害极大"。③ 历史证明，抗美援朝成为新中国确立大国地位的尊严之战、奠基之战。毛泽东战略意志所秉持的国家和民族利益至上的价值准则，为一代代中国共产党人传承弘扬。邓小平同志指出，应当"以自己的国家利益为最高准则来谈问题和处理问题"④。习近平总书记指出，"必须坚持国家利益至上"⑤，"坚持国家

---

① 习近平：《在纪念红军长征胜利 80 周年大会上的讲话》，人民出版社 2016 年版，第 15 页。

② 《马克思恩格斯全集》第 1 卷，人民出版社 1956 年版，第 82 页。

③ 《毛泽东文集》第六卷，人民出版社 1999 年版，第 103—104 页。

④ 《邓小平文选》第三卷，人民出版社 1993 年版，第 330 页。

⑤ 《习近平谈治国理政》第三卷，外文出版社 2020 年版，第 19 页。

至上、民族至上、人民至上"①。强调"我们要坚决维护国家主权、安全、发展利益，任何外国不要指望我们会拿自己的核心利益做交易，不要指望我们会吞下损害我国主权、安全、发展利益的苦果"②。"我们绝不允许任何人、任何组织、任何政党、在任何时候、以任何形式、把任何一块中国领土从中国分裂出去"③。这斩钉截铁地表明了坚定不移的国家意志。国家主权、领土完整和统一永远是我们党战略意志的核心价值、底线所在。

### （三）中国共产党的战略意志，秉持的是革命意志论

马克思说过："革命是历史的火车头。"④ 既然要革命，就要有一个革命党。党的战略意志具有鲜明的革命性质。一代又一代共产党人，生命不息、奋斗不止，始终保持着革命斗志。革命意志不仅要求战胜外在挑战，还要求克服自身阻力。毛泽东同志在党的七届二中全会上指出，资产阶级的捧场则可能征服我们队伍中的意志薄弱者。他号召全党务必要继续保持谦虚、谨慎、不骄、不躁的作风，务必要继续保持艰苦奋斗的作风。新中国成立后，他又说，共产党员一定要有朝气，一定要有坚强的革命意志，一定要有不怕困难和用百折不挠的意志去克服任何困难的精神。邓小平同志也要求发扬革命和拼命精神。新时代，我们还有许多"雪山""草地"需要跨越，还有许多"娄山关""腊子口"需要征服。习近平总书记要求全党牢记"两个务必"，强调"始终保持坚定的革命

———————————

①　教育部课题组：《深入学习习近平关于教育的重要论述》，人民出版社 2019 年版，第 134 页。

②　习近平：《在纪念毛泽东同志诞辰 120 周年座谈会上的讲话》，人民出版社 2013 年版，第 22—23 页。

③　习近平：《在庆祝中国人民解放军建军 90 周年大会上的讲话》，《人民日报》2017 年 8 月 2 日。

④　《马克思恩格斯全集》第 7 卷，人民出版社 1959 年版，第 99 页。

2021 年 7 月 15 日，观众在中国共产党历史展览馆"'不忘初心、牢记使命'中国共产党历史展览"上观看飞夺泸定桥展陈。
(陈晔华摄)

意志和旺盛的战斗精神"①。"不忘初心，牢记使命，就不要忘记我们是共产党人，我们是革命者，不要丧失了革命精神。"② 我们一定要不忘初心，以伟大社会革命深化党的自我革命，以党的自我革命引领伟大社会革命，做到励精图治、居安思危，节俭内敛、敬终如始，严以治吏、防腐戒奢，顺乎潮流、顺应民心。

### （四）中国共产党的战略意志，秉持的是理性意志论

战略意志属于理性意志。理性揭示规律，因而能够强固定力、强

① 《习近平谈治国理政》第一卷，外文出版社 2018 年版，第 217 页。
② 《习近平谈治国理政》第三卷，外文出版社 2020 年版，第 70 页。

化意志。正如恩格斯所说："意志自由只是借助于对事物的认识来作出决定的那种能力。"① 必须注重在掌握知识、洞察形势、把握规律、拓宽视野上增强战略意志。否则就会成为主观主义、形而上学或意气用事。党的战略制定和执行，是战略智慧与战略意志相融合。毛泽东同志说："我们的眼力不够，应该借助于望远镜和显微镜。马克思主义的方法就是政治上军事上的望远镜和显微镜。"② 有此，才能"通观全局""通观客观过程的全体"。避免固执己见、有勇无谋、一孔之见、仓促从事等现象。坚定的战略意志背后是高超的战略思维素养。信仰与胆魄、情怀与意志、使命与担当始终蕴含于党的战略思维之中。习近平总书记指出，"必须用马克思主义中国化最新成果统一思想、统一意志、统一行动"③。当前，要认真学习贯彻习近平新时代中国特色社会主义思想，掌握和运用辩证唯物主义和历史唯物主义，提高战略思维、历史思维、辩证思维、创新思维、法治思维、底线思维能力，统筹中华民族伟大复兴战略全局和世界百年未有之大变局，始终对国之大者心中有数，深刻认识我国社会主要矛盾变化带来的新特征新要求，深刻认识错综复杂国际环境带来的新矛盾新挑战，深刻认识"十四五"时期我国将进入新发展阶段的重大判断，贯彻落实新发展理念，紧扣推动高质量发展，着力构建以国内大循环为主体、国内国际双循环相互促进的新发展格局，以坚定的战略意志实现战略突破，夺取全局胜利。

## （五）中国共产党的战略意志，秉持的是统一意志论

战略意志是组织意志、集体意志。我们党始终有着统一的意志、统一的行动。1934 年，毛泽东同志就指出："中央革命军事委员会的建立，

---

① 《马克思恩格斯选集》第 3 卷，人民出版社 2012 年版，第 492 页。

② 《毛泽东选集》第一卷，人民出版社 1991 年版，第 212 页。

③ 《习近平谈治国理政》第三卷，外文出版社 2020 年版，第 539 页。

统一了全国红军的领导，使各个苏区各个战线的红军部队，开始在统一的战略意志之下，互相呼应与互相配合地行动起来。"① 新中国成立后，他在总结经验的基础上深刻指出："我们的目标，是想造成一个又有集中又有民主，又有纪律又有自由，又有统一意志，又有个人心情舒畅、生动活泼，那样一种政治局面。"② 习近平总书记强调："确保全党统一意志、统一行动、步调一致前进。"③"只有全党思想和意志统一了，才能统一全国各族人民思想和意志，才能形成推进改革的强大合力。"④ 统一的意志更具有信念的共同性、目标的坚定性、抗击的坚韧性、纪律的严明性和集体的激励性等特点。当前，面对困难叠加的严峻复杂形势，更需要统一思想、意志和行动。实践证明，有习近平同志作为党中央的核心、全党的核心领航掌舵，有全党全国各族人民团结一心、顽强奋斗，我们就一定能够战胜前进道路上出现的各种艰难险阻，一定能够在新时代把中国特色社会主义更加有力地推向前进。我们必须增强"四个意识"、坚定"四个自信"、做到"两个维护"，以党的旗帜为旗帜、以党的方向为方向、以党的意志为意志，在统一思想、统一意志、统一行动中，使党的战略意志持续升华为信念坚定、纪律严明、众志成城、万众一心的坚强力量。

---

① 《毛泽东军事文集》第一卷，军事科学出版社、中央文献出版社 1993 年版，第 337 页。

② 《三中全会以来重要文献选编》上，人民出版社 1982 年版，第 99 页。

③ 《习近平谈治国理政》第一卷，外文出版社 2018 年版，第 386 页。

④ 《习近平谈治国理政》第一卷，外文出版社 2018 年版，第 90 页。

第十三章

# 始终保持斗争精神是新时代
# 中国共产党的鲜明品质

今天我们谈到革命、斗争这样的词汇很容易就想起战争年代,的确,无产阶级在寻求自身解放的过程中,曾与资产阶级和本国的腐朽势力进行过艰苦卓绝的流血斗争,并在 20 世纪率先在一些经济文化发展比较落后的国家建立了社会主义社会,改写了世界历史的版图,形成了当今世界资本主义和社会主义两种制度共存的格局。也正是这种顽强斗争,才有了我们谈论世界形势和国内发展中诸如和平、发展、和谐等这些常用字眼。

那么和平时期、和谐社会是否还需要斗争?答案是肯定的。党的十八大报告在第二部分"坚定不移走中国特色社会主义道路"中就明确提出,"发展中国特色社会主义是一项长期的艰巨的历史任务,必须准备进行具有许多新的历史特点的伟大斗争"。此后,在多个不同场合,习近平总书记多次提到这一观点。在新进中央委员会委员、候补委员和省部级主要领导干部学习贯彻习近平新时代中国特色社会主义思想和党的十九大精神研讨班开班式上,习近平总书记强调:"不忘初心,牢记使命,就不要忘记我们是共产党人,我们是革命者,不要丧失了革命精神。"[1]2019

---

① 《习近平谈治国理政》第三卷,外文出版社 2018 年版,第 70 页。

年 9 月，习近平总书记在中央党校（国家行政学院）中青年干部培训班开班式上的重要讲话中再次强调，发扬斗争精神，增强斗争本领，为实现"两个一百年"奋斗目标、实现中华民族伟大复兴的中国梦而顽强奋斗。习近平总书记的系列重要讲话明确指出：要实现中华民族的伟大复兴，在新的历史条件下仍然必须进行伟大斗争、具备斗争精神，以更强的斗争本领取得新时代中国特色社会主义的伟大胜利。

新时代的伟大斗争精神与我们党在革命战争时期的斗争精神有何不同？可以从历史与现实对比的视角，从三个方面来分析。

# 一、如何理解新时代的斗争精神

## （一）什么是斗争精神

关于斗争，毛泽东同志有两段言论，一段是讲革命斗争。毛泽东同志把党的建设、统一战线、武装斗争一起称为中国革命中战胜敌人的三个主要法宝。"统一战线和武装斗争，是战胜敌人的两个基本武器。"① 这里的武装斗争，是指为达到一定的政治、经济目的，组织和使用武装力量进行的斗争，包括战争和战争以外的武装冲突，它发生于不同的阶级、民族、国家和政治集团之间。其中，被压迫阶级、被压迫民族的武装斗争，是推翻反动统治、抵御外来侵略、争取解放的主要手段。一段是讲斗争精神。毛泽东同志指出："什么叫工作，工作就是斗争。那些地方有困难、有问题，需要我们去解决。我们是为着解决困难去工作、去斗争的。"② 毛泽东同志认为，"工作就是斗争"，要有为解决困难的一

---

① 《毛泽东选集》第二卷，人民出版社 1991 年版，第 613 页。
② 《毛泽东选集》第四卷，人民出版社 1991 年版，第 1161 页。

种迎难而上的态度。由此可见，斗争既是一种行动，更是一种状态，这种状态也称为斗争精神。

党的十八大以来，习近平总书记多次倡导的"斗争""斗争精神"指的就是这种精神。习近平总书记还突出强调，"干工作就是同矛盾和困难作斗争"①。事实上，这种精神无论是在革命战争年代还是社会主义建设时期，无论是我们党处于艰难困苦还是成绩斐然时，都一以贯之地存在，成为中国共产党发展壮大的重要武器和优良传统。

## （二）斗争精神来源于无产阶级政党为了实现全人类解放的远大理想

马克思首先是一个革命家，马克思主义学说是为揭露资本主义社会，进而指导无产阶级进行社会主义革命而创立的。马克思主义理论是无产阶级推动社会制度根本变革的一种革命的理论。作为无产阶级的领导力量，工人阶级的先锋队，共产党"不是争论俱乐部，而是战斗的无产阶级的组织"，是以争取、维护无产阶级利益，以实现共产主义为最终目标的政治组织。共产党的基本纲领，就是领导无产阶级和劳动人民，同资产阶级和一切反动阶级作斗争，争取无产阶级和人民的解放，进而解放和发展生产力，消灭剥削、消除两极分化，实现人民共同富裕的社会主义和共产主义社会。革命精神、斗争精神是无产阶级政党对马克思主义革命观的深刻认知和践行，是区别于其他政党的重要特质。也就是说，作为指导思想的马克思主义，决定了无产阶级政党必须具备斗争精神。所以说，斗争精神不仅是中国共产党而且是所有无产阶级政党都应具备的一种革命特质。

---

① 习近平：《之江新语》，浙江人民出版社 2007 年版，第 60 页。

### （三）斗争精神在实践中表现为一种通过不断变革推动社会发展的工作作风和精神状态

最是精神能动人。精神的贫血比饥饿更可怕，一个人一个时代莫不如此。有什么样的精神，就会有什么样的力量。一个人没有精神容易垮掉，一个国家没有精神经不起风浪。无论是艰难困苦还是成绩斐然，无论是历史性变革还是攻坚克难，中国共产党的成功实践有力地证明了斗争精神的强大力量。

斗争精神的可贵之处在于，越是面对困难和矛盾，越能激发出意想不到的力量。中国共产党在其发展实践中始终秉持"越困难越有劲"、越困难越顽强斗争。这样的例子不胜枚举。残酷的革命战争时期，中国共产党凭借着一往无前、不懈奋斗的革命精神的强大支撑，不断克服艰难险阻，直至取得革命的胜利。新中国在一穷二白、几乎一片废墟的基础上，建立起相对独立的、比较完整的、有相当规模和较高技术水平的现代工业体系，再到现在的工业大国、"世界工厂"。回顾党的历史，中国共产党从一个五十几人的小团体发展成为拥有9900多万名党员的当今世界第一大政党，顽强的斗争精神功不可没。

斗争精神在取得巨大成就、走向新的成功时，就是一种更为可贵的境界。这是中国共产党的独特经验。毛泽东同志曾说："夺取全国胜利，这只是万里长征走完了第一步。如果这一步也值得骄傲，那是比较渺小的，更值得骄傲的还在后头。"[1]"我们不但善于破坏一个旧世界，我们还将善于建设一个新世界。"[2] 党的十八大以来，虽然取得了历史性成就，但我们依然具有清醒的忧患意识。2013年7月，习近平总书记在

---

[1] 《毛泽东选集》第四卷，人民出版社1991年版，第1438页。
[2] 《毛泽东选集》第四卷，人民出版社1991年版，第1439页。

河北省调研指导党的群众路线教育实践活动时指出："当年党中央离开西柏坡时，毛泽东同志说是'进京赶考'。60 多年过去了，我们取得了巨大进步，中国人民站起来了，富起来了，但我们面临的挑战和问题依然严峻复杂，应该说，党面临的'赶考'远未结束。"①

可以说，中国共产党的历史，就是一部党领导人民发扬斗争精神，持续进行伟大社会革命的历史。在进行具有许多新的历史特点的伟大斗争进程中，决不能丧失斗争精神，作为社会主义建设的核心力量，尤其需要具有革命精神。

图为河北省石家庄市平山县西柏坡党的七届二中全会会址，是解放全中国的最后一个农村指挥所，"三大战役"在这里指挥，"两个务必"在这里发出，"进京赶考"从这里动身。　　（李梦娇摄）

---

①　《党面临的"赶考"远未结束》，《人民日报》2013 年 7 月 14 日。

## 二、在走向新的成功中保持斗争精神是中国共产党的独特经验

### （一）以自我革命的斗争精神保持党的先进性

在长期执政的历史条件下，党的先进性和纯洁性如何保持？监督和净化的自觉程度对党的执政地位的巩固至关重要，尤其需要具备自我净化、自我完善、自我革新、自我提高的良好机制。所以，在推进社会革命同时，以自我革命精神锻造和锤炼自己，就成为无产阶级政党，也是中国共产党面临的最大挑战，是最应该具备的鲜明品格和最大优势。在革命战争年代，面对艰苦的斗争环境、随时流血牺牲的现实考验，一些不坚定分子、投机分子难以在党内存在下去，在客观上对党员起着大浪淘沙的净化作用。但是在凯歌高进时期，在和平执政时期，党员数量激增的情况下，如何保持党的先进性？中国共产党以自身的实践作出了有力的回答：越是在取得巨大成功和成绩面前，中国共产党就愈加强调党的建设的战斗性，愈加强调对党员的约束和奋进的鞭策。

在由局部执政走向全国执政，取得全国革命胜利的前夕，毛泽东同志冷静地在党的七届二中全会上向全党提出了"两个务必"——务必使同志们继续地保持谦虚、谨慎、不骄、不躁的作风，务必使同志们继续地保持艰苦奋斗的作风，强调"中国的革命是伟大的，但革命以后的路程更长，工作更伟大，更艰苦"①，要求全党继续保持和发扬革命精神。新中国成立之后，毛泽东同志更鲜明地对党员干部提出，我们从前干革命，就是有一种拼命精神。有些同志缺乏这种热情，缺乏这种精神，停滞下来了。这种现象不好，应当对这些同志进行教育。

---

① 《毛泽东选集》第四卷，人民出版社 1991 年版，第 1438 页。

在全面建成小康社会的历史进程中，中国共产党更加重视在"风险社会"保持党的革命斗争精神。在庆祝建党 90 周年大会上，胡锦涛提出了党面临的"四大考验""四种危险"，告诫全党：执政考验、改革开放考验、市场经济考验、外部环境考验是长期的、复杂的、严峻的。精神懈怠的危险，能力不足的危险，脱离群众的危险，消极腐败的危险，更加尖锐地摆在全党面前。党要管党、从严治党的任务比以往任何时候都更为繁重、更为紧迫。党的十九大后，习近平总书记更是多次提出了"四个重大"，告诫全党："要时刻准备应对重大挑战、抵御重大风险、克服重大阻力、解决重大矛盾"①。要坚持勇于自我革命，深入推进全面从严治党，协同推进自我革命和社会革命。如果发生重大风险又扛不住，国家安全就可能面临重大威胁，全面建成小康社会进程就可能被迫中断。我们必须把防风险摆在突出位置，力争不出现重大风险或在出现重大风险时扛得住、过得去。这些都充分揭示了坚持和发展中国特色社会主义的长期性、艰巨性。

中国特色社会主义进入新时代，党的十九大鲜明地提出了以永不懈怠的精神状态和一往无前的奋斗姿态，继续朝着实现中华民族伟大复兴的宏伟目标奋勇前进。习近平总书记还多次提出，我们党在任何时候都不能忘记初心，不能丧失革命精神。开展"不忘初心、牢记使命"主题教育就是进一步筑牢理想信念，就是要高举革命的旗帜，继往开来，重整行装再出发。

## （二）政党的斗争精神从自我革命中锻造出来

艰难困苦，玉汝于成。正是刀刃向内、自我革命的勇气和传统使中国共产党在推动、引领社会革命的进程中，始终保持先锋队的性质和领

---

① 《习近平谈治国理政》第二卷，外文出版社 2017 年版，第 32 页。

导核心的地位。勇于自我革命,是我们党最鲜明的品格,也是我们党最大的优势。作为一个具有近百年历史的马克思主义政党,我们党的伟大不在于不犯错误,而在于始终保持自我革命的斗争精神,具有承认并改正错误的勇气,从不讳疾忌医,敢于直面问题,一次次拿起手术刀来革除自身的病症,勇于自我革命,解决自身的问题,具有极强的自我修复能力。所以,我们党才能够在现代中国各种政治力量的反复较量中脱颖而出,才能够始终走在时代前列、成为中国人民和中华民族的主心骨,从而在历史和人民的选择中交上满意的答卷。

斗争精神必不可少,但要取得斗争的胜利,还要提高斗争本领。奋斗并非一味地蛮干,必须讲究方式方法,尊重事物发展的特点和规律,不断提高斗争的能力和水平。本领高强是取得斗争胜利的必备条件。

## 三、提高斗争本领是保持斗争精神的重要支撑

### (一) 什么是斗争本领

斗争本领就是运用马克思主义基本原理解决当代中国实际问题的能力和水平。实现崇高的理想信念的长期性、艰巨性和曲折性,必然要求共产党人不断地增强斗争本领。中国共产党以马克思主义作为指导思想,科学性、真理性是共产党人提高斗争本领的坚实根基。早在延安时期,毛泽东同志就明确提出,"共产党不靠吓人吃饭,而是靠马克思列宁主义的真理吃饭,靠实事求是吃饭,靠科学吃饭"①。党的十八大以来,在中央政治局集体学习以及外出调研等重要场合,习近平总书记更是多次提出,学习马克思主义基本理论是共产党人的必修课,辩证唯物

---

① 《毛泽东选集》第三卷,人民出版社 1991 年版,第 836 页。

主义是中国共产党人的世界观和方法论，① 把马克思主义哲学看作中国共产党人的看家本领，提高全党运用马克思主义基本原理指导新时代的改革开放，提高治国理政的本领。

作为领导核心，中国共产党的执政本领，党员干部的能力水平，不仅仅是自己的事情，而是关乎党和国家事业发展的大事情，决定着国家的前途和方向。领导带头，万事不愁。"领"就要敢为人先，注定有风险；"领"就要率之以行，肯定多流汗；"领"就要较真碰硬，难免唱"黑脸"。没有本领难领路，不讲方法领错路。

民主革命时期，着眼于中国革命任务的艰巨性，毛泽东同志向全党提出了"本领恐慌"问题，唤醒全党对领导中国革命的能力问题的高度重视，并以此为重点提高党的理论水平。在社会主义建设面临严重经济困难的时期，毛泽东同志提出全党要大兴调查研究之风。改革开放以来，我们党正确地认识到党已经从领导人民为夺取全国政权而奋斗的党，成为领导人民掌握全国政权并长期执政的党，从而鲜明地提出了"强化执政意识，提高执政本领"的重要任务，邓小平同志明确提出"今后的干部选择，特别要重视专业知识"②。中国特色社会主义进入新时代，坚持党对一切工作的领导是全面建成小康社会，实现中华民族伟大复兴的根本保证。加强党的全面领导必然要求全面增强执政本领，党的十九大对全党提出要增强"八大本领"，这是对执政本领的系统化认知。从认识到要增强服务群众本领、依法执政本领等单个领域的能力推进，到学习本领、政治领导本领、改革创新本领、科学发展本领、依法执政本领、群众工作本领、狠抓落实本领、驾驭风险本领的系统提出，斗争本领的内涵随着党的中心任务的变化和现代化建设的实践需求而逐步丰

---

① 中共中央宣传部：《习近平总书记重要讲话读本（2016年版）》，人民出版社2016年版，第279页。

② 《邓小平文选》第二卷，人民出版社1994年版，第264页。

富、完善。

在"八大本领"中，学习本领、改革创新本领、科学发展本领、依法执政本领、群众工作本领，习近平总书记一直以来都谈得比较多。这里侧重讲讲政治领导、狠抓落实、驾驭风险三个本领。

一是政治领导本领。这是党的十九大对全党和党的各级领导干部提出的新要求。政党作为一个政治组织，政治属性是政党的第一位属性，讲政治就是其根本要求。中国共产党也不例外。什么是政治？政治的核心是权力，是经济的最集中的体现。政治的外在表现就是参与国家事务，给国家定方向，确定国家的活动方式、任务和内容。政治问题，任何时候都是根本性的大问题。习近平总书记曾经以反问的方式强调共产党必须讲政治。他说："我们党作为马克思主义政党，讲政治是突出的特点和优势。没有强有力的政治保证，党的团结统一就是一句空话。我国曾经有过政治挂帅、搞'阶级斗争为纲'的时期，那是错误的。但是，我们也不能说政治就不讲了、少讲了，共产党不讲政治还叫共产党吗？'纪纲一废，何事不生？'"①

党的干部队伍是我们党治国理政的核心力量，是"关键少数"，在方向、大势、大局、风险防范等方面直接影响和参与政治决策，在党的全面领导中发挥统领作用。党要发挥总揽全局、协调各方的作用，关键是各级领导干部能够不断增强政治领导本领。政治领导本领，就是政党在社会政治活动过程中，引领政治方向、把握全局的能力。政治领导本领的核心是为共产主义理想信念而奋斗。这是领导干部的政治灵魂和精神支柱，也是领导干部成长的指路明灯和动力源泉。习近平总书记多次提出，政治能力是领导干部第一位的能力，"对马克思主义的信仰，对

---

① 中共中央党史和文献研究院、中央"不忘初心、牢记使命"主题教育领导小组办公室编：《习近平关于"不忘初心、牢记使命"论述摘编》，党建读物出版社、中央文献出版社 2019 年版，第 97—98 页。

社会主义和共产主义的信念，是共产党人的政治灵魂，是共产党人经受住各种考验的精神支柱"①。

政治建设从来都是具体的，具有鲜明的实践性。中国特色社会主义进入新时代，党员队伍结构出现了新的变化。据中央组织部党内统计数据显示，截至 2023 年 12 月 31 日，中国共产党党员总数为 9918.5 万名，40 岁及以下的党员超过总数的 1/3。40 岁以下党员是互联网时代"原住民"，思想观念、生活方式、话语体系都深深打上了互联网的烙印，而对党的艰苦卓绝的奋斗历史、对党在胜利和挫折中积累的优良传统、对党的建设的宝贵经验缺乏深刻的体悟；政治信仰缺乏革命战争和艰苦环境的检验，政治能力缺乏复杂局面的历练，长期执政和改革开放条件下精神懈怠、脱离群众、消极腐败的危险，却更加尖锐地摆在全党面前。所以习近平总书记一再强调，党员干部特别是领导干部要加强政治能力训练和政治实践历练，要锤炼对党忠诚的政治品格，掌握好马克思主义理论素养这个看家本领，牢固增强"四个意识"、始终坚定"四个自信"、坚决做到"两个维护"；要切实提高把握方向、把握大势、把握全局的能力和辨别政治是非、保持政治定力的能力，这样才能跑好全面建设社会主义现代化国家的接力棒。

党内政治生活是党员干部历练政治领导能力的大熔炉。开展严肃认真的党内政治生活，是我们党的优良传统。党内存在的各种问题，从根本上讲，都与政治建设软弱乏力、政治生活不严肃不健康有关。腐败问题也是政治问题。在长期实践中，我们党形成的全党服从中央，维护党中央权威和集中统一领导的政治纪律和政治规矩；实事求是、理论联系实际、密切联系群众、批评和自我批评、民主集中制、严明党的纪律

---

① 习近平：《在纪念朱德同志诞辰 130 周年座谈会上的讲话》，人民出版社 2016 年版，第 6 页。

等为主要内容的党内政治生活基本规范，是保持党的先进性、纯洁性，不断增强"四自"能力的重要保障。狠抓落实本领是领导干部的基本功。能不能够抓好落实、善不善于抓落实，不仅是工作作风，也是能力水平。

二是狠抓落实本领。"一分部署，九分落实。"在党的十九大报告中，习近平总书记将狠抓落实作为领导干部必须增强的八项本领之一。抓好落实，党和国家制定的路线、方针、政策才能贯彻到实际、贯彻到群众、贯彻到基层，党和国家制定的各项目标任务才能顺利实现，党和国家的各项事业才能蓬勃发展，党带领人民群众创造美好生活的奋斗目标才能成为现实。不狠抓落实，再好的决策部署也只能是空谈。

狠抓落实本领的关键是狠抓。"狠"体现的是魄力，要求的是担当。习近平总书记指出："增强狠抓落实本领，坚持说实话、谋实事、出实招、求实效，把雷厉风行和久久为功有机结合起来，勇于攻坚克难，以钉钉子精神做实做细做好各项工作。"① 工作时切忌"蜻蜓点水"，又忌"一阵风"，但此类不实之风在现实工作中依旧存在，所以"快"与"久"二字都要坚持。既要大力弘扬"马上就办"精神，又要以"钉钉子"的精神抓落实，一干到底。只要持之以恒、有始有终、一以贯之，我们的目标就会逐步有效实现。

"实"就是实实在在、脚踏实地；反对空谈、强调实干；从点滴入手，从具体事情做起。毛泽东同志当年要求共产党员一定要有"认真实干"的精神，强调"什么东西只有抓得很紧，毫不放松，才能抓住"②。抓而不紧，等于不抓。崇尚实干，狠抓落实，是以习近平同志为核心的党中央治国理政的鲜明品格。习近平总书记在不同场合多次强调，制度的生

① 《习近平谈治国理政》第三卷，外文出版社 2020 年版，第 54 页。
② 《毛泽东选集》第四卷，人民出版社 1991 年版，第 1442 页。

命力在于执行，要把抓落实作为推进改革工作的重点。

作为狠抓落实的主要责任人，领导干部增强狠抓落实本领，应学会用好三个结合：吃透上情与摸清下情相结合、乘众人之智与用众人之力相结合、敢于担当与善于担当相结合。

三是驾驭风险本领。当前和今后一个时期，我国发展进入各种风险挑战不断积累甚至集中显露的时期，我们党面临的挑战和风险更加复杂：既有外部风险，也有内部风险；既有一般风险，也有重大风险。经济、政治、文化、社会、生态文明建设、国防和军队建设、港澳台工作、外交工作、党的建设等方面都有，而且越来越复杂。如自然灾害方面的风险：在我国，气象灾害、海洋灾害、洪水灾害等自然灾害频发，各种自然灾害采取预防性控制措施不足或处置不当，可直接造成人员伤亡、财产损失、资源破坏等影响或衍生产生系列事件；政治方面的风险：各种敌对势力从来没有停止对我国实施"西化""分化"战略图谋，从来没有停止对中国共产党领导和我国社会主义制度进行颠覆破坏活动；经济方面的风险：全球治理体系遭遇挑战，地缘政治冲突和局部战争此起彼伏，给我国海外战略利益带来风险；社会稳定方面的风险：互联网时代的群体性事件，呈现出新形式、新特点，一些谣言传闻就会让"茶杯里的风暴"变成全社会的大风暴，虐童、整治治安、拆迁、欠薪等事情处理不好就会引发群体性事件影响社会大局稳定；反分裂方面的风险："台独""港独""藏独""疆独"等不断制造分裂祖国的言行，一些国际暴力恐怖活动不断向我国境内渗透，对我国国家主权和安全造成威胁；周边安全方面的风险：大国博弈烈度增强，一些大国战略威胁与遏制不断升级。同时，全球非传统安全问题凸显，恐怖主义威胁等非传统安全问题仍处于高风险期。一些周边国家不同程度存在社会发展滞后、民族与宗教问题存在潜在冲突等。对这些风险都必须时刻保持警惕、严密防范。

防范化解重大风险是党的十九大提出的三大攻坚战之一，并被摆在打好三大攻坚战的首位。习近平总书记强调："我们共产党人的斗争，从来都是奔着矛盾问题、风险挑战去的。"① 凡是危害中国共产党领导和我国社会主义制度的各种风险挑战，凡是危害我国主权、安全、发展利益的各种风险挑战，凡是危害我国核心利益和重大原则的各种风险挑战，凡是危害我国人民根本利益的各种风险挑战，凡是危害我国实现"两个一百年"奋斗目标、实现中华民族伟大复兴的各种风险挑战，只要来了，我们就必须进行坚决斗争，而且必须取得斗争胜利。党的十九大报告要求领导干部要"增强驾驭风险本领，健全各方面风险防控机制，善于处理各种复杂矛盾，勇于战胜前进道路上的各种艰难险阻，牢牢把握工作主动权"②。

风险是动态变化的，完全依靠传统的政府行政治理和手段不仅无法有效地预防风险，更无法有效地降低风险所产生的破坏性影响和风险后的次生灾害。领导干部既要有忧患意识，也要有务实行动，具备全面性和适应性的危机领导力。在思想上，要善于从政治上研判形势、分析问题，自觉在党和国家工作大局下想问题、做工作、防风险。对容易诱发政治问题特别是重大突发事件的敏感因素、苗头性倾向性问题，对意识形态领域各种错误思潮、模糊认识、不良现象，保持高度警惕。在行动上，要提高防范化解重大风险识别能力、评估能力、管控能力，坚决打好防范和化解各种重大风险的有准备之战、战略主动战，要建立健全风险研判机制，制定有针对性的风险应对策略；建立健全决策风险评估机制，使风险评估作为必经程序；建立健全风险防控协同机制，加强各地区各部门风险信息及时互通共享；建立健全风险防控责任机制，坚持一

---

① 《习近平谈治国理政》第三卷，外文出版社 2020 年版，第 226 页。
② 《习近平谈治国理政》第三卷，外文出版社 2020 年版，第 54 页。

级抓一级、层层抓落实。既讲究战略战术，又持之以恒、久久为功。

**（二）本领恐慌的谦虚心态和持续的革命精神相互依托、相互促进。**

斗争本领不会因高涨的革命热情或者执政者的地位而自然产生；革命精神的延续需要成功实践的激励，更不是一劳永逸、一蹴而就的，必须持续升级、不断扩容。

精神来源于生活，又高于生活。"精神"转化为"物质"的途径是实践。不同的发展阶段需要不同斗争本领。国际形势的复杂多变，社会主义建设道路前无古人的探索，中国人口、地域广阔造成的复杂国情，对中国共产党推进社会主义现代化建设提出了更高的本领要求。党的十八大以来，以习近平同志为核心的党中央团结带领全党全国各族人民，推动党和国家事业发生历史性变革、取得历史性成就，中国特色社会主义进入了新时代。习近平总书记指出，"与今天我们党和国家事业发展的要求相比，我们的本领有适应的一面，也有不适应的一面。特别是随着形势和任务不断发展，我们适应的一面正在下降，不适应的一面正在上升"[1]。他告诫党员、干部，如果不抓紧增强本领，久而久之，我们就难以胜任领导改革开放和社会主义现代化建设的繁重任务。这种本领不适应的例子也是不少。

1.形式主义、官僚主义问题

文风上存在着"正确废话多、漂亮的空话多、严谨的套话多"等问题。这些问题，有多方面的原因，但根本的是"腹中无物、心中无人、手上无法"。一些干部"讲政策讲不过上访户、讲法律讲不过钉子户、讲发展讲不过专业户、讲改革讲不过个体户"，不学习知识就会老化、

---

[1] 《习近平谈治国理政》第一卷，外文出版社2018年版，第402页。

思想就会僵化、能力就会退化。

2. 干部担当作为问题

有领导批评一些地方无所作为、缺少突破，认为主要表现在"六个不"上："不冷不热"，对落实工作不积极，面热心冷，有可能叫得比谁都响，落实做比谁都难；"不急不忙"，给了政策不会用、不善用，用不足、用不好，依旧是按部就班，层层研究、层层批转；"不疼不痒"，对基层的反映无动于衷，对群众的要求麻木冷漠。究其原因，"关键在精神状态"。

2019 年 10 月 31 日，浙江省湖州市吴兴区八里店镇司法所工作人员在调解一起工伤纠纷事件。

(翁忻旸摄)

3. 干群关系问题

有人批评一些基层干部"宁愿得罪一百群众，不愿得罪一个领导"，调研"人到心不到，身到情不入"，"与新社会群体说不上话，与困难群众讲不进话，与年轻人群对不上话"。这些俗言俗语有的是民众的讽刺，有的是基层干部的自嘲，但都折射出当前群众工作的难点与困境。

4. 基层党组织建设问题

如何将党建"化虚为实"，解决好"两张皮"问题，如党建与业务工作"两张皮"、党委与行政"两张皮"、教育与效果"两张皮"，依然是大多数国有企业、医院、高校等机构和事业单位面临的突出问题。在一些农村基层党组织中，缺乏培训及其服务群众的能力弱等问题还不同程度存在。

这些问题的解决，都对增强斗争本领提出了更加紧迫的要求。只有保持对斗争本领不足的忧虑，增强斗争本领的谦虚心态，才能在伟大斗争中，尤其是在斗争的关键阶段提供强大的支撑力量。本领不足、本领落后都是运用基本理论解决实践问题不够，与承担的责任和使命不相适应的外在表现。辩证唯物主义和历史唯物主义的世界观和方法论，是中国共产党人观察和解决一切问题的"望远镜"和"显微镜"，是我们党解决当前和今后一个时期关系党和国家工作全局的一系列重大理论和现实问题的哲学依据。习近平总书记多次倡导，党员领导干部要补强本领上短板、能力上不足，就要做到"温故知新""学新知新"，要有谦虚心态。虚心听取各方意见，认真学习各种新知，在勤于学习中提高能力素质，在勇于探索中提高工作本领，才能避免陷入少知而迷、不知而盲、无知而乱的困境，才能保持思想活力和与时俱进，更好地胜任工作。

**（三）在总结经验、探索规律中提高斗争本领，推动斗争精神的升华**

在善于总结中提高思想水平，探索发展规律，推动发展，是党的优良传统。革命战争年代，在每次战役后，我军都要认真总结经验，发扬优点，克服缺点，使部队打一仗进一步。这成为我们夺取革命胜利的一条宝贵经验。改革开放以来，党的每次代表大会和重要会议都发动全党认真总结经验教训，从而为制定新时期的方针政策奠定了基础、开拓了思路。过硬的本领来源于系统的理论学习和社会主义建设的工作实践，来源于理论的总结和规律的探索。20 世纪 60 年代，毛泽东同志就明确提出，我是靠总结经验吃饭的。他说的不仅是他本人，更是对党员领导干部的要求。1958 年陈云同志也在讲话中明确提出，在前进中随时总结经验，这是提高自己的重要方法。对个人如此，对政党也是如此。有人曾向毛泽东请教，为什么能够打败蒋介石？他的回答言简意赅："共产党赢得了民心。"这就是对革命经验的规律性总结。只有具备对社会发展客观规律深刻认识基础上的正确的世界观和方法论，才能准确判断制约工作、需要突破的主要矛盾和关键环节，及时作出正确决策，这种本领才是践行革命精神的坚实基础。

习近平总书记指出："在革命、建设、改革各个历史时期，我们党运用历史唯物主义，系统、具体、历史地分析中国社会运动及其发展规律，在认识世界和改造世界过程中不断把握规律、积极运用规律，推动党和人民事业取得了一个又一个胜利。"[①] 党的十八大以来，中国共产党在领导推进全面建成小康社会和全面建设社会主义现代化国家的进程中，不断优化党的职责定位，在总揽全局、协调各方中明确职责界限，完善、提升了党的领导。比如，提出了八个方面的关系——党法一致关系，党政分工关系，党的自我革命与社会革命相互推动关系，立党为公、执政为民的党群关系，以"关键少数"带动绝大多数的党内关系，政商亲清关系，执政党与参政党合作关系，党际对话关系。在全面从严

---

① 中共中央宣传部编：《习近平总书记系列重要讲话读本》，人民出版社、学习出版社 2014 年版，第 175 页。

治党方面，提出了六个方面的重要内容——严肃党内政治生活是全面从严治党的基础，严守政治规矩是全面从严治党的治本之策，加强党的领导是全面从严治党的核心，抓"关键少数"是全面从严治党的重点，政治生态是检验管党治党是否有力的重要标尺，自我革命精神是全面从严治党的推动力量。在党的建设规律方面，提出了五个方面的探索——中国共产党的领导是中国特色社会主义的最本质特征；党的建设须总体布局，常抓不懈；严肃的党内生活，是解决党内自身问题的重要途径；长期执政更要强化监督，坚持反腐败永远在路上；坚持党对人民军队的绝对领导。这些为社会主义国家探索共产党执政规律、社会主义建设规律、人类社会发展规律提供了有益的经验。

这些经验的总结，提高了斗争本领，升华了斗争精神，推动党不断走向成熟。马克思曾说，"问题就是时代的口号，是它表现自己精神状态的最实际的呼声"①。有什么样的精神，就会有什么样的力量。革命精神前后相继，是历史的，也是时代的。在解决不同时期的重要问题中提高斗争本领，在完成使命中提炼、丰富斗争精神的新内涵，才能使斗争精神更具时代感、民族性和持久性。中国共产党从一个几十人的小党发展成为世界上最大的政党，党的兴旺依托于斗争精神的挺立，党的先进依赖于斗争本领的不断提高。恩格斯曾经深刻指出："一个知道自己的目的，也知道怎样达到这个目的的政党，一个真正想达到这个目的并且具有达到这个目的所必不可缺的顽强精神的政党，——这样的政党将是不可战胜的。"②中国共产党的发展历史，中国特色社会主义的历史性成就用实践验证了这一结论的正确。

---

① 《马克思恩格斯全集》第 40 卷，人民出版社 1982 年版，第 289—290 页。
② 《马克思恩格斯全集》第 39 卷，人民出版社 1974 年版，第 139 页。

# 后　记

　　"时代是思想之母，实践是理论之源。"新时代催生新思想，新思想引领新时代。本书聚焦新时代新思想前沿问题，深入研究阐释习近平新时代中国特色社会主义思想，深刻论述了新时代我们党的理论创新和实践创新，为广大读者深入理解马克思主义中国化最新成果提供了全新视角和独到见解，为党员干部加强理论武装提供重要参考和辅助读物，为党的创新理论"飞入寻常百姓家"提供有益助力。

　　本书各章选自全军党委中心组理论学习月刊《解放军理论学习》"报告厅"栏目的文章，该栏目汇聚了思想理论界众多知名专家教授的真知灼见。主编祁一平精选了其中与主题契合的文章，按照一定逻辑编成十三章，并配有相关图片。主编刘光明依据中央最新精神对全书内容作了修订。副主编刘铭参与了脚注校对等工作。在此，对各位专家教授表示感谢！人民出版社曹春编审作了精心编辑，对此表示衷心感谢！由于本书主题重大，编写时间紧迫，难免有疏漏和不妥之处，敬请广大读者批评指正。

本书编写组

2024 年 10 月

责任编辑：曹　春
封面设计：汪　莹

**图书在版编目（CIP）数据**

新时代新思想前沿问题研究／国防大学习近平新时代中国特色社会主义
　　思想研究中心编写 . —— 北京：人民出版社，2025.4
ISBN 978 - 7 - 01 - 026295 - 6

I. ①新… 　 II. ①国… 　 III. ①习近平新时代中国特色社会主义思想 – 学习
　　参考资料 　 IV. ① D610.4

中国国家版本馆 CIP 数据核字（2024）第 032658 号

**新时代新思想前沿问题研究**

XINSHIDAI XINSIXIANG QIANYAN WENTI YANJIU

国防大学习近平新时代中国特色社会主义思想研究中心　编写

**人民出版社** 出版发行

（100706　北京市东城区隆福寺街 99 号）

北京九州迅驰传媒文化有限公司印刷　新华书店经销

2025 年 4 月第 1 版　2025 年 4 月北京第 1 次印刷
开本：710 毫米 × 1000 毫米 1/16　印张：17.25
字数：220 千字

ISBN 978 - 7 - 01 - 026295 - 6　定价：88.00 元

邮购地址 100706　北京市东城区隆福寺街 99 号
人民东方图书销售中心　电话（010）65250042　65289539